华章经典·金融投资

短线交易秘诀

LONG-TERM SECRETS TO SHORT-TERM TRADING (2nd Edition)

| 典藏版 |

［美］拉里·威廉斯 著　　穆瑞年 霍明 于天文 译
LARRY WILLIAMS

图书在版编目（CIP）数据

短线交易秘诀（典藏版）/（美）拉里·威廉斯（Larry Williams）著；穆瑞年，霍明，于天文译. —北京：机械工业出版社，2020.11（2025.5 重印）

（华章经典·金融投资）

书名原文：Long-Term Secrets to Short-Term Trading

ISBN 978-7-111-66784-1

I. 短⋯ II. ①拉⋯ ②穆⋯ ③霍⋯ ④于⋯ III. 股票交易 – 基本知识 IV. F830.91

中国版本图书馆CIP数据核字（2020）第211069号

北京市版权局著作权合同登记　图字：01-2012-6070号。

Larry Williams. Long-Term Secrets to Short-Term Trading, 2nd Edition.
ISBN 978-0-470-91573-8

Copyright © 2012 by Larry Williams.

This translation published under license. Authorized translation from the English language edition, Published by John Wiley & Sons. Simplified Chinese translation copyright © 2021 by China Machine Press.

No part of this book may be reproduced or transmitted in any form or by any means, electronic or mechanical, including photocopying, recording or any information storage and retrieval system, without permission, in writing, from the publisher. Copies of this book sold without a Wiley sticker on the cover are unauthorized and illegal.

All rights reserved.

本书中文简体字版由John Wiley & Sons公司授权机械工业出版社在全球独家出版发行。
未经出版者书面许可，不得以任何方式抄袭、复制或节录本书中的任何部分。
本书封底贴有John Wiley & Sons公司防伪标签，无标签者不得销售。

短线交易秘诀（典藏版）

出版发行：机械工业出版社（北京市西城区百万庄大街22号　邮政编码：100037）
责任编辑：闫广文　　　　　　　　　　　　　责任校对：李秋荣
印　　刷：涿州市京南印刷厂
版　　次：2025年5月第1版第12次印刷
开　　本：170mm×230mm　1/16　　　　　　印　张：22
书　　号：ISBN 978-7-111-66784-1　　　　　　定　价：80.00元

客服电话：（010）88361066　68326294

版权所有·侵权必究
封底无防伪标均为盗版

| 译者序 |

时隔五年重译这本书的第 2 版是一种荣幸。

岁月带给我们的不只是沧桑，还有很多惊喜。与第 1 版相比，拉里·威廉斯的文字少了很多张狂，字里行间透出成熟与睿智。这些年，我们读了很多关于交易的著作，我们发现，拉里是其自身理论最勇敢的实践者与捍卫者。圈子里像他这样经久不衰的"大师"实属凤毛麟角。他真诚，不回避问题；他善于改变，不断适应新的市场格局；他较真儿，与随机漫步理论拥趸的口水仗一打就是十几年；他不搞玄虚的东西，不写一堆公式来证明简单的道理。再读《短线交易秘诀》，你会发现读到的就是两个字——选择。这与自然法则暗合，选择是进化的动力。拉里·威廉斯在交易选择上的挑剔，使他长久地存活在这个残酷的市场中，成为传奇。在本书中，拉里展示了很多方法，这些方法的神奇之处不是其中的参数或图表，而是这些方法中所蕴含的观察市场的思路。看拉里的书，要参悟方法，不要忙着动手交易。他教给大家的是如何把握捕猎的时机，以及如何逃生，而不是去当冒进的枪手。

开卷有益，希望大家在《短线交易秘诀》（典藏版）里能找到自己正在寻找的宝藏。

高晟财富全体译者
info@gscaifu.com

| 目　录 |

译者序

绪言　你已经是一名商品交易者了 / 1
　　我最重要的市场信念 / 6
　　我的职业投机生涯的开始 / 7
　　生命之旅 / 11

第1章　从短期混沌中理出头绪 / 12
　　1.1　我是如何了解市场的 / 13
　　1.2　制作图表描绘市场 / 15
　　1.3　非随机的市场 / 17
　　1.4　认识市场结构 / 20
　　1.5　市场结构永远不会改变 / 27
　　1.6　理想的做空和做多形态 / 32
　　1.7　目标价与跟踪止损 / 33

第2章　价格与时间的问题 / 39
　　2.1　你应了解的关于周期的所有知识 / 40
　　2.2　区间变化的自然周期 / 46
　　2.3　顺势而为：价格形态的第二条重要规则 / 57

第 3 章　短线交易的真正诀窍 / 65
- 3.1　关键在于时机 / 68
- 3.2　为交易高手提供资金 / 69
- 3.3　证明我的观点 / 73
- 3.4　如何能获得最大利润 / 76

第 4 章　波幅突破：动能穿透 / 80
- 4.1　简易的日内区间突破 / 87
- 4.2　标准普尔 500 指数的价格波幅 / 94
- 4.3　利用价格波动区分买卖双方，确定价格波幅 / 110
- 4.4　结果 / 112
- 4.5　更进一步的思考 / 113

第 5 章　短线交易原理 / 114
- 5.1　信息时代的谬误 / 119
- 5.2　E. H. Harriman 的百万点金术 / 120

第 6 章　接近真相 / 122
- 6.1　市场不是掷硬币游戏：随机漫步与科恩之争，或库特纳与科恩之争（科恩获胜）/ 124
- 6.2　关于黄金每月最佳交易日 TDOM 的研究 / 135
- 6.3　关于国债每月最佳交易日 TDOM 的研究 / 136
- 6.4　月度路线图 / 138

第 7 章　获利形态 / 142
- 7.1　共同因素 / 144
- 7.2　质疑的问题 / 151
- 7.3　攻击日形态 / 152
- 7.4　如何使用攻击日形态 / 155
- 7.5　做市商陷阱 / 159
- 7.6　一个重要的说明：在更短的时间周期内也行之有效 / 160

7.7 哎呀！这不是个错误 / 165
7.8 标准普尔 500 指数的"哎呀"交易 / 170

第 8 章　识别买方和卖方 / 173

8.1 最大振幅 / 176
8.2 应用最大振幅进行股票指数交易 / 179
8.3 一些建议 / 183

第 9 章　盯住盘面进行短线交易 / 184

9.1 盯盘交易者是怎么赚钱的 / 187
9.2 用波段端点来辨别趋势变化 / 188
9.3 三线高点或低点系统 / 191
9.4 短线交易的新指标：威尔价差 / 193
9.5 威尔价差和标准普尔 500 指数 / 198

第 10 章　短线交易的特别情况 / 204

10.1 月末股票指数交易 / 205
10.2 目标月份 / 209
10.3 进一步的研究结果 / 209
10.4 债券市场的月末交易 / 211
10.5 更明确一些 / 214
10.6 越来越好 / 215
10.7 卖出的适当时机 / 218

第 11 章　何时结束交易 / 221

第 12 章　对投机的思考 / 224

12.1 想好退路再进场 / 225
12.2 什么是投机 / 229
12.3 时机的选择 / 230
12.4 投机的几个要点 / 231

第 13 章　资金管理：成功之匙 / 246
　　13.1　大多数交易者使用误打误撞的方法 / 248
　　13.2　资金管理的方法：总有一种适合你 / 248
　　13.3　资金管理的好的一面、坏的一面和丑陋面 / 249
　　13.4　展望新方向，把亏损视为资产 / 253
　　13.5　回到拉尔夫：2011 年资金管理的突破 / 260
　　13.6　凯利比例的幻想 / 262

第 14 章　从肯尼迪到奥巴马，50 年交易生涯的思考 / 267
　　14.1　交易与采蜜 / 269
　　14.2　容易实现的目标 / 270
　　14.3　三思而后行 / 271
　　14.4　记住那个叫"挑竹签"的游戏 / 272
　　14.5　事情会变得非常糟糕…… / 273
　　14.6　自我封闭的时候 / 274
　　14.7　对于贪婪，已经谈得够多了……现在我们来谈谈恐惧 / 275
　　14.8　长跑、交易与亏损 / 276
　　14.9　做错事……这太容易了，不是吗 / 277
　　14.10　这不是交易，这是战役 / 278
　　14.11　再谈假蝇钓鱼的艺术 / 279
　　14.12　再一次直面恐惧与贪婪 / 280
　　14.13　为什么大多数交易者会错过大部分时机 / 281
　　14.14　亏本交易的启示 / 282
　　14.15　交易赔本的第一大原因 / 284
　　14.16　最重要的交易信念 / 285
　　14.17　我养过的最糟糕却又最昂贵的狗 / 286
　　14.18　运动与交易如此相似 / 288
　　14.19　股票与期货市场趋势的起因 / 289
　　14.20　如何辨别公众交易者与专业交易者 / 290
　　14.21　朋友，不能这样做 / 291
　　14.22　交易的狂喜 / 293
　　14.23　打得他们原形毕露 / 296

14.24 对我来说太难了 / 298
14.25 我正视恐惧和贪婪 / 299
14.26 演出必须继续 / 300
14.27 流鼻血、开花耳朵与坏交易 / 301
14.28 学会如何赔钱 / 302
14.29 希拉里、高期望与心痛 / 303
14.30 焦虑不安,如坐针毡:通往天堂之路 / 304
14.31 系统开发与交易的秘诀 / 306
14.32 赢家与输家的区别 / 308

第15章 到底是什么让股市上涨 / 311

15.1 基本逻辑 / 313
15.2 这些话我可以用名誉担保 / 313
15.3 观察数据 A 和数据 B / 314
15.4 让我们戒掉坏习惯 / 317
15.5 怎么戒掉坏习惯 / 318
15.6 设置止损的建议:金钱损失和不可预测 / 320
15.7 概述我是如何进行交易的 / 324
15.8 我的交易策略……它是如何起作用的 / 328

第16章 结语 / 332

16.1 这就像生活一样 / 336
16.2 或许你并不适合做这行…… / 339
16.3 你正处于困境…… / 341
16.4 但是还有一点…… / 342

| 绪言 |

你已经是一名商品交易者了

在本书第 1 版出版之后的这些年里，越来越多的人成了股票、商品期货以及外汇的交易者。给我打扫草坪的家伙、我的牙医还有我最喜欢的厨师，都开始做交易了。这是为什么呢？

我想，除了投机带来的刺激之外，一定还有些什么原因，导致大家都开始做交易了。现在，越来越多的人需要找到一条摆脱窘境的出路。他们不想受雇于人，也不想雇别人。他们期望独立，可似乎只有作为交易者才有可能独立。这是众人竞相追逐的梦想，也有不计其数的交易者实现了这个梦想，令人叹服。这里有一条出路……这也是本书要写的：告诉你我的技巧。

不管你是否注意到，其实你一直都在做商品交易。当然，你可能从来没有交易过一份猪腩的期货合约，但是你肯定曾经为了钱用你所拥有的东西，比如汽车、房子或者古玩，跟别人做过交易。就算你没有用这些东西做过交易，你肯定用时间做过交易。作为一名教师、律师、管道修理工或者建筑工，你肯定用你的时间换过别人的金钱。所以，你早已经踏上了交易之路，只是你从来没意识到。

当我们"出售"我们的时间的时候，实际上是在"出售"我们的时间和技艺。这就是脑外科大夫比膝关节外科大夫挣钱多的原因，这也是一名很棒的四分位球员挣得比一个外科大夫和一名阻截球员加起来还多的原因。他有更大的职业风险！并不是说哪种技艺天然地就一定比别的技艺更有价值，而是这种技艺更难得，而且难度更高。而这种特性就让那些拥有这种技艺的人，可以靠出售这种技艺和时间而赚到更多的钱。

迈克尔·乔丹的运球和扣篮技术本身并没有什么价值，但是芝加哥公牛队的老板看到了利用这些看似无用的技术赚大钱的机会，这些技术能让球场爆满，还能让球队赚取电视转播收入。因此，有些"没价值"的东西可能会很值钱。

在一次交易研讨会上，我曾经给大家做过一个演示：我把一张私人支票放进一个信封里封好，然后把它放进一个透明的塑料袋里，袋子里还有另外14个一样的信封。每个参加研讨会的人都有机会从袋子里抽出一个信封。谁能抽到装支票的那个信封，这张5000美元的支票就归他了。

袋子里的14个没用的信封，突然都有价值了！尽管除了一个信封不是空的以外，其他的都是空的，但赢得5000美元的机会是1/15；所以每个信封，或者每个抽取信封的机会都值333.33美元。一旦有人开始从袋子里抽出空信封，那些剩下的没有价值的空信封就会升值。一旦抽出来5个空信封的话，剩下的每个信封就意味着1/10的赚钱机会，其价值就会升到500美元。当袋子里只剩下两个信封的时候，现场的观众愿意出2500美元，以便能伸手从袋子里抽出一个信封。突然，分文不值的东西变得如此有价值！

这是你成为一名更优秀的商品交易者的第一课。价值就像美女一样，正所谓情人眼里出西施。作为一名交易者，永远不要猜测价值到底是多少，价值就是市场愿意支付的价格。市场（或者其他交易者的共同判断）可能不会一直支付这个价格，但是价格为王，它是多少市场体现的就是多少。我很早就学会不跟市场争论价格是多少了。

1974年，我做出了一个价值判断：活牛合约的价格会一飞冲天。于是我开始建仓，在每磅①43美分的时候，我建立了第一笔头寸。我"知道活牛合约的价值"在哪儿，这个价位远低于牛肉的价值。所以，当价格下跌到40美分附近时，我买得更多。毕竟43美分就已经很便宜了，40美分当然更好。

当价格接着下跌到38美分的时候，我捡了个大便宜，我可不傻，趁便宜又买了一些。但是价格却一路下跌到35美分，然后到30美分，最后跌到了28美分——也就是在这个价格上，各位，我被震出局了。我的钱是有限的，这波行情让我在不到30天的时间里付出了300万美元的代价。

---

① 1磅=0.454千克。

就在两个月后，活牛合约的价格飙升到了每磅60美分。但这已经跟我没什么关系了——一笔十拿九稳的交易竟然让我损失惨重，而且过了1/4个世纪，我被震出局的故事至今还在圈内广为流传，尽管在这之后我做过许多成功的交易（后面会提到）。

这些年通过对这次交易的反思，我得出了两个重要的结论。第一，价值无常。正因为价值无常，当你做期货或者股票交易的时候，任何事情都有可能发生。

第二，尽管市场的趋势和方向是你关注的重点，但是如何运用你的资源才是最需要优先考虑的，这是尤为重要的一点。毕竟，如果我能在活牛交易上保住自己的资本，熬过不好的行情，那我肯定就能抓住那笔让人羡慕的大交易。

你永远都不可能知道市场什么时候会按你预期的方向运行。很多时候，就像上帝一样，市场不会拒绝你，只会推迟应验。严肃的交易者会在他们的交易系统里充分考虑并防范这种推迟。没有什么规则比资金管理更重要。你听说过的一切关于商品交易的可怕传闻都是真的。好人因为办错事被市场扫地出门。这里说的错事永远不是市场错了，也不是交易者的哪笔交易不好。实际上，成功的交易者都有过赔钱的交易，而且数量还不少。

你听说过的被淘汰出局的人，不是在单笔交易中下的赌注太大，就是长时间攥着亏损头寸不放手。你越早学会处理失败，你就能越早在这一行里开始积累财富。在这一行里失败会杀死你，但成功不会。失败不会成就性格，它只会摧毁你的账户。

前面已经向你描述了取得成功的基础。会通灵术的人也许能预测市场，也许不能；价值可能会长久，也可能不会。投机的世界就是要预测未来，不过，这比登天还难。美国军方号称囊括了绝顶聪明的精英，拥有数以万计的情报官员，但还是不能预测柏林墙的倒塌。那你我凭什么还指望能做得更好呢？

权威体育杂志《体育画报》充分证明了我们不能预知未来。1997年，它预言宾夕法尼亚州立大学队将是美式足球比赛的冠军队，密歇根大学队将位列第18名。赛季结束时，密歇根大学队捧走冠军杯，而宾夕法尼亚州立大学队的表现令人失望。预测排名第3的华盛顿大学队反被华盛顿州立大学队击败。华盛顿州立大学队本来连前20名都没有进过，是个冷门。随后这支球队赢得了太平洋10强（Pac 10）的冠军，甚至还差点儿在玫瑰碗体育场扳倒密歇根大学队。

历史一再重演。麦克·泰森就是个活生生的例子。有趣的是，有一位蒙大拿州的年度银行家，几年来一直在盗用银行资金。为了还上挪用的资金抽身出来，他竟然又从银行拿出100万美元，押在"钢铁麦克"泰森身上，而泰森，却在与"克星"道格拉斯的比赛中输了。所以，这位银行克星输了个精光，后来被揪出来扔进了大牢。

谁又能预先料到（互联网夹击下）报业的沦落，或是老虎·伍兹的崛起呢？

靠看水晶球算命为生的人注定要吃一肚子碎玻璃。

你要牢记：尽管你我都不能洞悉未来，特别是价格变动，但是我们可以学会控制我们的损失。根据数学理论，这是可以确定的，控制损失是成功的基础，每一笔交易都应如此。

我曾经追随一些利润先知者（金融预言家）多年，他们都声称自己的指标可以预知未来。最终我明白了：上帝不想让我们看到未来。就这么简单。

假如能看到"未来在哪儿"的话，那我们早就做了好几次百万富翁了。我们会去赌马、转轮盘赌和扔骰子。但到时候又有哪个赌场欢迎我们去赌呢？另外，如果今天就知道自己未来的每一天，那生活将是多么无聊啊。谁愿意那样活着呢？那时又该到哪里去寻找发现的喜悦、未知的魔力、胜利的狂喜以及克服极限的挑战呢？

如果我们都因为拥有预知未来的能力而成为富翁，那谁又会来为我们工作、种田和养牛呢？那也就没有电话公司，没有电影，没有电视，没人需要工作了。更糟的是，谁又会雇我们呢？

就像我刚说过的，拥有无上智慧的上帝不想让我们知道未来，更不愿意让我们知道期货市场的未来。那些想投机的人认为这是一个预测未来、了解不可知事物的游戏。实际上并不是这样。这个游戏要求你设计出有成功优势的策略，要让胜算站在你这边，利用这些胜算，并且随时对游戏里出现的任何潜在变化保持警觉，比如新的参与者、新的想法和概念。

投机（speculate）和眼镜（spectacle）这两个词都来自拉丁语specular（意思是观察）。我们和赌棍不一样，他们参与的是不可能一直赢下去的游戏，他们能做的也只是希望运气站在他们这边而不是赌场那边。我们这些投机客观察事物在未来会怎么发展，但是因为我们懂得没有谁能保证未来的事情，所以我们会通过适当的技巧来保本，这样我们就能赢得这场游戏了。

投机的艺术不仅在于要具备观察能力，更在于保存实力。

我最重要的市场信念

基于我的研究和经历，我得出一个很有威力也很赚钱的信念体系：

我认为我现在所做的交易可能是一笔亏损的交易……而且亏损可能会很大。

对你们这些乐天派来说，这种说法太消极了。但是乐观的想法会让你觉得自己会赢——这必然导致你买卖太多的合约，并且持有很长时间。毕竟，如果你很乐观地觉得行情会再度走好，那么你肯定会守着仓位等待反弹或者回调的机会，尽管反弹和回调不会出现。

关于这一点我是这么看的：如果你执着地、一厢情愿地相信你能战胜市场，你的这种信念会让你采用错误的方式处理交易。这就是对交易者而言信念体系如此重要的原因。如果你的信念体系告诉你这将是一笔成功的交易，而事实上它不是，那么你坚持信念反而会直接放大你的亏损，并让你继续持有亏损的头寸。这是成功的交易者从来不会做的事。认为下一两笔交易能让你的账户翻身或者小赚一笔的极端乐观想法，是最危险的。

现在，我们来看看持有如下信念的情况：我认为我当前的这笔交易一定会亏损，而且上帝和我也没有立下契约说这笔交易一定会成功。事实上，我心里不相信市场是绝对完美的。要记住有大量的数据支持这一观点：75%的基金经理的业绩表现比道琼斯指数差；80%的短线交易者亏掉了他们的风险资本。从我自己的记录来看，我的好多交易都是不赚钱的，而且我可以肯定你们中间有很多人也和我一样。

我所遭受的重大损失，特别是那些超出正常范围的亏损都不是市场的"过失"。"这些损失"都不是自己找上门来的，是我自己坚信当前的交易会是一笔成功的交易，从而没有遵守游戏规则。

有人说，你的信念体系有多强大，你就有多强大，我同意这种说法。因为信念给了你行动的力量，让你更加果断，很少犹豫。我们依据自己的信念做事，那些信念写就了我们人生的剧本。

如果你接受我的想法，认定现在的交易很可能会赔钱，那你肯定会设置止损保护自己。你会努力降低灾难对你的冲击程度，并搭上第一艘救生艇，而不是跟着船沉下去。

同样，如果你接受了我的想法，你就不会把所有钱都押在一笔交易上，并指望靠它来解决你所有的问题。在重仓交易的时候，幅度很小的反向走势就足以让你爆仓出局了。

对未来行情的乐观想法会让我们承担不必要的风险。在一个初始胜算不高的游戏里盲目乐观，我们肯定会自食其果。

我的职业投机生涯的开始

> 因为我太懒不愿意去工作，又太老实不愿意去偷，所以我只能参加牛仔竞技。
>
> ——弗莱克斯·布朗（Freckles Brown），世界斗牛比赛冠军

我的职业投机生涯是在七年级的时候开始的。当时，有个叫保罗·海兰德（Paul Highland）的孩子告诉我，靠猜硬币可以挣好多钱。我们会猜从裤兜里掏出来的硬币是正面还是反面。在蒙大拿比林斯长大的那段日子是我进入投机行当绝好的引子。最初是猜硬币，当然我也输了一些钱。但是如果说除了美术和足球以外，我还学到了什么，那就是我发现猜硬币可以轻松地赚大钱。

到上高中的时候，关于投机，该学会的一切我都学会了。尽管花了些时间，但最终我还是发现了保罗和沃吉·马康的把戏，他们俩合伙骗我的钱。他们控制硬币，一个人让正面朝上，另一个人让背面朝上，我根本就不可能赢钱。然后他们俩再去分赃，这是我对操纵市场最初的认识。

我没有报警，也没有向管理机关告发他们。我用自己的方式处理了这件事。直到今天，我还是不相信那些负责纠正错误的官老爷。他们不会，至少不会及

时地出手帮助你和我。

杰克·麦卡夫迪是小镇上最野的孩子。实际上，在整个蒙大拿州，即便把州里数不清的牛仔、酒鬼和矿工都算上，他也是最厉害的。如果一般的大个头往你的胳膊上打一拳，你会觉得有些疼。尽管杰克个头不高，但要是被他打一拳，你会疼到骨头里。他的力气大得惊人，在我看过的单打独斗中，每一次都是他占上风。没人敢靠近他，打架是他的看家本领。后来，大概是在高速路上被警察追捕时，杰克被一名洛杉矶警察打死了。不过，真正的原因是杰克很有女人缘，他此前一直在和这个警察的老婆约会。

大多数猜硬币的玩家都不跟杰克赌硬币。通常来讲，他会付账，把输了的硬币交出来，但要是他决定不交出来，你又有什么办法呢？难道要吓唬他，然后被他揍个半死吗？接下来，投机的第二课，就是要仔细地选择你的搭档和生意伙伴。

几年以后，我们使用理查德·乌莫尔（Richard Ulmer）开发的活牛期货交易系统，把一个 5000 美元的账户做到了 40 000 美元以上。这个账户开在乔治·雷恩（George Lane）的经纪公司里。老乔治号称自己是深受吹捧的震荡指标的创始人。当然，他没发明过什么震荡指标，我也没有从这家经纪公司拿到那 40 000 美元。就在当局关掉老乔治的公司前，我账户里的钱也被他的指标给折腾光了。

我从杰克那儿学到的第二件事就是，强者是不会看得上弱者的。当我实在受够了杰克猜硬币输了以后就赖账的做法时，有一次，他输了又准备赖账，我用尽全身力气往他肚子上打了一拳。他吃了一惊，瞪着我问道："你想干吗？你知道我现在就可以把你全身的零部件都卸下来。"

我能说的也就是："好啊，来吧，你打吧。你不守规矩，我早受够了。我知道你会打断我的每根骨头，你也会觉得这很爽，但这跟我站出来对付你的感觉相比差远了！"

杰克回答道："我喜欢你这样，有种！"他把刚刚输给我的硬币递给我，然后走开了。从那以后，我们成了最要好的朋友，但再也没有一起猜过硬币。

蒙大拿州的所有人工作都很勤奋。当然，我爸爸也和别人一样勤奋地工作。他在一家炼油厂每周工作 40 个小时以上，然后周末到 Doc Zinc 的硫黄精炼厂再加几个小时班，这还不够，他还要熬夜读书，选修电子学方面的课程，这样，他就能成为雇主科诺克（Conoco）公司里更有价值的员工。爸爸付出的勤奋和忠诚得到了回报，他晋升了。

有个爸爸在炼油厂上班的好处，就是他上大学的小孩儿，可以到炼油厂打暑期短工。我也去打过短工，这段经历进一步坚定了我原本就很强烈的愿望：不能像他们一样工作。他们做的都是上班时间很长、不停倒班的工作。这周下午3点半去上班，下周变成晚上11点半上班，再接下来一周可能会是下午3点半或者早上7点半开始上班。在我看来，这些工作安排得既没有规律也没有道理。我看到的就是一群人在闷热、恶臭、嘈杂的炼油厂里自愿做着无休止的工作，对我来说，这是一个没有任何意义的地方。

一家炼油厂的阀门肯定会有100万个以上，而且我确定它们打开和关闭的方法都一样。问题是我从来搞不清楚哪个方向是正确的。这很让人恼火，因为这不只让人觉得我蠢，而且会牵连我爸爸。我爸爸技术一流，对他而言，就没有修不好的机器。如果我需要做个心脏外科手术，我相信爸爸肯定能胜过外科大夫。

爸爸手艺很好（我们家的房子、妈妈漂亮的橱柜都出自爸爸之手），部分原因，我确信是我们没钱把东西送出去修。穷人要比富人挖掘出更多的潜能。

别人比较我和我哥哥的时候，我的愚笨成了大家的笑柄。我哥哥天生就懂得在炼油厂里该做什么，而且他跟长辈相处得也很好。我懒散，渴望独处，除了画画之外一无是处，这让我觉得自己很无能。我最初找回自尊的体验来自运动，但是比赛一结束，那种认同感也就不存在了。我会躺在床上做白日梦，幻想迈向更好生活的道路，寻思着那些拥有豪宅的人是怎么取得成功的。我不满足，我要找条出路。

猜硬币看起来不错，不过，伪造驾照（每份5美元，伪造出生证每份20美元）挣得更多一些。我有限的艺术天赋让我挣到了更多的钱，足以自立门户。当然，这也伴随着相当程度的风险。做一般人不能做或是做不到的事情，是我喜欢的感觉。从我爸爸的那种单调的工作中，我是很难找到满足感的。我爸爸做每件事都是按照书上说的做，严守规则，只有一件事例外。

当猎鹿的时节到来时，爸爸就会把那些条条框框统统扔到窗外。我们打鹿

（尤其是麋鹿）、羚羊，打到足够全家人一年吃的。我们的那张猎鹿证用了三四次。当生存都成问题的时候，规矩根本就无所谓。人必须冒险，我爸爸也不例外。在狩猎过程中，我最喜欢做什么？是把猎物装进口袋，还是冒着被抓的风险打更多的鹿、鱼或是从事别的什么活动？我过去常常思考这个问题，这两种选择都很刺激。然后，我的职业投机生涯就开始了。

真正优秀的投机者都喜欢刺激，实际上，他们是在寻找刺激，并把这当作某种智慧的迸发。

也许这就是为什么放学以后我喜欢在街角卖报纸或圣诞卡，或者挨家挨户兜售花园草籽来挣零花钱。我是在冒险，我不知道能不能把东西卖出去，但有可能只要我去了，说说话，展示一些东西，就能挣到好多钱。

我看够了辛苦的工作，我知道那不是我想要的生活。就像斗牛士所说的，我"太懒不愿意去工作"，而且又被教养得"太老实不愿意去偷"。所以上完高中后，读大学或是参加海军成了正确的方向，父母也鼓励我这么选择。他们总是教导我，上进才能过上更优越的生活，上大学就是通向优越生活的大门。

1962年，我问别人报纸上的"最活跃"股票列表是什么意思，那个人的回答一下子吸引了我。"看见通用汽车的股票了吗？每股涨了1.5美元。要是你昨天买了这只股票，你就可以赚到150美元。"

一天就可以赚到150美元！

哇，这比赌硬币来钱还快！当年，150美元比一个伙计在炼油厂上一周班挣的钱还多。这看上去很简单，而且赚头大得惊人。我只有两个问题：怎么开始交易？我早怎么没发现这个买卖呢？我和这种看上去容易赚钱的方法简直相见恨晚。

这种吸引力给我带来了一生当中最大的挑战，从1962年以来，我差不多每天都在努力地研究它。真的是这样，我仅有的"休息时间"是我在1978年和1982年竞选参议员的那段日子。除了那两次以外，我这辈子每天都在"工作"，这让我父亲感到非常欣慰。但我肯定，这一点都不像炼油厂里的装配工的工作，也不像我在读大学前后做的事。

通过这段经历，我相信成功的投机者心中都有三个动机：强烈的挣大钱的愿望；渴望或向往在别人面前展示自己；内心对现状的不满。这些强烈的不安分可能是投机者的重要资产。尽管很多人在生活中寻找平衡，但我从来不觉得那是什么好的做法，太普通的人是成不了大事的。有时，我也想过一种更平静的生活，但那种想法不会在我脑海中停留太久，我猜我生命中的不安分是永远不会消失的。如果说我的生活方式说明了什么，那一定是那些不安分煽起了一个投机客内心的那团烈焰。

生命之旅

如果能够通过交易的成功，向世界、向过去的女友、向父母以及哥哥，甚至向一些我不认识的和记不起来的人，"证明"我的价值，那么即使不赚钱我也会去交易。如果你说我野心勃勃，也许你是对的，但我不是在炫耀，而是想让他们见识我克服困难的本事。

我就是要让全世界都知道：我找到了一条出路。本书向你展示了同一扇大门，展示了过去这些年里我学到的东西：市场是如何变化的，以及我们还可以做些什么以便继续获利。

过去数年，我学到了太多东西，尤其是学会了如何适应市场的改变，因此你将从这本书里学到的绝不仅仅是几条短线交易的秘诀，而更多的是适应市场的艺术。

如果这番话激起了你的共鸣，那就系好你的安全带，准备上路吧！

当大多数像我这样70岁出头的人在享受退休时光，在网上冲冲浪或者看着《美国偶像》打瞌睡时，我的投机之旅仍在继续。我仍然对变化莫测的市场着迷。我还在做交易，经常每个月交易超过1000笔，它们使我充满活力、思维活跃。

市场令你活力充沛，我想象不出还有什么活法或日子能比现在的更幸运了。

我的父亲一生辉煌，他身教于我的就是："儿子，生活所给你的都是你投入生活中去的东西。"如果你想在投机中获胜，那就请全身心投入，报酬必将非常丰厚。

| 第 1 章 |

从短期混沌中理出头绪

　　交易获利基本上有两种方法:用小的头寸捕捉到一次大的价格波动,或者用大的头寸捕捉一次小的价格波动。

——比尔·米汉(Bill Meehan)

到目前为止，如果我所说的与你的投机目标正好契合的话，那么你就该学习一下市场如何运作了。投机股票和商品期货交易并非适合所有人，也许对你就不适合。我也曾疑惑这是否适合我！

令人震惊的是，这一章节变化如此之少。这里所呈现的概念与10年前、20年前甚至100年前完全一样。这是我交易的基础。我认为市场存在一种确定的结构，价格从一点运动到另一点会遵循一定的路径或形式。一旦你识别出这些路径或形式，那么无论是在人工喊单交易的市场还是电子交易的市场，它们都同样有效。每日的价格运动如何形成开盘价、最高价、最低价和收盘价，这也是一种语言。我一直以来将解密这些文字视为己任，以便更精准地"解读"市场。我还在继续从事这项工作，就像"考古学家趴在苏美尔大事记上"那样找寻真理。

1.1 我是如何了解市场的

我的交易生涯是从俄勒冈的波特兰（Portland）开始的，在那里我遇到了一位美林证券的经纪人，他认为我们可以一起挣钱。但是他只对了一半，我们只是一开始比较幸运。后来，他挣到了大笔佣金，而我却遭受了损失。更糟的是，这钱不是我的，是一位与我素未谋面的人交给我的投资资金。事后我才明白，这次打击对我来说比财富还宝贵，它改变了我的人生。

那次事件坚定了我学习投机的想法；毕竟，如果这个市场这么容易就亏损，那它也一定非常容易盈利，不是吗？我的经纪人和我一样对这场游戏非常陌生，实在没有什么意见或建议可以给我。他的观点是买入好股票并且持有（这是一个相当不错的想法），可是我倾向于抓住市场波动来挣钱。于是我开始学习如何做短线交易者。

我没有老师，也不认识其他的交易者，所以很自然地，我开始从书籍当中寻找解决问题的答案，跟你现在买这本书一样。作者把交易都说得很简单。我读过乔·格兰维尔（Joe Granville）关于技术分析的一些经典著作，并且开始保存股票的每日开盘价、最高价、最低价和收盘价的数据，以及乔提到的要关注的技术指标。我还没掌握技术分析，研究市场已经占去了我全部的时间，每天晚上都要花费五六个小时，甚至包括整个周末，我要战胜华尔街，获取财富。这导致我的婚姻出现危机。

我的第一任妻子爱丽丝·菲特里奇（Alice Fetridge）尽管成了"图表专家的寡妇"，但还是支持我的"嗜好"。最终我们离开波特兰去了加州的蒙特雷（Monterey）。我们都找到了工作，同时我还在攻读法律学位。我甚至参加并通过了"小型律师特考"（Baby Bar Exam，一种专门为夜校学生和函授学生准备的考试）。然而，我当时差不多已经放弃了成为律师的想法，特别是在一家律师事务所工作之后更是如此。我认为做律师就是站在法庭上，拯救人们的生命；然而现实却是要靠打官司收钱，找那些倒霉的人，为流浪汉和罪犯代言。这跟交易不一样。

很幸运，在蒙特雷我遇到了两位和我一样绘制交易图表的经纪人——乔·米勒（Joe Miller）和唐·索瑟德（Don Southard）。很快，他们开始跟我交流实战的故事，教我他们所了解的关于市场的一切。我们都是格兰维尔能量潮（on-balance volume, OBV）指标的忠实追随者，并且保存了 30～50 只股票的能量潮图表。同时我开始保存移动平均线，这是从当时到现在，所有书都大加赞赏的技术工具。

我的股票交易有了一些起色，但是真正让我的交易生涯"提速"的是吉尔·哈勒（Gil Haller）写的一本书，书名一点都不谦逊，叫《哈勒理论》（*The Haller Theory of Stock Market Trends*）。我从这本书里学到了不少关于股票和投机的知识，后来，我还结识了吉尔，时至今日，我一直都很感激他所给予我的支持和鼓励。吉尔的理念是买那些已经涨了很多的股票。这是今天基金买入股票时使用的一种方法，他们管这类股票叫作"动量股票"（momentum stocks）。吉尔早在1964年就开始这么做了，并且以此为生。但是他的生活方式并非我想要的！他在煤渣砖上放块门板当桌子，他用别人给他的信件的背面当信纸。吉尔不是吝啬，而是节俭，他精打细算，不该花的钱一分都不花。

后来，我自己提出了一套市场运作的理论：从短期看，市场会上下剧烈波动，在我称作"平均"价格的平衡点上下移动。我的目标就是判断何时价格已经比较低了，会返回到平均水平。也就是说，我必须判断价格是否已经跌得过多，找到可以告诉我价格的确跌得过多，而且反弹已经开始的依据。因为这看起来太容易了，我当时确信这里面一定会有某种基本原理或者规则。我的理由是，市场，所有的市场，从A点运动到B点一定遵循着一些基本的、不可拒绝的规律。

后来我发现这种假设是正确的：市场运动的规律是存在的。好消息是，市场从A点运动到B点的方式是有一定结构的；坏消息是，这种结构并不清晰。尽管如此，价格运动很像外语，表面上还是有序的，而且我们可以学会。我一生都在致力于寻找市场语言的机理，我也非常愿意帮助你们学会使用我的神奇的解码指环。

1.2 制作图表描绘市场

一旦你开始研究市场，你就会发现，这是一个以图表为王的视觉国度。正如图1-1所示，在常见的图表中，每日的开盘价用每条棒线左侧的水平短线来表示，而棒线右侧的短线则表示收盘价。棒线的顶端代表股票或商品期货在日内达到的最高价，而棒线的底部刚好相反，代表日内交易的最低价。

随后你会看到，开盘价是一天中最重要的价格。我与乔·米勒、唐·索瑟德和科特·胡

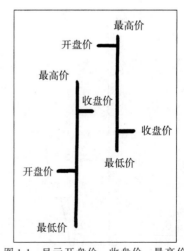

图1-1　显示开盘价、收盘价、最高价和最低价的典型图表

珀（Curt Hooper）共同得出了这个结论。胡珀是一名海军学院的研究生，在1966年与我共事的人中，他是第一个使用计算机进行研究的人。尽管被OBV方法深深打动，但我们还是想找到更可靠的公式。当我们得知最初的OBV公式出自两个旧金山的伙计——伍兹（Woods）和维尼奥里亚（Vignolia）之手时，我们认为自己可以开发出更好的方法。

当我们开始把图表中这些代表每日价格运动的棒线合并起来时，遇到了应该如何分析这些图表的问题，并且产生了混沌。这些代表价格运动的图表被那些"图表专家"积年累月地"分析"来"分析"去。总的来说，图表专家以前的待遇，和某人失业的小舅子没有太大分别，直到20世纪80年代初这种状况才有所改善。

这群人收集各种图表，找出图表中的各种形态并给这些形态命名，比如：楔形、头肩顶、三角旗形、旗形、三角形、W底、M头和1-2-3形。这些形态被假想成代表了需求和供给之间的争斗。有些形态提示卖出，另外的则可能意味着专业人士在建仓。这些图很有意思，但是很可能会误导人。这些形态同样也可以出现在一些与供给/需求因素无关的图表里。

图1-2描绘的是用一枚旧银币掷150次的累计结果，很像冻猪腩的价格图表。图1-3是气温极值的图表，还是大豆的价格图表呢？谁知道？我们都知道，

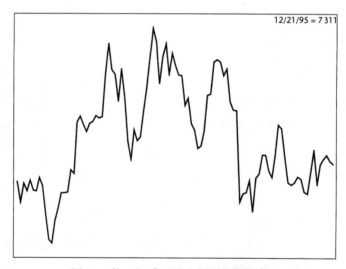

图1-2　掷旧银币正反面出现次数累计图

使用非市场的或者非经济驱动的信息绘制的图表与使用股票和商品期货交易数据绘制的图表很像,也可以看到同样的反映买卖双方对抗的形态。这里,我必须告诫你要运用自己的智慧,别被这些图表形态干扰。

图 1-3　一只股票吗?不是,这是每天的气温记录:当天最高气温、最低气温和最后一次记录的气温

图表专家变成了"技术分析师"后,扔掉了占星板,换成了计算机。计算机让图表专家看起来、听起来更让人钦佩,就像科学家。实际上,很多书打着"……的新科技"或"……的科技手段"的旗号,真的会科学到让人这么疯狂的地步吗?

总体来讲,我想不会。

价格不会跟随那些深藏在纽约豪宅休息室里神秘的、魔幻的鼓点跳动⊖,它的韵律只有极少数的行家才能认出来。价格波动无处不在,人的情绪被新闻和经纪人忽晴忽雨的内幕消息所左右,因而图表也变得飘忽不定。

1.3　非随机的市场

大部分时间,商品价格像一个喝醉的水手,徘徊在街头,既不知道要去哪

⊖　意即价格运动有其自身的规律。——译者注

儿，也不知道去过哪儿。数学家会说过去的价格运动与未来的趋势没有关联。

我的交易伙伴维克·尼德霍夫在给他的可爱的订阅者所写的"投机清单"以及他的代表作《投机者的教育》（1997）中，就此着墨甚多。我怀疑我们会就价格在图表中如何漫步意见相左，但我还是认为存在某种关联。为什么呢？因为尽管喝醉的水手摇摇摆摆、跌跌撞撞，好像走的是随机的路线，但他的醉态有迹可循。他想去某个地方，而我们也总能知道这个地方。我们必须了解他的醉态，才能知道他要去的地方。

尽管价格运动有高度的随机性，但是它与完全的随机游戏还是相去甚远。如果此刻，我不能在本书的开始部分证明这一点，那么剩下的章节就只能教你如何扔飞镖了。在价格随机游走的游戏里，飞镖手肯定比专家玩儿得好。

让我们从一个不争的事实开始，如果我们掷 100 次，出现正面和反面的次数应该各为 50 次。每次出现正面的时候，下一次掷硬币出现正面和反面的概率应该仍然各为 50%；如果已经连续出现了两次正面，我们再掷一次的话，下一次正反面出现的概率仍然各是 50%。也许你听说过，硬币、骰子和轮盘是没有记忆的。因为这是随机游戏，概率是固定的。

如果在市场中也是这样的话，价格上涨有 50% 的可能，每次上涨之后我们都预期另一次概率为 50% 的上涨机会，之后再次预期概率为 50% 的上涨机会。价格下跌也是同理，价格下跌之后有 50% 的机会再次出现下跌，我们能看到，继两次连续下跌后出现第三次收盘价下跌的概率依然为 50%。但是在现实的交易世界里不是这样的，这说明价格运动不是完全随机的。

表 1-1 显示，在众多市场中，收盘价高于开盘价的概率。不设定任何标准，计算机每天开盘就买入，收盘就平仓。我们得到了一个不同于 50/50 的结果，略微高出一些，收盘价高于开盘价的概率达到 53.2%，这本来是不该发生的。

表 1-1　商品价格收盘价 > 开盘价的概率

商　品	收盘价 > 开盘价的概率（%）
猪腩	51
棉花	53
豆子	51
小麦	52

(续)

商　品	收盘价 > 开盘价的概率（%）
英镑	56
黄金	52
日经指数	55
欧洲美元	57
美国债券	52
标准普尔 500 指数	53
收盘价大于开盘价平均百分比	53.2

如果这是"不该发生"的，那么在下跌次日开盘买入会怎么样呢？理论上，我们应该看到与表 1-1 同样的百分比结果。问题是（对那些擅长理论研究但缺乏市场经验的大学教授和学者来说）市场并非如此运行。表 1-2 中给出了连续下跌后收盘价上升的概率。

对交易者而言，这不是什么惊天动地的新闻，我们知道市场下跌是为上涨做准备的。过去没有人知道精确的百分比，而且我也不会参考这些列表决定在市场中是否买入或持有。这不是重点，重点在于：在单次下跌后和连续下跌后，我们应该看到收盘上涨概率平均为 53.2%。我们还不能据此就认定市场并非随机的；形态确实可以"预测"，接下来我们继续"无靶"射击。

表 1-2　商品价格单次和连续两次下跌后上涨的概率

商　品	收盘价单次下跌的次数	次日上涨概率 (%)	收盘价连续两次下跌的次数	次日上涨概率 (%)
猪腩	3 411	55	1 676	55
棉花	1 414	53	666	55
豆子	3 619	56	1 612	56
小麦	3 643	53	1 797	55
英镑	2 672	57	1 254	56
黄金	2 903	58	1 315	55
日经指数	920	56	424	60
欧洲美元	1 598	59	708	56
债券	961	54	446	52
标准普尔 500 指数	1 829	55	785	53
平均上涨		55.8		55.2

这里还有一些关于德国 DAX 指数自 1998 年至 2011 年的数据：如果在每个下跌交易日的次日开盘买入，并在买入当日以收盘价离场，那么在总共 1591 次交易中有 52% 的交易会获利，但总体亏损将达到令人心痛的 60 588 美元。如果在连续两个下跌交易日的次日开盘买入，我们可以交易 724 笔，其中有 52.2% 的交易会获利，同时，亏损大幅减少，仅为 1568 美元。

如果你有耐心等到连续三个下跌交易日的次日再开盘买入，那么市场会给你 334 次交易机会，其中 55% 的交易会获利，总体获利高达 25 295 美元。还想做得更好吗？每周中有些日子 DAX 的上涨概率比其他时候更高，所以如果前面已经连续三个交易日下跌的话，让我们只在周二、周四和周五买入。结果远远胜过前面的实验：共有 204 笔交易，胜率 58%，交易净利润达到 44 795 美元。

你所见到的是在这本书首次出版多年以后，出现在另外一个市场中的情况。尽管这不常见，但同样的原理在价格运动中依然有效。

1.4 认识市场结构

图表专家几乎对所有市场的跌宕起伏都起了稀奇古怪的名字，但他们似乎忽略了市场的要点，那就是价格（以日线为例，棒线顶部代表日内最高价，底部代表日内最低价）以一种非常明确的、惊人的方式机械地运行。这很像学习字母表。一旦你学会了字母就可以认单词，学会了认单词就可以读故事了。

要掌握的第一个要点将告诉你：什么样的市场行为会造成短期的最高价和最低价，掌握了这个要点，所有市场结构的意义就一目了然了。

我用一种简单的规则来定义市场的短期低点：如果任何一个交易日的最低价，比前后两个交易日的最低价都低，那么它就是短期的低点。我们这么判断是因为对市场行为的研究告诉我们，价格在形成短期低点的那个交易日之后未能再创新低，进而转向上升，最终使该低点成为短期低点。

市场短期高点刚好相反。作为短期高点的那个交易日的两侧都有较低的最高价出现。这说明价格上升到中间那个交易日的顶点后回落，从而形成了短期高点。

最初，为了和20世纪30年代亨利·惠勒·蔡斯（Henry Wheeler Chase）的著作保持一致，我把这些短线变化叫作"圈出来的"高点和低点。在计算机出现之前，我们在保存价格记录时，为了迅速辨别出这些价格波段的端点，会在笔记本上简单地用圆圈标出或者"圈上"这些点，这样我们就很容易看到它们。

图1-4展示了几个短期高点和低点，现在花几分钟看看这种形态到底代表了什么。

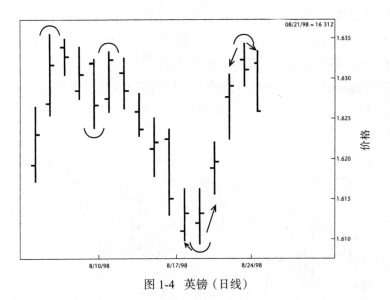

图1-4 英镑（日线）

资料来源：Graphed by the "Navigator", Genesis Financial Data Services：800-808-3282.

如果你理解了这个概念，我们就可以逐步将这些要素进行组合了。你可能已经找到了答案：市场价格从短期高点摆动到短期低点，形成波段。这实在令人兴奋，实际上，我们可以用机械的且自动的方式测量市场波段。没必要听取图表专家复杂的谈话，同样，也不必迷恋图表专家或技术分析师的虚幻世界。

有两种特定类型的交易日会给我们的基本定义造成混乱。对于第一种，我们叫作内移日（孕线）。之所以这么叫是因为当日的交易价格运行在前一日的价格区间内。这种交易日的特点是：最高价低于前一日的最高价，最低价高于前一日的最低价。在对9种主要商品的50 692个交易时段的研究中，我发现了3892个内移日，它提示我们有7.6%的概率出现这类交易日。

为了辨别出短期波段的端点，我们只能忽略这些内移日以及它们可能构成的短期关键点。内移日意味着市场进入了密集成交区，当前的波段运动不能继续前进了，但是也不能折回，因此直到这种状态消失前，我们必须等待并且在分辨趋势的过程中要忽略内移日。

对于第二种，我们称作外移日（抱线/吞没形态）。很容易找到这种交易日，它有高于前一日的最高价，也有低于前一日的最低价！这种交易日出现时（它出现的概率大概是3%），我们必须研究当日价格从开盘到收盘的运动过程。在前述对50 692个交易时段的研究中，出现了3487个外移日，占到了几乎全部交易日的7%，但出现的频率还是不如内移日高。

牢记前面的信息，再把你的注意力转移到图1-5上，图中标出了内移日和外移日。请记住，当价格从一个端点移向另一个端点时，我们要做的就是判断短期价格波段。

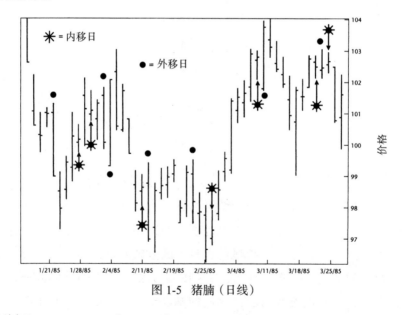

图1-5 猪腩（日线）

资料来源：Graphed by the "Navigator", Genesis Financial Data Services：800-808-3282.

到现在为止，你应该理解了基本的概念，也能明白价格如何做波段运动。在图1-6中，我标出了这些端点并用一条直线把它们逐个连起来，以显示出波段的形态。

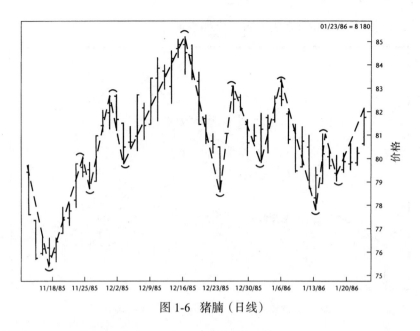

图 1-6 猪腩（日线）

资料来源：Graphed by the "Navigator", Genesis Financial Data Services：800-808-3282.

1.4.1 确定中期高点与低点

演出开始了！想想看，如果对于任何一个前后都有较低的高点的交易日，我们把它定义为短期高点的话（价格内移日不算），那么我们可以再向前迈一大步：任何前后都有较低的短期高点的短期高点就是中期高点。现在系好安全带，因为我们还要再进一步：任何中期高点，只要它前后两侧的中期高点都较低的话，它就是长期高点。

只用这一段话，我们就能确定市场短期、中期、长期三个重要的波段。市场低点也是用同样的方式进行确认：首先找到一个低点，如果两侧的低点都更高，它就是短期低点。然后找到一个前后两侧的低点都更高的短期低点，它就是中期低点。确定长期低点同样简单：只要某个中期低点前后的中期低点都比它高，那么它就是一个长期低点。

现在来看看这是怎么一回事。我在图 1-7 中先标出了所有的短期波段，然后标出了中期波段，最后在另外一个层次标出了更长周期的波段。这幅图说明了一切，真的只是用简单的形式就包含了一切。现在你看这幅图，就会明白市场的结构，就能理解我们能从市场的混乱中创造秩序。

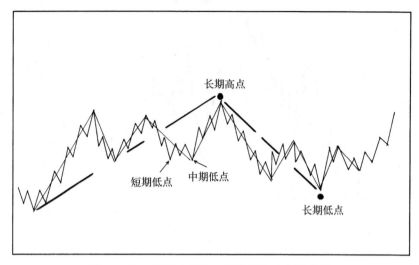

图 1-7　通过图表分析从市场的混乱中创造秩序

有了前面的这些认识之后，我接下来把示意的样图换成真实的市场价格图表：瑞士法郎（见图 1-8）和咖啡（见图 1-9）。首先我要标出短期波段，然后

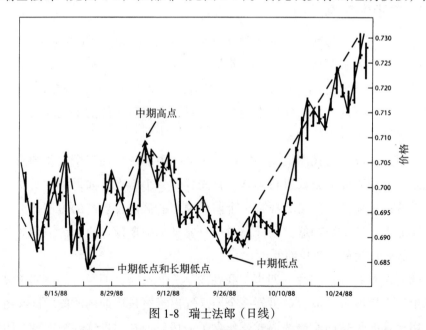

图 1-8　瑞士法郎（日线）

资料来源：Graphed by the "Navigator", Genesis Financial Data Services：800-808-3282。

通过比较更高或更低短期波段端点的方式标出中期波段，最后再在更高的级别上标出长期波段。说起来简单，但你仔细研究图表以后就会发现，把这样的关系绘制出来可不容易。让我们来看看吧。

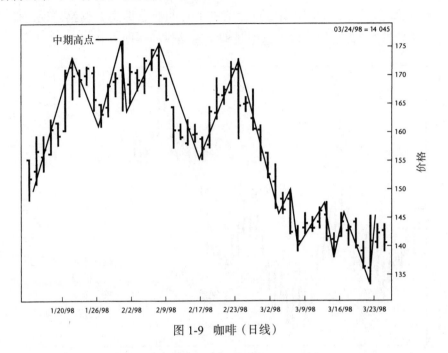

图 1-9 咖啡（日线）

资料来源：Graphed by the "Navigator", Genesis Financial Data Services：800-808-3282。

1.4.2 为什么认识市场结构如此重要

一旦你对这些市场的结构有所了解之后，你就可以在这些市场转折发生伊始把它们辨别出来。当价格上涨超过前一天的高点，而前一天的最低价又比更前一天最低价还低的时候，那么这就是个短期低点所在的位置。仅靠这次价格穿越的特性，我们就知道短期的下降波段结束了。同样的道理，如果价格下跌低过前一日的最低点，而且前一日的最高价又比更前一日的最高价还要高，短期的最高点就形成了。这就意味着，在交易时段内我们就能把握这些转折点是在什么时候形成的。

作为短线交易者，我们也能说出中期高点和低点形成的时间。而且，如果短期高点的形成有助于我们确认中期高点，进而确认长期高点的话，我们就能在一些理想的转折点入场。

图 1-10 展示了如何做到这一步。当价格上涨超过日最高价 A 时，就形成了一个短期低点，而且这个短期低点比前一个短期低点更高。也就是说，低点 B 是一个长期低点⊖，我们可以在这个长期上涨趋势的初期就开始买入。

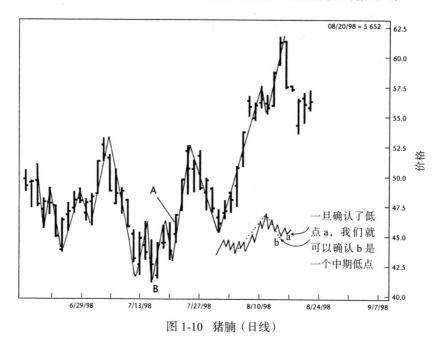

图 1-10　猪腩（日线）

资料来源：Graphed by the "Navigator", Genesis Financial Data Services：800-808-3282.

这其实就是怎么把转折点连起来，给每个部分找到正确的位置，以便让我们能够了解市场活动的结构。妙处就在于，不管什么时候、什么市场，你都能利用它们判断出趋势到底是向上还是向下，并且利用它们判断入场、离场的点位。

多年以来，我就是靠这些点作为买卖的入场依据，过上了相当不错的日子。这些点也是我知道的唯一有效的支撑与阻力位。它们太重要了，价格突破这些点位时的走势提供了重要的关于趋势和趋势改变的信息。因此我才把它们当作

⊖　原文如此。

止损和入场的点位。

1.5 市场结构永远不会改变

市场价格在高点和低点之间震荡，因而我们得以辨别这些波段。这一点非常重要，因为这可以使我们以一种机械的方式量化和定义所有价格运动。这些波段能够使我们确定：①市场的走势；②市场走势何时改变。市场结构的妙处在于它能清晰地为我们勾勒出价格的运动。

它的原理是这样的：市场从一个点到另一个点以循环、波段运动和急涨急跌的形式运行。我将教给你如何识别所有的波段端点，然后再教你何时利用这些波段端点建立买卖信号。记住这一点，让我们从头开始，先来讲一些对市场波段的基本理解。

实际上，我们通过一个非常简单的规则就可以识别出市场中所有的短期高点和低点：如果某日（或某根价格线，如果你使用不同时间周期的话）的前后两个交易日的最低价都比它高的话，则市场出现了一个短期低点；同理，短期高点指的是某日（或某根价格线）的前后两根价格线的最高价都更低。

这听起来很简单吧？这些波段端点蕴含着大量的信息与对市场的解读。在讲解其他内容之前，我希望确定你已经理解了这个概念。图 1-11 给出了一个标有波段端点的例子，这样你就能看出图中这些点是如何被识别出来的了。（这里我用的是澳大利亚市场的图表，其实任何国家或任何时间周期都一样，市场结构都在发挥作用。）

理解价格以波段或波段序列的方式运动至关重要，这是一切的开始。当后一日的价格不能创出新高并且跌落到前一日的最低点以下时，我们可以说"一轮"价格的上行运动结束了。价格运动本身，展开来看，就是一次又一次的波段运动。

我们一旦理解了这一点，即可如图 1-12 所示，把各波动端点简单连接起来确定市场结构。

理解这些短期高点和低点的构成非常关键，凭借这些，我们可以精确地判断出短期高点和低点何时得到确认。

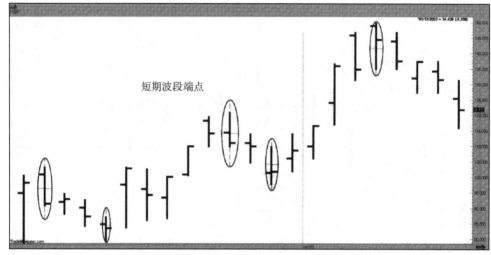

图 1-11 力拓：短期波段端点

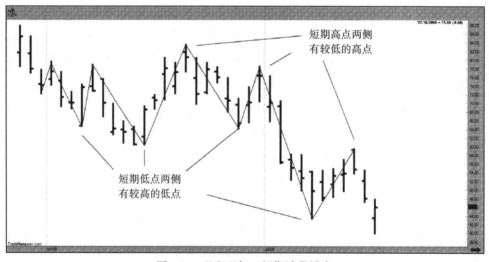

图 1-12 必和必拓：短期波段端点

以短期高点为例，一旦某日的低点随后被跌破，我们就把这一天视为一个短期高点。但是，仅仅高点变低还不够，收出较高最高价的那个交易日的低点也得被跌破。图 1-13 图解了这些，正如人们常说的，一图抵万言。

至于短期低点（见图 1-14），我们知道，如果某日的价格高点随后被突破，则该日即被视为一个短期低点。但是，仅仅低点变高不够，收出较低最低价的那个交易日的高点也得被突破。

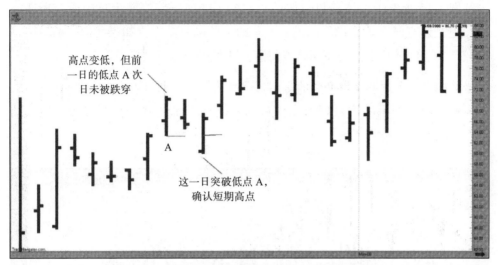

图 1-13　必和必拓：短期高点和低点是如何形成的

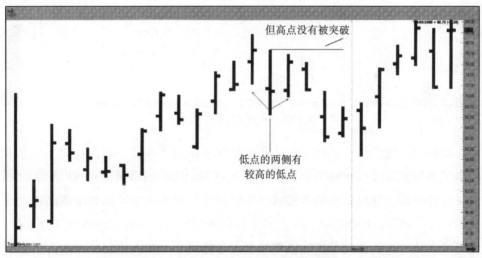

图 1-14　必和必拓：请注意，价格线的高点未被突破——不是短期低点

我们可以把上述内容汇总如下：当市场处于下行趋势，且某日的价格超过了最低日的高点时，则被视为短期下行趋势结束。

当价格处于上行趋势，且最高日的低点被向下突破时，则意味着短期上行趋势结束。

图 1-15 重申了上述信息。你已经学会了如何正确判断市场中所有短期波段,但是还有没有什么没看到的呢?是的,的确有。因为如果我们把前后两日有较低高点的某日定义为短期高点的话,则我们也可以这样说:

- 如果一个短期高点前后的短期高点都比较低,则可被视为中期高点。
- 同理,如果一个短期低点前后的短期低点都比较高,则可被视为中期低点。

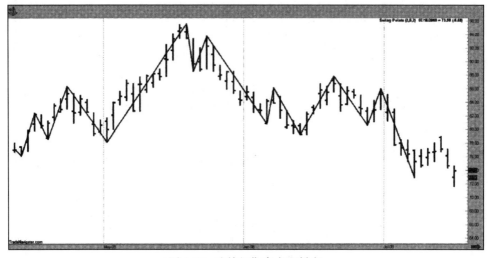

图 1-15　连接短期高点和低点

现在记住这个简单的定义,让我们把同一张图表再看一遍,这次我在上面标出了中期波动端点。如图 1-16 所示,现在我们能做的事情简直不可思议。不用任何计算器、计算机或数学公式,我们就能说出市场的短期和中期趋势。以我的理解,利用市场结构我们可以判定任何市场的真正趋势。2008 年 7 月以前,交易者会认为市场在进行横向整理或者无趋势可言。然而市场结构已清楚显示出市场在 6 月中旬形成了一个中期高点,而且较此前的中期高点低一些!当时,这就是告诉我们股市已进入下跌趋势,可以做空了。

在讨论精确的入市时点前,我想讨论得更深入些。如果一个短期高点可以用来识别中期高点的话,那么再进一步,中期高点和低点是不是也可以用来确定长期高点和低点呢？

- 根据市场结构的概念，一个中期高点，如果它前后的两个中期高点都比它低的话，那么按我们的定义，它就是一个长期高点。
- 同样根据市场结构的概念，一个中期低点，如果它前后的两个中期低点都比它高的话，那么按我们的定义，它就是一个长期低点。

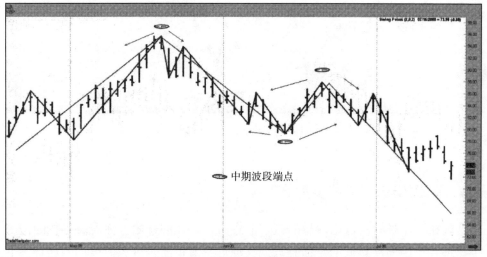

图 1-16 必和必拓中期波段端点

来看一下图 1-17。我们可以确定市场的所有短期波段，这些波段可以帮助我们确定中期波段端点，然后中期波段端点又进一步帮助我们成功地确认了长期波段端点。

你可以用这些波段的端点来解决很多问题，但我希望尽量把事情简单化，只关注最基本的概念。最赚钱的交易机会，当然也是最容易找到的那种，都是基于市场的中期趋势的。中期趋势提供了比较多的获利机会。不过，这种机会并非每天都会出现，这会让那些试图每天交易 10 笔或每周交易 10 笔的人有些沮丧。根据我的经验，如果这么频繁地交易，你不可能赚到大钱。唯有在概率对你有利的时候下重注，而不是轻易掷骰子，钱才会找上门来。你交易的次数越多，就越有可能把你的投机活动搞砸。换句话说，你要做的决定越多，可能犯错误的次数也越多。

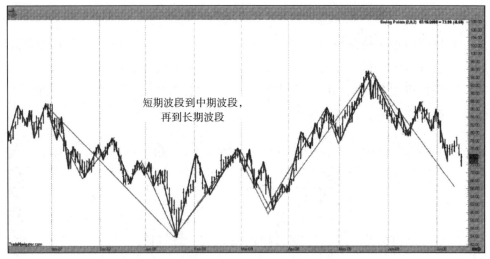

图 1-17 必和必拓：短、中、长期波段

1.6 理想的做空和做多形态

现在，让我们从讨论理想的做空形态是什么样的开始。你需要寻找的是一个比上一个中期高点低的中期高点。这种形态清楚地告诉我们市场的趋势为下行趋势。按照市场结构的定义，这个较低中期高点的形成体现的是更长时间周期上的动量特征。

当一个中期低点高于前一个中期低点时，这就意味着中期趋势为上行趋势，这时，在概念上，形态最好的买入机会就出现了。这里有一个关于波段的问题：哪个是目前市场中最大的波段？找到答案，你就会知道当前时间周期下的趋势了。只用这两种形态，你就有了更好的交易方法，因为你实际上是在利用中期趋势这个强有力的武器在进行交易。

现在，让我们来看看买入信号是什么样子的，这样你就能够明白我的意思了。在图 1-18 中，棒线显示了每日的开盘价、最高价、最低价以及收盘价。（记住这些价格可以是 5 分钟、每日、每月或每周的价格，它们都适用相同的规则。）

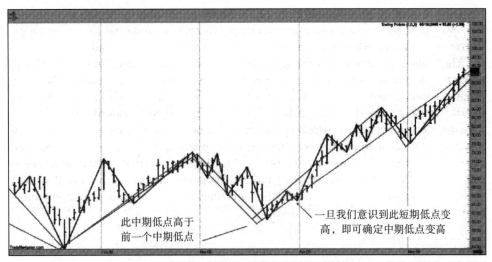

图 1-18 必和必拓：市场结构显示为上行趋势

明白了市场结构，你就能看出必和必拓公司股价转为上行趋势的动态过程，一目了然。我们可以看到一个比前低点更高的短期低点，确认了中期低点。这就告诉我们市场的趋势是上升的，这时可以买入。而且，精确的买入点就是前一个短期高点，这一点随后就被突破了，准确地说，在图 1-18 中就是 4 月 1 日 66.80 美元的位置。

请注意，这些信号并不是每天都会出现。交易者需要极大的耐心等待这种特定的价格形态。但是你们也能看到，等待是值得的。而且，这种价格形态让交易者可以同时跟踪几只股票和商品合约，利用中期高点和低点形态筛选最好的交易机会。

好吧，我们现在有了一笔多头交易。下一个问题是：我们怎样离场？我们能为这笔交易制定一个目标价吗？跟踪止损又应该设在哪里呢？

1.7 目标价与跟踪止损

市场并不是总能运行到你设定的目标价，这就是为什么你还要学会使用跟踪止损，它太重要了。

我们可以通过多种方式确定目标价。很多人认为斐波纳契比例或类似比例对确定目标价有价值，有帮助。我不这么认为。我曾经就此做过几次深入的研究，没有任何研究结果可以证明那些比例是有用的。而且，我也没见过任何其他研究可以证明斐波纳契比例的有效性。不过，就这些比例本身而言，他们的说法都只是一家之言。

我的发现是：当价格超越前一个中期高点时，其后续的上涨幅度确实很有可能与前中期高点到前中期低点之间的距离相当。

换句话说，你可以把前中期高点与前中期低点的价格之差加到前中期高点上，算出我们的目标价或者说价格的潜在涨幅。

使用我的"目标射手"指标（来自 Genesis software），在我们刚才看的同一幅图（见图 1-19）上调用这个指标，就能看到目标价在哪儿了。

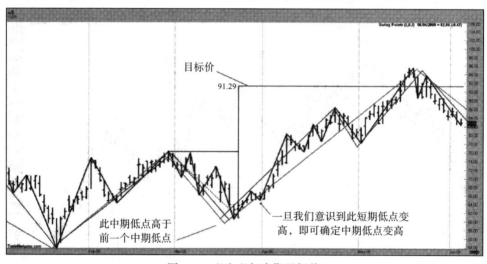

图 1-19 必和必拓中期目标价

我们剩下的工作就是确定保护性止损点，以防前面的中期高点没有被突破、交易不成功。交易如同拳击，"出击的同时得时刻保护自己"。止损和跟踪止损就是我们在这场没有裁判的比赛中的防护措施。

我们也可以利用市场结构设定跟踪止损，如图 1-20 所示。其中，圈出来的更高的短期低点就是这笔交易的初始止损点。

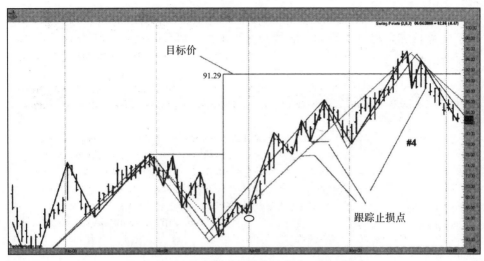

图 1-20　必和必拓：将短期低点设为跟踪止损点

根据市场结构概念，我们建仓后，在价格到达目标价之前，如果形成了新的中期高点，则可以将其作为离场价位，这就是所谓的跟踪止损点。

交易并不是一个完美的世界，这里科学与艺术同在——你认为哪种止损方式更好以及对市场牛熊判断的信心，将决定你持仓时间的长短。这里存在四种可能性：

（1）市场在最近的短期价格低点以下运行；

（2）市场在最近的短期价格次低点以下运行（如果你确实看涨，就去掉在最近的短期低点下方设置的止损）；

（3）市场形成一个新的中期高点；

（4）价格到达目标价。

在交易结果逐步明朗的过程中，你会看到不断形成新的、较高的短期低点，提供新的入场机会。这些在更高价位上依次出现的形态也都有其短期目标价，只要这些目标价没有超过中长期目标价，你都可以利用。就像我之前说过的，市场结构的意义远远比你所能想到的大得多。

这就是股票或期货交易中最基本的买入模式，不管日间或日内交易，都没有任何区别，这就是价格的运行方式。下面让我们把注意力转到卖空的机会上。

图 1-21 显示的是力拓的价格形态，不过，用哪只股票来分析都无关紧要，我们也可以用大豆、银、铜或可可的价格。所有市场的结构是一样的，问题在

于必须确定你找到的短期高点和低点是否就是中期波段的高点和低点。有时候，由于内移日和外移日的影响，结构会变得不太清晰。不过，市场上并没有什么是一贯清晰的。

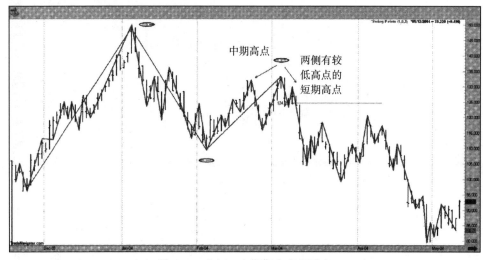

图 1-21　力拓：中期高点卖空形态

尽管如此，因为这一形态很常见，所以很容易就能找到它，而且还可以一而再，再而三地找到。况且，如果形态不清晰，为什么还非要交易呢？

在图 1-21 中，我用折线标出了基于短期波段确定的中期。你会看到，2004 年 3 月形成了一个较低的中期高点，这个高点比前一个高点低，因而我们确定市场正处于下跌状态，希望抓住机会卖空。

当然，问题是我们找到一个中期高点后，该在哪里进场交易。3 月 9 日，价格跌破了 3 月 8 日的低点，这就使得 3 月 8 日的高点成为一个短期高点，该高点比之前的 3 月 3 日形成的短期高点略低，因而我们确认 3 月 3 日的高点为当时的中期高点，同时我们也清楚，该高点比此前的中期高点略低。这样我们就可以很容易在我标出的 124.55 点进场做空。至此，这个形态就完成了。

一旦开仓，初始止损点应该设在中期高点上，这是应该离场的点位。换句话说，3 月 3 日的高点不能被突破。如果突破了，那么价格就回到了上涨趋势中。这时，我们就要反手做多，因为中期趋势是上涨的，所以这形成了一个略高于前低点的中期低点。

这个价位就是你的初始止损点。为了把交易亏损限定在更小的范围内，你可以把止损点设置在高于 3 月 8 日的高点上，因为一旦价格突破了该日高点就意味着一个较高的短期低点即将出现，并且还可能形成一个中期低点。

简单的波段可以诠释结构，结构又可以揭示市场趋势。

接下来，让我们把注意力转移到这笔交易的目标价和跟踪止损的设置上来（见图 1-22）。

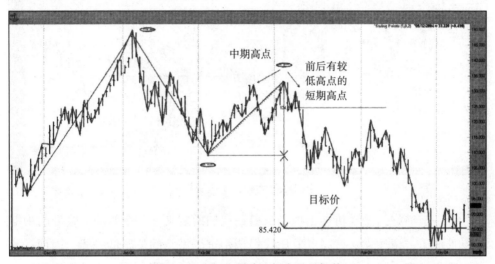

图 1-22 力拓：跟踪止损点及目标价

用 2 月的低点减去其与 3 月 3 日高点的价差，我们就得出了目标价 85.42 点。事实上，价格也确实运行到了这个位置，但在到达目标价之前我们就已经退出交易了。除非有什么特别的理由，否则没人会继续持有空头头寸。

为什么这样说？因为很可能你会被你设置的跟踪止损逼出局，这个止损点就在下一个中期低点形态中的一个短期波段的高点上（这同时创造了另一个进场卖空的机会）；为更好地解释这一点，我们来看一下图 1-23，这幅图记录了整个交易的过程。

直到 3 月下旬，我们的交易一直进行得很顺利，这时价格开始反弹，警告我们一个中期低点已经形成。（我用椭圆形图标在图中对中期波段端点做了标记。）我们知道，一旦价格高于 4 月 4 日的高点，就会有一个较高的短期低点出现，这样下一个交易日我们将不得不在 4 月 4 日的最高价了结交易。你可能还用过很多其他技巧，不过我们一直都紧紧追随市场结构来确定我们的离场点位。毕竟我们是短线交易者，我们的目的是获得利润，而不是强迫市场向不可能的方向运行。

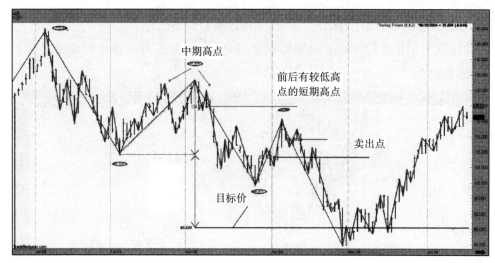

图 1-23 力拓：退出交易

另一个绝好的做空机会出现了，根据我们的定义，一个新的、较低的中期高点形成了。请注意，该高点要比我们最初进场做空的位置低一些。因而，我们知道市场迎来了更大的下跌趋势。这笔交易同样是获利的，并且很快就运行到了我们设定的目标价，于是我们获利了结。无论你是否使用了跟踪止损（譬如在较高的短期低点或任何短期高点的位置），结果是任何不利的情况都没有出现。我们很幸运：价格一路跌到了我们设定的目标价。

要点重述

让我们快速回顾一下我希望你了解的信息，市场会准确地告诉我们它将如何构造其下一步行情。如果我们能够花时间耐心观察和研究市场行情的话，市场几乎会把所有的事情都告诉我们。事实上，我所说的市场结构，有它自身的节奏、理性、逻辑和科学。

市场结构可以应用于任何时间周期：日内、日线、周线甚至月线。

| 第 2 章 |

价格与时间的问题

一如拳台围起来,

一轮一轮赛不停。

小圆绕在大圆里,

编织乐章快又轻。

造出小节终复始,

灵念一闪随风行。

2.1 你应了解的关于周期的所有知识

图表记录了过去的价格变化，横坐标代表时间，纵坐标代表价格。所有的技术分析流派都致力于研究时间和周期。这些关于思考的专家以分钟、小时、天、周、月以及年为单位计算最高价和最低价，以确定时间周期，预测价格会在什么时间沿着历史的轨迹发生何种变化。我曾花了 15 年的时间试图破解时间周期之谜。

我仍然相信市场确实有周期，应该有三种周期，但不是时间周期。时间周期问题的根源在于我们能够从图表中明显地看到的确存在一种主导周期。问题是，很快就有另外一种周期成为主导周期，取代了我们刚刚看到的并作为投资依据的主导周期。

尽管我们首要的问题是主导周期，但即便存在这样的周期，它们也会很快发生改变，比正在拉选票的政客变得还快。在 20 世纪 60 年代和 70 年代早期，人们就希望能够使用高等数学和高速计算机来解决周期问题，但迄今尚未成功。在任意给定的时间段，我们到底应该在哪个该死的周期上下注，我们根本就不知道。这还不是最要命的，更重要的问题是，我们同样不知道周期的幅度。

2011 年，我们仍然在这个问题上纠结。我就每年的走势发表预测已经有很多年了，图 2-1 展示的是我对道琼斯 30 工业指数 2009 ~ 2011 年走势的预测。正如你所见到的，我们能够相当精准地预测出市场将经历的重要顶部与底部。这里的难点在于预测价格波动到底会有多显著，即上涨或下跌的幅度如何。似乎通过结合历史周期高点与低点，对当前市场形势进行研判就可以准确获得这些预测。（我会把这些市场预测实时更新到我的网站 www.ireallytrade.com 上，你可以看到最新的版本。）现在让我们来看看我对近几年市场的预测结果，你就会发现周期对交易者以及投资者都有价值。

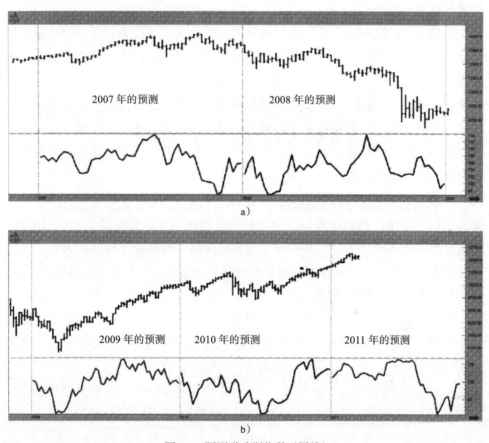

图 2-1　预测道琼斯指数（周线）

资料来源：Graphed by the "Navigator"（Genesis Financial Data Services）.

这些预测都是基于对市场数据的长期审慎研究得出的，既包括对个别年份的价格形态的分析，也包括对我们泛指的市场周期的分析。然后我会把这些分析综合起来，得出对每年市场走势的预测。问题在于，数据是全时的，基于各个不同的时间周期，因而很难估测周期的幅数。正如你在图中所看到的，我们跟踪了市场上常规的价格波段，但价格运动的准确幅度依然像谜一样难以确定。我还在破解它。

重点在于，这些市场预测是很多年前，在我们进入电子交易时代以前，基于市场运动做出的，即便在新的市场交易时代，它们在正确预测市场走势方面，仍然大有用武之地。

周期理论的拥趸只是处理时间的问题。但是我还没有遇到哪位银行家，能够让我按照天、周或者月来存款。我知道信奉周期的人能够找到市场低点，比如说每 18 年出现一次的低点，但是价格在沿着纵轴上行的时候，不一定按照周期变化。理论上，在某些重要的周期高点或是低点，都会出现一定幅度的价格波动。但是在我所生活和交易的世界里，情况并不是这样的；相反，周期很快就衰减了。然后，价格会在某个区间维持几天甚至几周的窄幅震荡，但根本没有足够的可以赚钱的波幅。

下面，举一个过去价格的实例来证明我的观点。图 2-2 展示的是大豆的择时系统回测结果。我用计算机在短期移动平均线上穿长期移动平均线时买进，这是标准的技术操作方式。唯一的变量就是时间，即移动平均线的天数，因此受到周期的影响。简单地理解，移动平均就是过去几天收盘价的简单算术平均。除时间外，没有别的变量。

第一个回测是从 1975 年 4 月 29 日到 1987 年 1 月 1 日之间的大豆交易价格，计算机算出了所有 5～50 天的短期平均线组合的业绩，并与 10～60 天较长期或所谓第二平均线组合的业绩进行比较，在这个时间段内业绩最好的结果是 5-25 日平均线组合。这个择时"系统"共交易 153 次，获利交易共 54 次，净利润为 40 075 美元。

图 2-3 展示了如果我们用这个系统从 1987 年 1 月 1 日到 1998 年 4 月 23 日之间进行交易的可能的结果。我对本书改版最得意的地方在于，这使我有机会展示过去的研究成果，回顾过去市场是什么样的，运行的规律如何，然后看到这些规律仍然能被应用到今天的交易中。我能将过去的很多想法与我的新点子结合在一起，把我的研究延续下来，并揭示当下我们交易的市场是何种状况。

数据：	大豆	67/99						
计算时间：	04/29/75～01/01/87							
代码	转换系数	点值	佣金	滑点	保证金	格式	驱动器:\路径\文件名	
17	−1	6.250美元	50美元	0美元	3 000美元	CSI	C:\GD\BACK67\F051.DTA	

////////////////////////////////所有交易−测试1\\\\\\\\\\\\\\\\\\\\\\\\\\\\\\

总净利润	40 075.00美元		
毛利润	126 212.50美元	总亏损	−86 137.50美元
总交易次数	153	胜率	35%
盈利交易次数	54	亏损交易次数	99
最大单笔盈利	13 000.00美元	最大单笔亏损	−2 362.50美元
平均盈利	2 337.27美元	平均亏损	−870.08美元
平均盈利/平均亏损	2.68	平均交易盈亏	261.93美元
最多连续盈利次数	2	最多连续亏损次数	8
获利交易平均持仓天数	35	亏损交易平均持仓天数	10
最大平仓亏损	−13 625.00美元	最大单日亏损	−13 687.50美元
利润系数	1.46	最大合约持有数	1
账户额度下限	16 687.50美元	账户收益率	240%

图 2-2 择时系统回测结果

资料来源：Graphed by the "Navigator", Genesis Financial Data Services：800-808-3282.

数据：	大豆	67/99						
计算时间：	01/01/87～04/23/98							
代码	转换系数	点值	佣金	滑点	保证金	格式	驱动器:\路径\文件名	
17	−1	6.250美元	50美元	0美元	3 000美元	CSI	C:\GD\BACK67\F051.DTA	

////////////////////////////////所有交易−测试1\\\\\\\\\\\\\\\\\\\\\\\\\\\\\\

总净利润	−9 100.00美元		
毛利润	81 612.50美元	总亏损	−90 712.50美元
总交易次数	163	胜率	31%
盈利交易次数	52	亏损交易次数	111
最大单笔盈利	10 062.50美元	最大单笔亏损	−2 950.00美元
平均盈利	1 569.47美元	平均亏损	−817.23美元
平均盈利/平均亏损	1.92	平均交易盈亏	−55.83美元
最多连续盈利次数	5	最多连续亏损次数	9
获利交易平均持仓天数	30	亏损交易平均持仓天数	11
最大平仓亏损	−28 612.50美元	最大单日亏损	−29 412.50美元
利润系数	0.89	最大合约持有数	1
账户额度下限	32 412.50美元	账户收益率	−28%

图 2-3 可能会发生什么

资料来源：Graphed by the "Navigator", Genesis Financial Data Services：800-808-3282.

这些实验的结果并非令人充满希望。共163笔交易，胜率变成了31%，交易结果也是亏损的，准确地说，亏损9100美元，而且在交易过程中出现了28 613美元的回撤（交易系统在实现新的盈利前出现的亏损幅度）。熬过28 613美元的回撤后最终亏损9100美元绝算不上什么好的赌法！系统每笔交易平均亏损56美元。以前的周期与时点的影响力何在？真是郁闷！

接着我用相反的程序回测从1987年1月1日到1998年4月23日之间表现最好的两条移动平均线（见图2-4）。最好的组合是25-30日移动平均线，胜率高达59%，获得34 900美元的盈利。这个交易系统每笔交易盈利234美元，而最大的亏损是13 963美元，所以这也不是一个好的赌法。

数据：		大豆	67/99					
计算时间：		01/01/87～04/23/98						
代码	转换系数	点值	佣金	滑点	保证金	格式	驱动器\路径\文件名	
17	−1	6.250美元	50美元	0美元	3 000美元	CSI	C:\GD\BACK67\F051.DTA	
//////////////////////////所有交易−测试39\\\\\\\\\\\\\\\\\\\\\\\\\\								
总净利润		34 900.00美元						
毛利润		101 262.50美元		总亏损		−66 362.50美元		
总交易次数		149美元		胜率		59%		
盈利交易次数		89美元		亏损交易次数		60		
最大单笔盈利		3 812.50美元		最大单笔亏损		−7 237.50美元		
平均盈利		1 137.78美元		平均亏损		−1 106.04美元		
平均盈利/平均亏损		1.02		平均交易盈亏		234.23美元		
最多连续盈利次数		8		最多连续亏损次数		4		
获利交易平均持仓天数		14		亏损交易平均持仓天数		25		
最大平仓亏损		−13 962.50美元		最大单日亏损		−20 525.00美元		
利润系数		1.52		最大合约持有数		1		
账户额度下限		23 525.00美元		账户收益率		148%		

图2-4 另外一个时间段的回测结果

再用前面的数据回测25-30日移动平均线组合，图2-5显示结果为亏损28 725美元。不论是向前还是向后做样本外回测，移动平均线组合的时间参数（长度或者周期），也许在一段时期内有效，但未必在别的时间内同样有效。

你也许会说："可能不是时间的问题，而是大豆本身的价格变动趋势不明显。"

数据：	大豆	67/99						
计算时间：	04/29/75～01/01/87							
代码	转换系数	点值	佣金	滑点	保证金	格式	驱动器:\路径\文件名	
17	−1	6.250美元	50美元	0美元	3 000美元	CSI	C:\GD\BACK67\F051.DTA	

////////////////////////////////所有交易-测试1\\\\\\\\\\\\\\\\\\\\\\\\\\\\\\

总净利润	−28 725.00美元			
毛利润	96 750.00美元	总亏损	−125 475.00美元	
总交易次数	138美元	胜率	56%	
盈利交易次数	78美元	亏损交易次数	60	
最大单笔盈利	4 600.00美元	最大单笔亏损	−12 750.00美元	
平均盈利	1 240.38美元	平均亏损	−2 091.25美元	
平均盈利/平均亏损	0.59	平均交易盈亏	−208.15美元	
最多连续盈利次数	8	最多连续亏损次数	4	
获利交易平均持仓天数	14	亏损交易平均持仓天数	30	
最大平仓亏损	−43 775.00美元	最大单日亏损	−46 150.00美元	
利润系数	0.77	最大合约持有数	1	
账户额度下限	49 150.00美元	账户收益率	−58%	

图 2-5 最佳组合的结果

下面要谈的是对英镑移动平均线交叉系统的研究，英镑是趋势最明显的市场。从 1975 年到 1987 年，表现最好的均线交叉系统是 5-45 日均线，盈利高达 135 443 美元。

下一个时间段，从 1987 年到 1997 年，同样的系统产生了 45 288 美元的盈利（参见图 2-6），但是最大的平仓亏损为 29 100 美元。这个赌法看起来也不是那么让人满意。表现最好的均线交叉系统是 20-40 日均线，整个期间内盈利总额为 121 700 美元，问题是第一个时间段只盈利了 26 025 美元，最大的亏损却为 30 000 美元。这不是大豆或者英镑的问题，问题是基于时间的研究根本站不住脚。在投机中完全依赖时间只能导致贫穷。

我通过差异很大的各处数据来回测不同的时间参数，但是找不到一种完美的、同样适用于样本外数据的设置时间参数的方法。

我的建议是：放弃时间周期，它只不过是华尔街的幻觉。

我在很多国家的很多市场上交易过，价格运动肯定有周期。也许它是一种形态，从任何图表上都可以找到。

数据：		大豆	67/99				
计算时间：		01/01/87～01/01/98					
代码	转换系数	点值	佣金	滑点	保证金	格式	驱动器:\路径\文件名
26	4	6.250美元	50美元	0美元	3 000美元	CSI	C:\GD\BACK67\F003.DTA

////////////////////////////////所有交易-测试1\\\\\\\\\\\\\\\\\\\\\\\\\\\\\\

总净利润	45 287.50美元		
毛利润	134 175.00美元	总亏损	−88 887.50美元
总交易次数	104美元	胜率	31%
盈利交易次数	33美元	亏损交易次数	71
最大单笔盈利	17 262.50美元	最大单笔亏损	−4 575.00美元
平均盈利	4 065.91美元	平均亏损	−1 251.94美元
平均盈利/平均亏损	3.24	平均交易盈亏	435.46美元
最多连续盈利次数	3	最多连续亏损次数	12
获利交易平均持仓天数	54	亏损交易平均持仓天数	13
最大平仓亏损	−29 100.00美元	最大单日亏损	−29 450.00美元
利润系数	1.50	最大合约持有数	1
账户额度下限	32 450.00美元	账户收益率	139%

图 2-6 将本系统应用于下一个时段

在过去的几年中，我识别并且系统地整理出三种周期，现在我把它们称为：①小价格区间/大价格区间；②在区间内波动；③收盘价与开盘价。

现在我们开始学习分析价格图表的第一课：研究价格变化的区间。我所说的区间是指商品或者股票价格在一天、一周或者一个月（甚至一分钟）内波动的最高价和最低价间的距离。区间是任何时间段内的价差。对于这三种周期来说，这些规则在任何时间段内都有效，我发现的这些规则对于各个市场也同样有效。

2.2 区间变化的自然周期

任何一天，商品价格的变化都是千差万别的，这让图表分析家感到困惑。但是在任何时段，价格区间内都会有一种清晰、精确的节拍。在所有的时间、市场内，价格区间都会从小范围向大范围波动——这一点非常关键。

周期年复一年地不断循环往复，大区间与小区间相互交替。这是短线交易的基本规则。

看起来周期很有效,并且很重要,因为投机者要了解价格变化,以获取盈利。如果价格不上下波动,或波动幅度很小,不呈现趋势运动,投机者就会陷入泥潭。

14年前我第一次写下这句话,14年过去了,这句话依然正确。市场一定会跟随天然的周期:价格窄幅运动后一定会有大幅波动(见图2-7)。

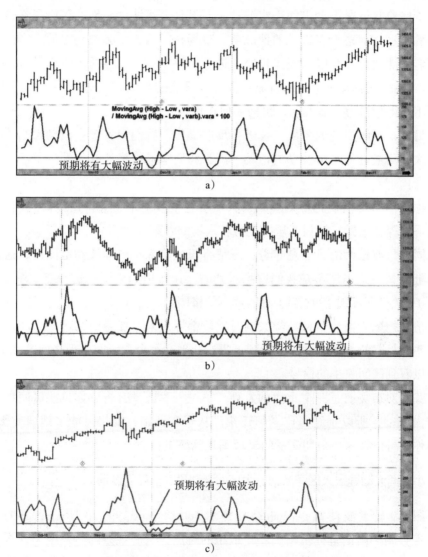

图2-7 大区间运动到小区间运动的循环(日线)

资料来源:Graphed by the Navigator(Genesis Financial Data Services).

这可以解释短期交易者为什么期望价格能够在几个小时或者几天内爆发。没有价格的变化，我们就像藤蔓上等死的枯枝。市场最吸引公众的地方就在于价格的巨大变化。他们通常错误地认为当前大幅的价格变化会持续。

你现在应该清楚了。

价格通常情况下会出现小幅波动，而不是大幅波动。你的目标是在价格出现大幅波动之前建仓。常见的情况是，市场在一两天大幅波动之后，在冷静下来或者停滞之前，会吸引很多投资者进入市场。绝大部分的短线交易者都是失败者。失败的原因在于，他们从一个炙手可热的市场进入另外一个热门市场，完全不懂得价格为什么波动，价格如何在价格图表上运动。

另外，了解规则的少数人会进行反向操作。我们寻找过去波动性高、日波幅较大，而最近却小幅波动的市场，因为我们知道价格波幅大的日子已经为时不远了！

你不用管价格变化多么疯狂，只须等它平静下来，等价格区间逐渐收窄，窄到一定程度之后，就到了短线交易者入场的时刻。

同理，波幅大的日子意味着：行情将很快陷入小区间波动范围内，这样通常不能赚钱。这当然不是我们愿意看到的。让我用图来证明这一点，图2-8给出了1997年9月到1998年1月的黄金价格图。

请你把图中所有价格波幅大的时间段都标出来，然后研究这些时间段之前的那些交易日的波动幅度。你看到了吗？几乎在每个大区间出现之前的几天内，都可以看到区间缩小的信号。

我们对市场有了一个重大的发现。不过，我还没有告诉你这些区间将朝哪个方向变动，所以别跑得比老师还快。从现在开始，要尽可能多地研究图表，这样你就可以将这个短期交易的真理刻在脑海里：

小区间波动导致大区间波动，大区间波动导致小区间波动。

图2-9显示波动性很高的标准普尔500指数从1991年10月到1992年1月的走势图。用铅笔标出图中变化最小的时点，然后观察随后发生了什么……随后是两天甚至三天的大区间运动，然后区间收缩，即从小到大，再从大到小——如此不断地循环，并且一直持续下去。

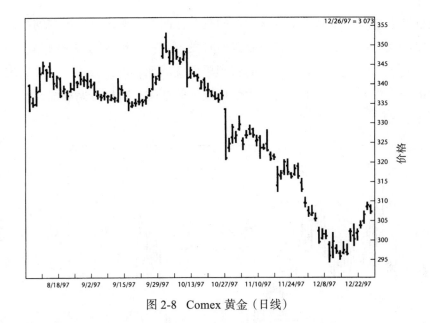

图 2-8 Comex 黄金（日线）

资料来源：Graphed by the "Navigator", Genesis Financial Data Services.

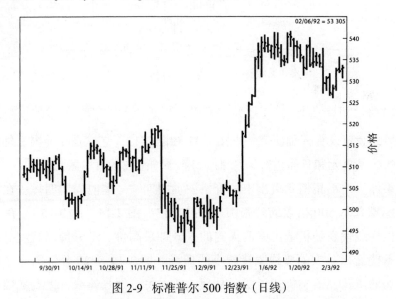

图 2-9 标准普尔 500 指数（日线）

资料来源：Graphed by the "Navigator", Genesis Financial Data Services：800-808-3282.

我们的下一个研究对象是咖啡（见图 2-10），这是一个节奏很快的市场，对于理解这个真理的交易员来说有很好的机会。同样，标出价格运动的小区间时段，然后观察：波幅大的、容易赚钱的时段、会在价格区间大幅收缩，并且在收缩期间入场的公众因为预期中的获利机会变成泡影而失去耐心之后出现。就在大部分投资人对自己手中的头寸变得极不耐烦时，价格开始飙涨，又出现了大的波动区间。

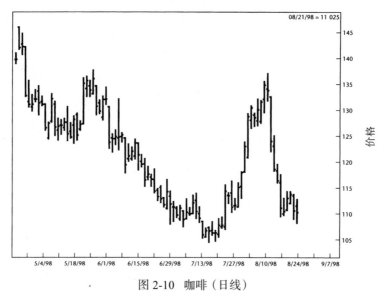

图 2-10 咖啡（日线）

资料来源：Graphed by the "Navigator"，Genesis Financial Data Services：800-808-3282.

最后，我建议你仔细研究一下图 2-11 和图 2-12，它们是在美国之外的市场上交易的，是澳元和日经指数（道琼斯工业平均指数的日本版）。

如果你仍然不相信我提出来的价格波动周期——非时间周期——在这里我再给出标准普尔 500 指数的三张图表（图 2-13、图 2-14、图 2-15）。在图 2-13 中，每根棒线代表随机选出的两天内的 5 分钟最高价、最低价以及收盘价。几乎一眼就能看出，大的棒线紧接着小的棒线。图 2-14 是 30 分钟图，显示出一周内市场的震荡。事实仍然说明了真理，几乎每一根长棒线，也就是唯一让短线交易员赚钱的价格区间，前面都有一个或者一系列小区间。图 2-15 是 60 分钟图，展现出同样的结果。事实就是事实，不需要神奇的魔法师来推算。该是什么样就是什么样，过去是这样，将来也一定如此——我们一直通过小区间发出的信号来密切关注这些能让我们赚钱的大区间。

图 2-11 澳元（日线）

资料来源：Graphed by the "Navigator", Genesis Financial Data Services：800-808-3282.

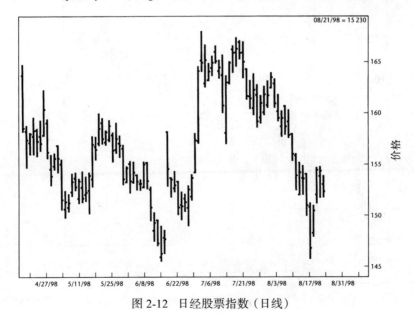

图 2-12 日经股票指数（日线）

资料来源：Graphed by the "Navigator", Genesis Financial Data Services：800-808-3282.

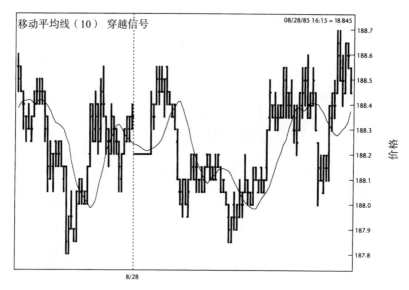

图 2-13　标准普尔 500 指数（5 分钟线）

资料来源：Graphed by the "Navigator"，Genesis Financial Data Services：800-808-3282.

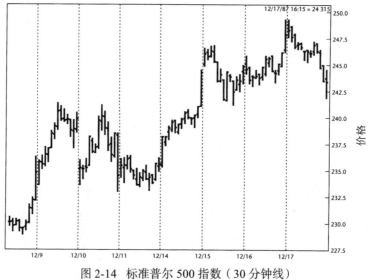

图 2-14　标准普尔 500 指数（30 分钟线）

资料来源：Graphed by the "Navigator"，Genesis Financial Data Services：800-808-3282.

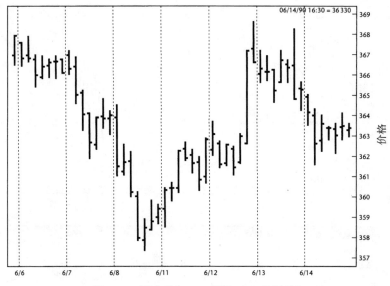

图 2-15　标准普尔 500 指数（60 分钟线）

市场一定会跟随天然的周期：价格窄幅运动后一定会有大幅波动。你可以在图 2-16 中看到这一点。这是市场的真相。为什么呢？因为投资者和交易者失去兴趣后，会形成窄幅波动，然后又引起关注，造成价格大幅波动。市场从来如此，也将一直如此，这是一个由情绪与人群关注主导的天然周期。

2.2.1　每日开盘价相对于最高价及最低价的重要性

这是关于大区间交易日的第二个真理。这样的交易日也是短线交易员一定要赶上的赚大钱的日子。大区间上涨的日子通常都是低开、高收；大区间下跌的日子通常都是高开、低收。

这意味着在交易中必须考虑两件事情。第一件事是，如果我们自认为是在大区间上涨的日子进场，那就不要考虑在低于开盘价很多的价位买入。就像我说过的，大区间上涨的日子很少在低于开盘价的价位大量交易。这意味着你很难找到并抓住低于开盘价的买入机会。

同样，如果你认为这一天是大区间的上涨日，但是价位一直低于开盘价，那么大区间上涨的概率就大大降低了。

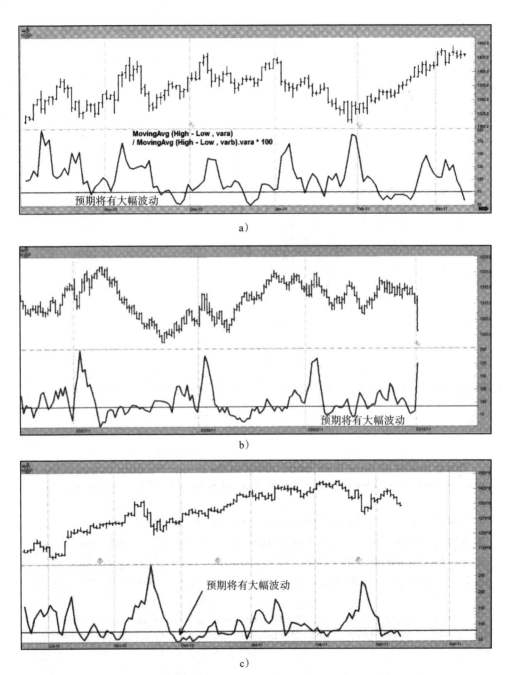

图 2-16 可以观察到的市场走势规律

2.2.2 骑虎难下

同理，如果你认为逮到了一个潜在的大幅波动日——就像抓住了老虎的尾巴，同时价格深深地跌破了开盘价，那么在宽幅波动后价格收涨的概率就大大降低了。

这是短期交易盈利的秘诀，千万不要忘记。下面用一些例子来证明这个观点。图 2-17 中横坐标是 1970 年到 1998 年长期国债每日开盘与收盘价差的分布。

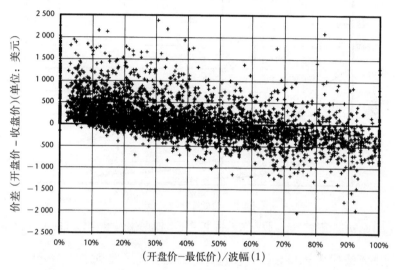

图 2-17 开盘收盘价差占上一交易日波幅比分布图（长期国债）

纵坐标显示的是所有交易日的价格变动净值，也就是用开盘价减去收盘价。如果最低价距开盘价（横向 0 轴）越近，且距纵向 0 轴越近，那么出现正向的大区间上涨的日子就越多。沿横坐标轴往右看，在 0 轴之下的价差点距离纵向 0 轴越远，对应的横向 0 轴之上的价差点数量就越少。

看图的左边可以发现，大的上涨区间，其开盘价与最低价之间很少有大的差值。大量体现交易获利情况的数据从左向右边倾斜，因此这个趋势非常明显。开盘价与收盘价之间的大的区间被开盘价与低点的大区间差值给拉了下来。这也证明了市场不是随机的。如果是，那么最高价减去开盘价的趋势，会跟开盘价减去收盘价的趋势一致。这个看起来简单的数据，揭示了成为成功的投机者的基本真理。

图 2-18 展示了三条不同的曲线。最上面的一条线代表的是根据开盘价高于最低价的程度推断出的价格上涨的概率；在我标注的位置，数据显示，如果当日最低价到开盘价的距离占到上一交易日波幅的 20% 以内，那么当日有 87% 的概率上涨。

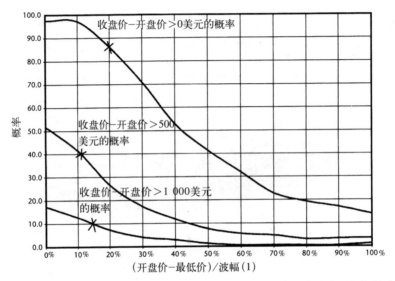

图 2-18　美国国债开盘、收盘价差占上一交易日波幅比的概率分布（长期债券）

中间那条线代表从开盘价到收盘价可以让交易员赚到 500 美元以上的天数。我在图上标注了一点，表示在开盘价与最低价的差略高于上一交易日波幅 10% 的情况下，约有 42% 的机会使收盘价超过开盘价，能够赚到 500 美元。最后，第三条线代表收盘价超过开盘价获利 1000 美元以上的日子。这是债券市场上波幅最大的日子。

在第三条曲线的记号点上，开盘价与最低价之差在 15% 之内时，有 10% 的概率碰上行情大涨的日子。同样的道理，如果开盘价与最低价相差的幅度为上一交易日波幅的 70%～80%，大幅上涨的概率基本为零。

这个规则对三条曲线都适用，它们再一次告诉我们开盘之后价格向下波动越大，开盘价与收盘价之间的获利机会就越少。这证明了我的观点：

（1）预测收盘价上涨时，不要买入开盘之后大跌的商品。

（2）在预测收盘价会上涨的日子持有多头，如果价格与开盘价之间的跌幅过大,则"立刻出局"。

(3)预测收盘价下跌时,不要买入开盘后大涨的商品。

(4)如果持有空头,预期收盘价大跌,但是价格上涨幅度过大,则应该"立刻出局"。

不要企图与统计数据进行争辩,它们是控制股票和商品价格如何波动的定律。这里的图适用于任何一个自由交易的市场,因此代表了一个普遍的真理,也就是在给定的某天进行交易应该遵循什么样的规则。你也许偶尔会看到开盘之后价格向两个方向都宽幅波动的情况,但这是例外,不是一般情况,平均值不支持违反这项定律的例外情况。作为一名交易员,我希望情况尽可能对我有利。我的获利交易不是因为运气好,而是因为概率对我有利。

在图 2-19 中,2011 年的大豆价格展示了同样的形态。我在图中已将最大波幅的交易日标记出来。你一眼就能看到,这些交易日大都是开盘价在波幅的一端,而收盘价在波幅的另一端。我们没办法,肯定没办法预测何时会出现宽幅波动日,但是我们能预见宽幅波动日的价格将收在它的极值附近。这就意味着短线交易者需要学会"拿住"头寸,直到收盘,把利润最大化。

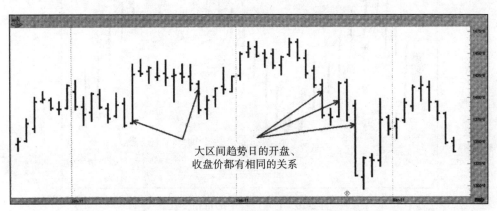

图 2-19 大豆:大区间走势日和小区间走势日

2.3 顺势而为:价格形态的第二条重要规则

市场的走势是向上还是向下?价格是上涨,还是下跌?实际上,是不是有某种东西在左右着未来的价格行为？这些都是很重要的问题，不清楚状况及不愿意思考和研究的人，很难发现这些问题的答案。

就像我们了解到的，一般来说，小区间波动导致大区间波动，除此，还有另外一个基本概念可以用来预测股票价格和商品价格走势，在任何国家和任何时间都适用。

我们开始学习理解市场趋势分析的第一课。基本概念是价格从低点向高点移动时，收盘价会在每日波幅的范围内发生变化。注意，不管我们使用5分钟、每小时还是每周图，都没有任何区别，规则同样都适用。

形成市场低点时，当日收盘价非常接近当日价格区间的最低点，然后，突然上涨。当上涨趋势展开时，市场上的价格关系会出现很明显的变化。变化在于：上升趋势越成熟，收盘价在棒线上的位置就越高。图2-20就是这种变化的一个例子。

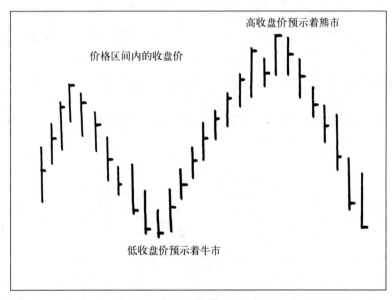

图2-20 上涨过程中的价格变化

市场以日间波幅低点收盘形成底部，而以日间波幅高点收盘形成顶部。

不明市场真相的人认为是"聪明的钱"进入市场，扭转了市场的趋势，但是真理战胜一切。我的老友汤姆·德马克（Tom DeMark）认为："市场没有触底是因为还有大批买盘涌入，而没有人卖才会形成底部。"

我们几乎每天都可以观察到多空双方的力量在市场中发挥作用。我在 1965 年写下的操作法则是：任何时段，卖方主导了价格从日内高点向收盘价的波动，而买方则主导了收盘价到最低价之间的波动。我的观点是，收盘价和最低价之间的距离揭示了买方的力量，最高价和收盘价之间的距离揭示了卖方对价格的影响。

这种理解来自我过去对 Joe Miller 和 Don Southard 在 Dean Witter 公司所记录的 OBV 图表的研究。当时只有交易员，或者一起喝免费咖啡聊天的老家伙，才会一笔一笔地翻看当日行情记录。

有两个有趣的怪人——Jack 和 Murray，他们每天都跟大家分享自己的智慧。因为他们比我们经验丰富，我们会聆听他们说的每句话。Murray 年纪较大，曾经在 1929 年大崩盘时担任交易所抄写员，他经常回忆说大崩盘的第一天美国银行的股票整整下跌了 100 点。你可以想象年轻的 Murray 在白板上写下前一个股票价格，然后擦掉，再写上更低价格的情景。Murray 称当时前后两笔报价的最大跌幅甚至高达 23 点。

他的故事就像其他老人经常重复的一样，至今仍然在我耳边萦绕。Jack 每天至少跟我们说一遍："千万不要接正在往下落的匕首。"然后他会补充说："要等到它落地，不再抖动时再捡起来。这是我 50 年来看到别人输钱所得到的教训。"

对于短线交易员来说，我把这句话理解为：不要买下跌的股票，不要站在已经开动的火车前面。我曾经以为价格已经"触底"，即将开始反转，结果亏了很多钱。我早期的交易记录足以证明我当时还不具备这种技能。

后来，我懂得了不要试图抓住最高点和最低点。然后，又过了很多年，我才完全理解市场究竟发生了什么，以及怎么利用这个市场。我的交易记录让我知道买进跌得很惨的股票的做法非常愚蠢，但是当时我不明白为什么，现在明白了。

但愿图 2-21 能够让你对投机课程感兴趣，这样你就不用像我一样浪费金钱和时间了。图 2-21 揭示了咖啡市场中的价格波动，图的右边显示了整天的价格走势。

开盘后，价格跌到低点，然后上涨至当天最高价，收盘时受到卖盘打压。

你可以意识到每天都面临着多空双方的对决；你现在已经明白去哪里寻找多空双方了。更加重要的是，你已经学会了市场多空关系转换的要点：棒线上收盘价越高，就越接近顶部；收盘价越低，则离底部就越近。下面是我的两个规则：

（1）绝大部分市场高点，会出现在以当日最高价收盘的日子；

（2）绝大部分市场低点，会出现在以当日最低价收盘的日子。

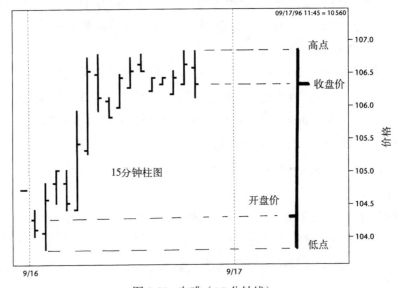

图 2-21　咖啡（15 分钟线）

资料来源：Graphed by the "Navigator", Genesis Financial Data Services：800-808-3282.

现在让我们来看几个实例。图 2-22 是 1982 年 10 月至 1983 年 1 月的国债市场走势图。观察价格反转点（这些点很容易看出来），注意阶段高点和低点的日期，或者下跌波段最低点的那天或者前几日。你看到了吗？对于上升趋势的末端，可以根据每日收盘价接近当日高点的程度来判断；对于下跌趋势的末端，可以根据每日收盘价接近当日低点的程度来判断。

下面几个例子可以证明，这种情况不仅仅限于日线图。图 2-23 到图 2-27 依次为 15 分钟线、小时线、日线、周线以及月线的标准普尔 500 指数图。在每张图上，你都可以看到这种现象一再出现。每日收盘价越接近棒线高点，尤其是好几条棒线一起出现这种情况，我们就离市场高点越近。

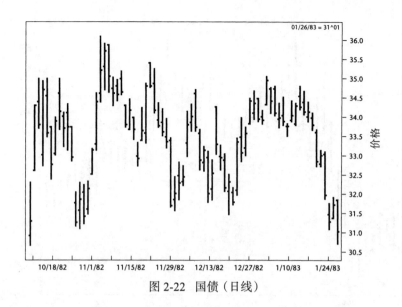

图 2-22 国债（日线）

资料来源：Graphed by the "Navigator", Genesis Financial Data Services：800-808-3282.

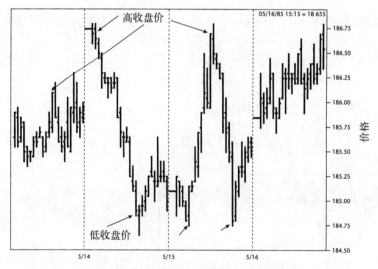

图 2-23 标准普尔 500 指数（15 分钟线）

资料来源：Graphed by the "Navigator", Genesis Financial Data Services：800-808-3282.

市场的低点恰恰相反：收盘价越接近当日低点，市场越有可能即将反转。这是市场的真实情况，是投机世界的运作原理，永远不变。

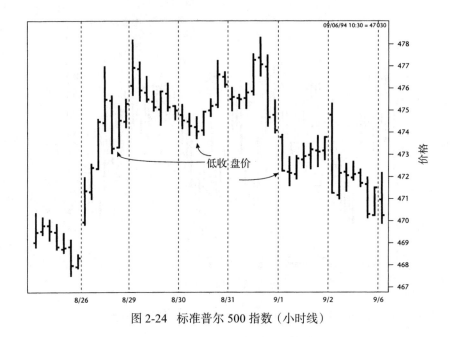

图 2-24 标准普尔 500 指数（小时线）

资料来源：Graphed by the "Navigator"，Genesis Financial Data Services：800-808-3282.

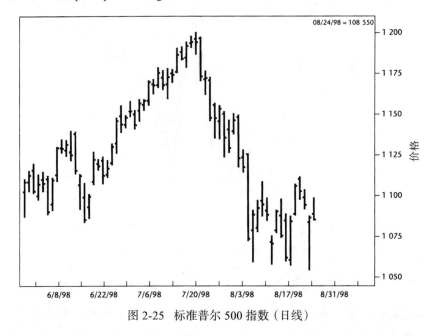

图 2-25 标准普尔 500 指数（日线）

资料来源：Graphed by the "Navigator"，Genesis Financial Data Services：800-808-3282.

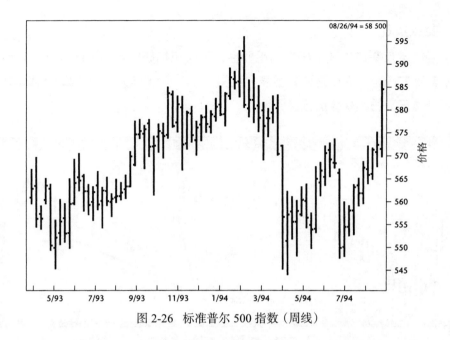

图 2-26 标准普尔 500 指数（周线）

资料来源：Graphed by the "Navigator", Genesis Financial Data Services：800-808-3282.

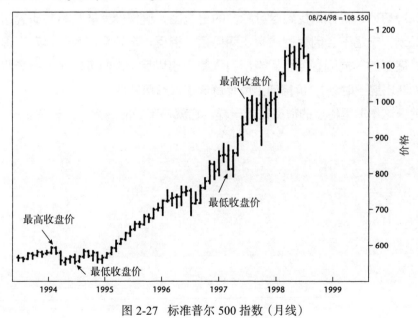

图 2-27 标准普尔 500 指数（月线）

资料来源：Graphed by the "Navigator", Genesis Financial Data Services：800-808-3282.

要点重述

我在本章重点讲述了研究的重要性,不仅包括研究我写下的规则,同时也包括其他的内容,而且还要看图表。从图2-28(2011年大豆油行情)可以看出,市场依然在遵循其规律运行。

图2-28 大豆油与波幅天然周期

我迫切地希望你们找到尽可能多的日线图,这样你就能观察并研究这一特定的关系:市场不会因为遭遇卖压而见顶,相反,市场会因为不再有人追涨而见顶;底部的形成刚好相反。当所有人都卖出以后(我们可以通过市场收在最低价判断出这一时刻),价格向上反弹就成了最有可能的方向。

就像这本书里传授的很多技术一样,它就是市场的规律,从未改变过。

| 第 3 章 |

短线交易的真正诀窍

短线交易的诀窍是：你选择交易的时间周期越短，赚的钱越少。

这听起来很让人失望，却是真的。想想你以前的交易，有哪天获得过超额利润呢？即便你够走运，这种事情又能重复多少次呢？不会太多吧。因为获利和投机的普遍规则是一样的：

获利需要靠时间来积累。

这是道相当基础的算术题。一个短线交易者只有几个小时的时间通过捕捉一个大的价格波动来获利。时间从一开始就对他不利。他入场与离场的时间必须精确，根本就没有犯错的余地。

短线交易者大幅获利的唯一办法就是持有很重的仓位，因为他没办法捕捉到大的价格波动。举个简单的例子：我能在白银期货上建立 5 手头寸，并持有到下个月获利 50 000 美元；但是要想通过持有 5 手白银头寸在明天就获利 50 000 美元是绝对不可能的，想明天就在白银期货上获利 50 000 美元，只能持有很重的仓位。

这些数字是相互关联的：我的大幅盈利就是其他交易者的大幅亏损，反之亦然。但是市场的规律不会变，所以短线交易者从市场里拿走大笔利润的唯一办法就是持有大笔头寸。

于是问题就来了。如果你持有大笔头寸，你就有可能遭遇大幅亏损。对于我的 5 手白银头寸，我可能像个傻瓜一样持有它直到出现 50 000 美元的亏损，不过，我也可能提前止损出局只遭受 5000 美元的亏损。对短线交易者而言，风险回报率是个灾难。平均盈利与他们的平均亏损几乎相当。想赢得多就得赌得大。但是在特定时间内，可以确定的是：赌得大就会输得多……在这样一个游戏里，一笔亏损就能搞垮你。

你需要知道：趋势是所有利润的基础。没有趋势就没有利润。趋势是时间的函数，因此，你在一笔交易里能停留的时间越久，那么你能捕捉到的趋势波幅就越大。日内交易者将自己置于明显不利的地位。时间是他们的敌人，他们必须在收盘前退出市场，他们也限制了自己能够捕捉的价格波幅。而头寸交易者懂得时间是他们的盟友，因此获益良多。

这条规则会一直有效，直到永远。

成功的交易者知道市场在 1 分钟内变化不了多少，5 分钟内的变化会大一些，60 分钟内的变化比 5 分钟内的还大，1 天、1 周内的变化会更大。失败的交易者只想在很短的时间段内进行交易，这自然限制了获利的潜力。

按照上面的定义，这些人限制了自己获利的潜力，并导致了无限的亏损，所以就会有那么多人在短线交易方面表现得很差劲。他们在经纪商或者交易系统推销员的鼓动下，被不断低买高卖获利的假象所蒙蔽，最终陷入了亏损的困境。他们的言论看似合理：交易当日了结，不持有过夜头寸，这样就不会受到重大新闻或者变化的冲击，从而控制风险。

这是极其错误的，原因有二：

第一，风险应该由你自己来控制。控制风险的唯一手段是止损，也就是在某点退出交易，或者退出所有的交易。是的，第二天早上，市场可能在止损点以上出现跳空缺口，但这是很罕见的，即使是这样，我们也仍然要坚持设置止损点，控制亏损，了结失败的交易。输家总是一错再错，赢家则不会。

你一旦设置了止损，能亏的钱就只有那么多。不管你如何或何时进场交易，止损都能将你的风险控制在一定范围内。无论你在市场的新高还是新低买入，风险都是一样的。

第二，不持仓过夜限制了利润增长所需的时间。有时市场一开始就跟你唱反调，但如果我们方向正确，过一段时间，市场就会朝着我们所希望的方向变化。

更重要的是，在每日收盘时离场，甚至根据 5 分钟线或者 10 分钟线图表，人为地结束交易，都极大地限制了我们的盈利空间。还记得我曾经说过，赢家和输家的最大区别是输家不肯认赔了结吗？另一个区别是，赢家能坚持拿住获利头寸，而输家却坚持不住，退出得太早。输家往往无法长期持有一个获利的仓位，他们会因为赢了一把就过度兴奋，过早获利了结离场（通常情况下是在进场当天就离场）。

你只有学会拿住获利的仓位才能赚大钱，而且坚持的时间越长，获利的潜力就越大。成功的农夫绝不会种下种子后，每隔几分钟就把它挖出来，看看长得怎么样。他们会让种子发芽、成长。交易者可以从这种自然现象中学到很多。交易者的成功也是这样，成为赢家是需要时间的。

3.1 关键在于时机

我刚刚告诉你的是投资的绝对真谛。不论市场如何变化，赚钱总需要时间。因此，从定义上说，短线交易者限制了自己的机会。

日内交易者所犯的错误是他们自以为掌握了市场短期内的震荡，能够预测价格的走向，知道最高价和最低价，以及市场形成底部和顶部的精确时间。非常遗憾，朋友，我要告诉你这是不可能的。这是日内交易者的黄粱美梦，是不切实际的梦想。

但是不要放弃希望，我多年的市场分析及交易经验揭示了一个关于市场结构的基本真理，这是短线交易盈利的秘诀。

现在你应该认识到：①短线震荡很难预测；②我们必须控制损失；③作为短线交易者，只有价格朝着对我们有利的方向巨幅波动，才可能获利；④时间是我们的朋友，因为我们需要时间来创造收益。

要成为赚大钱的短线交易者，我们必须能够感觉出有利的短期震荡能够持续多久。这不仅仅是时间的问题，也牵涉价格。就像没有通向天堂的直路一样，价格也是上上下下地波动到某个点位。我要回答的问题是：通常是什么代表了价格和时间的均衡？注意我说的是"通常"；很多时候，价格波动区间会扩大，且所消耗的时间超出你的预想；当你认为终于要击败市场的时候，价格却停滞不前，趋势半途而废。

将这些秘诀牢记在心，现在，我要揭示短线交易中平衡价格和时间波动的最大秘诀。这个秘诀包括两个部分：

（1）我们只能在宽幅震荡日赚钱；

（2）宽幅震荡日通常在上涨时收于最高价或最高价附近，而在下跌时收于最低价或最低价附近。

我想让那些喜欢化装舞会的日内交易者发现跨日的价格波段运动的机制。我怀疑他们能否发现这一点，即使他们能够做到，这也是一份非常艰苦、令人困惑、需要毅力的差事。尽管前面的那两位老伙计具备阅读行情纸带的知识，并积累了多年的市场智慧，但他们今天再也不能靠阅读行情纸带来正确解读市场波动了，在这方面他们并不比我们强。我们已经从行情纸带时代进入报价机时代，但是这个游戏或谜团还是一样，破解的难度还是那么高。每天坐在报价机前面7个小时猜测行情变化，并且经常被证明是错误的，这要承受巨大的压力。

3.2 为交易高手提供资金

每年有那么一两次，我会跟一些交易高手谈到融资的事情，他们自认为能从短期波动中获利。让我们来看看，一年两次，35年，我至少吸取了70次的教训，正如我现在讲给你的一样。我认为这种做法行不通。我在此只想警告你，你无法用一套交易系统或者机械的方式在短线交易中获利。我曾经见到一些拥有"灵感"的交易者善于此道，但是感觉往往会失灵，而且很难传授。就此而言，我的方法不一样：任何人都可以复制我的方法。

我只有在预测到以下三类交易日中的任意一类即将形成时才进场交易：窄幅震荡日，所产生的潜在损失或盈利都较小；走势与我的持仓方向相反的交易日；与我的持仓方向一致的宽幅震荡日，这意味着我可以在行情大幅上涨时以高价了结，或者在行情大幅下跌的日子以低价出场。尽管没有人能够预测出宽幅波动日中的最高价和最低价在哪里，但我能够预测到这种形态将以最高价或者最低价收盘，因而采用任何愚蠢的技术手段在市场中翻来滚去，日内频频买进卖出就显得没有必要了。

我可以用几幅图来证明关于宽幅波动日的观点。图3-1 ~ 图3-6 分别展示了铜、棉花、大豆、猪腩、黄金和国债等不同市场的商品价格走势。仔细研究这些图，观察宽幅震荡日，然后留意它们开盘和收盘的价位。

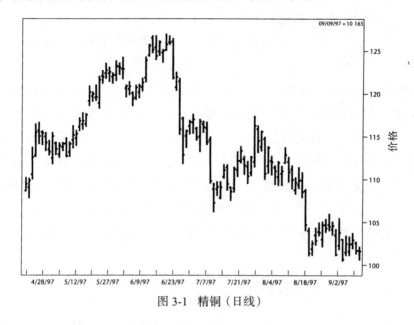

图 3-1　精铜（日线）

资料来源：Graphed by the "Navigator", Genesis Financial Data Services：800-808-3282.

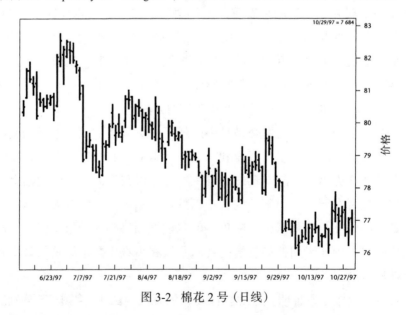

图 3-2　棉花 2 号（日线）

资料来源：Graphed by the "Navigator", Genesis Financial Data Services：800-808-3282.

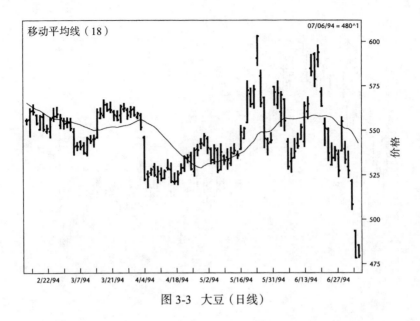

图 3-3 大豆（日线）

资料来源：Graphed by the "Navigator"，Genesis Financial Data Services：800-808-3282。

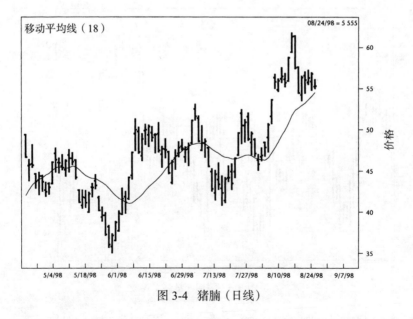

图 3-4 猪腩（日线）

资料来源：Graphed by the "Navigator"，Genesis Financial Data Services：800-808-3282。

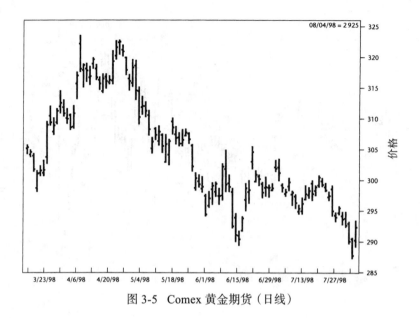

图 3-5　Comex 黄金期货（日线）

资料来源：Graphed by the "Navigator", Genesis Financial Data Services：800-808-3282.

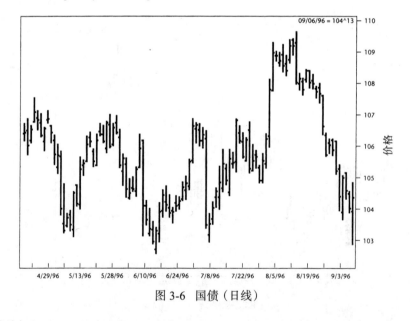

图 3-6　国债（日线）

资料来源：Graphed by the "Navigator", Genesis Financial Data Services：800-808-3282.

你会发现在绝大多数高收的宽幅震荡日里，开盘价均接近当日的最低价，而收盘价均接近最高价。在低收的宽幅震荡日里，情况则正好相反：开盘价接近当日最高价，而收盘价接近最低价。

这些信息给短线交易者的启示是：要想进行成功的交易，最有利可图的策略就是攥住头寸直到收盘。

这一点不管怎么强调都不为过。我所了解到的也一直在用的最赚钱的短线交易策略就是买入、设置好保护性止损，然后闭上眼睛、屏住呼吸，不再关注交易的任何动向，等待收盘时退出了结。甚至等到更晚的时候！如果我幸好遇到一个宽幅震荡日，我会把握住这个重要的价格波动，让这一笔交易的获利足以弥补窄幅震荡日的损失。如果我反复多次买卖，那我的获利就不可避免地会比持有头寸到收盘时再了结要少。这就像每当我想点流行曲目时，总要向乐池里的乐队额外付一笔费用一样。

3.3 证明我的观点

为了进一步证明我的这一观点，我再提供图 3-7 ~ 图 3-9 作为证据，其展示的是以标准普尔 500 指数为标的的一个小型简易交易系统的回测结果。交易规则很简单，如果周一的开盘价低于上周五的收盘价，则周一以开盘价买入。

这是最简单的短线交易系统。接下来把这些回测结果或这个系统放到一边，你如果能按照我的交易规则持仓至收盘，你会发现你所获得的收益是最大的。

图 3-7 显示的是大多数短线交易者的通常做法，即每天赚取 500 美元。一般情况下，止损点设为 3000 美元（很大，但这是不稳定的行情所必需的），盈利达到 500 美元时自动离场。虽然其胜率高达 59%，但投机者实际上会损失 8150 美元。

图 3-8 反映的情况与图 3-7 几乎相同，唯一的区别是，它设定的盈利目标是 1000 美元。具体交易与图 3-7 的一样，这次我们的利润为 13 738 美元，交易 389 次，每次的平均利润约为 35 美元，该利润是扣除 50 美元交易佣金后的结果（本书中的所有结果均如此）。13 738 美元的利润，胜率达到了 55%，不过曾一度回撤 8888 美元。

数据：	标准普尔500指数 IND-9967　06/98						
计算时间：	07/02/82～08/24/98						
代码	转换系数	点值	佣金	滑点	保证金	格式	驱动器:\路径\文件名
149	2	2.500美元	50美元	0美元	3 000美元	CServe	C:\GD\BACK67\F58.DAT

////////////////////////////所有交易-测试1\\\\\\\\\\\\\\\\\\\\\\\\\\

总净利润	-8 150.00美元		
毛利润	84 875.00美元	总亏损	-93 025.00美元
总交易次数	389	胜率	59%
盈利交易次数	232	亏损交易次数	157
最大单笔盈利	450.00美元	最大单笔亏损	-3 050.00美元
平均盈利	365.84美元	平均亏损	-592.52美元
平均盈利/平均亏损	0.61	平均交易盈亏	-20.95美元
最多连续盈利次数	19	最多连续亏损次数	7
获利交易平均持仓天数	0	亏损交易平均持仓天数	0
最大平仓亏损	-12 837.50美元	最大单日亏损	-12 837.50美元
利润系数	0.91	最大合约持有数	1
账户额度下限	15 837.50美元	账户收益率	-51%

图 3-7　每笔交易的盈利目标为 500 美元的回测结果

数据：	标准普尔500指数 IND-9967　06/98						
计算时间：	07/02/82～08/24/98						
代码	转换系数	点值	佣金	滑点	保证金	格式	驱动器:\路径\文件名
149	2	2.500美元	50美元	0美元	3 000美元	CServe	C:\GD\BACK67\F58.DAT

////////////////////////////所有交易-测试2\\\\\\\\\\\\\\\\\\\\\\\\\\

总净利润	13 737.50美元		
毛利润	115 537.50美元	总亏损	-101 800.00美元
总交易次数	389	胜率	55%
盈利交易次数	217	亏损交易次数	172
最大单笔盈利	950.00美元	最大单笔亏损	-3 050.00美元
平均盈利	532.43美元	平均亏损	-591.86美元
平均盈利/平均亏损	0.89	平均交易盈亏	35.31美元
最多连续盈利次数	9	最多连续亏损次数	7
获利交易平均持仓天数	0	亏损交易平均持仓天数	0
最大平仓亏损	-8 887.50美元	最大单日亏损	-8 887.50美元
利润系数	1.13	最大合约持有数	1
账户额度下限	11 887.50美元	账户收益率	115%

图 3-8　每笔交易的盈利目标为 1 000 美元的回测结果

数据：	标准普尔500指数 IND-9967 06/98						
计算时间：	07/02/82~08/24/98						
代码	转换系数	点值	佣金	滑点	保证金	格式	驱动器:\路径\文件名
149	2	2.500美元	50美元	0美元	3 000美元	CServe	C:\GD\BACK67\F58.DAT

////////////////////////////////所有交易-测试1\\\\\\\\\\\\\\\\\\\\\\\\\\\\\\\\

总净利润	39 075.00美元		
毛利润	145 937.50美元	总亏损	-106 862.50美元
总交易次数	389	胜率	53%
盈利交易次数	210	亏损交易次数	179
最大单笔盈利	6 575.00美元	最大单笔亏损	-3 050.00美元
平均盈利	694.94美元	平均亏损	-597.00美元
平均盈利/平均亏损	1.16	平均交易盈亏	100.45美元
最多连续盈利次数	9	最多连续亏损次数	7
获利交易平均持仓天数	0	亏损交易平均持仓天数	0
最大平仓亏损	-6 550.00美元	最大单日亏损	-6 550.00美元
利润系数	1.36	最大合约持有数	1
账户额度下限	9 550.00美元	账户收益率	409%

图3-9 每笔交易的盈利目标下限为100美元的回测结果

最终，还是遵循我的基本交易规则，即持仓到收盘时卖出，我们才算转危为安。如图3-9所示，差距真的太大了！事实上，我们真的大赚了一笔，总收益为39 075美元，平均每笔收益100美元，这是以1000美元为盈利目标进行交易时获利的三倍。它的最大回撤是6550美元，比较少；要知道，第一种做法的最大回撤是12 838美元。事实胜于雄辩！交易者可以继续讨论什么方法有效，但是对我来说，你所看到的这些事实足以解决问题了。只有耐心持有才会为我们带来利润，而不是我们一直想象的反复买入卖出。

至少我是一直持有到收盘时才卖出的。除非有人能预测出所有短线波动，当然这是不可能的事情。你应该抓住宽幅震荡日的机会狠狠赚钱，对短线交易者而言没有其他更好的方法了。此前所有交易的不同之处在于持有仓位的时间长短：持有时间越短，获利机会越少。请务必记住这一规则！

3.4 如何能获得最大利润

如果我前面讲述的规则有效的话，那么持有时间越长，甚至超过一个交易日，所获利益应该越多。在接下来分析不同市场的过程中，我会更详细地向你讲述如何进一步利用这一规则获利。

作为本书的最终证据，图 3-10 展示的是同一操作方式的不同结果，它也是按周一开盘时若开盘价低于上周五收盘价则立即买入的规则交易的。但这次，我们将一直持仓到第二个交易日结束，即我们买入当日的下一个交易日收盘时，或者直到我们持有的仓位被止损时（以上述两种情况中先出现的为准）。最终的净利润为 68 313 美元，与当日收盘平仓相比多获利近 30 000 美元，每股净收益增加近 72 美元。

```
数据：         标准普尔500指数  IND-9967    06/98
计算时间：     07/02/82～08/24/98
代码    转换系数    点值      佣金     滑点    保证金     格式      驱动器\路径\文件名
149       2      2.500美元  50美元   0美元   3 000美元  CServe   C:\GD\BACK67\F58.DAT
////////////////////////////////所有交易-测试1\\\\\\\\\\\\\\\\\\\\\\\\\\\\\\\\
总净利润                 68 312.50美元
毛利润                  224 450.00美元       总亏损              -156 137.50美元

总交易次数                  397              胜率                    55%
盈利交易次数                 222              亏损交易次数             175

最大单笔盈利              7 025.00美元        最大单笔亏损          -3 500.00美元
平均盈利                 1 011.04美元        平均亏损               -892.21美元
平均盈利/平均亏损              1.13           平均交易盈亏            172.07美元

最多连续盈利次数              10              最多连续亏损次数            5
获利交易平均持仓天数            0               亏损交易平均持仓天数         0

最大平仓亏损             -11 000.00美元       最大单日亏损         -11 000.00美元
利润系数                    1.43            最大合约持有数             1
账户额度下限             14 000.00美元        账户收益率                487%
```

图 3-10 通过择时来增加利润

最后，再看图 3-11，该图显示的是持仓在买入当日后的第六个交易日收盘时或被止损时（以两者中先发生的为准）卖出的结果。这一结果证明了我的规则的有效性，同时也纠正了你对把握小波动赚大钱这一概念的误解。这一次我们的净利润是 71 600 美元，这几乎是在买入当日收盘时卖出所得的两倍，同时也使得平均单笔交易获利上升至 251 美元。记住，在这一系列回测过程中，唯一改变的是持仓时间的长短，其他规则皆同。

数据：	标准普尔500指数 IND-9967 06/98						
计算时间：	07/02/82~08/24/98						
代码	转换系数	点值	佣金	滑点	保证金	格式	驱动器:\路径\文件名
149	2	2.500美元	50美元	0美元	3 000美元	CServe	C:\GD\BACK67\F58.DAT

////////////////////////////////所有交易-测试2\\\\\\\\\\\\\\\\\\\\\\\\\\\\\\\\

总净利润	71 600.00美元		
毛利润	298 400.00美元	总亏损	-226 800.00美元
总交易次数	285	胜率	52%
盈利交易次数	151	亏损交易次数	134
最大单笔盈利	10 750.00美元	最大单笔亏损	-4 175.00美元
平均盈利	1 976.16美元	平均亏损	-1 692.54美元
平均盈利/平均亏损	1.16	平均交易盈亏	251.23美元
最多连续盈利次数	7	最多连续亏损次数	6
获利交易平均持仓天数	5	亏损交易平均持仓天数	4
最大平仓亏损	-19 725 00美元	最大单日亏损	-19 725.00美元
利润系数	1.31	最大合约持有数	1
账户额度下限	22 725.00美元	账户收益率	315%

图 3-11 择时产生的差异

传奇人物杰西·利弗莫尔概括得最到位："并不是我的想法使我得到这一切，而是我的耐性使我赚到了大钱，是耐性！"

他接着说："选择正确并有耐性坚持的人都是非凡的人才。"

我想向你解释清楚的一个规则就是：把握住大波段（在所选定的交易时间周期内的）是我获利数百万美元的唯一途径。最终，我明白了我不得不用所得利润继续交易以弥补之前的亏损,这对于这个游戏来说就像呼吸对于生命一样重要。亏损当然是不可避免的,这就引出了一个明显的问题:我们要如何弥补那些较大的亏损?有两种方法:一是将亏损交易的比例保持在一个极低水平上,二是使平均盈利远远高于平均亏损。时间,只有时间能给我们带来较大的利润,我们没法依靠自己的想法(或者频繁地)买进卖出,也不能指望抓住每一个最高价和最低价进行交易,那样做都太愚蠢了。这不是片面的一己之见,本章提到的那个简易交易系统的回测结果已经充分证明了我的观点的有效性。

到目前为止,你们已经了解了市场波动和三个最主要的时间周期,或许你们正在形成一种能从纷繁复杂的情况中迅速发现潜在规律的意识或感觉。不过,首先,你应该明白耐心持有直到所选定的交易时间周期结束时再卖出才能成为交易赢家。以我为例,我所进行的交易一般都会持续2~5天。一旦贪欲占了上风,想要快速获利(或交易超时),我必将为其付出惨痛的代价。

当前,这一规则依然如数年前一样影响巨大,我们来看看下面的标准普尔指数迷你合约的日线图[⊖],在该图中这一规律依然明显:宽幅震荡日(对短线交易者而言是容易赚钱的时间)收盘价接近当日最高价或最低价。当你处于盈利状态时,要"耐心持有而非轻易抛售"。如果你在收盘前就卖出了,又如何能保证自己抓住大波动的机会呢?

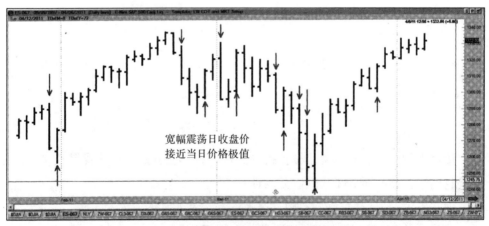

图 3-12 黄金价格波动显示了持有的重要性

⊖ 原文如此,无图。

这一规律不仅仅对股票指数有效，黄金走势图（见图 3-12）也证明了这一点。时间是我们盈利的最好盟友。

要点重述

本章的重点是，时间是我们的朋友，是我们盈利的盟友，同时你还需要一套能够使你的持仓实现最大盈利的交易机制。

| 第 4 章 |

波幅突破：动能穿透

需要可能是发明之母，也可能不是，但是一定是投机之父。

这一章主要涉及近10年来交易中的最大变化：人工喊单的交易时代过去了，取而代之的是势不可挡的电子交易时代。这个转变已经将交易者带入一个"勇敢的新世界"，我们不得不学习并领会这个新的、重要的市场如何运作。

就像你在我早期的著作中看到的，在1965年到20世纪90年代晚期的交易者会把关注点放在每日的开盘价上，观察价格在开盘后如何变化。开盘价的意义在于：这是每天所有交易开始的地方。

那时候，股市每天4:15收盘，次日9:30开盘，几乎给交易者留下了近18个小时来消化推动价格上涨或下跌的各种各样的市场信息、新闻及事件。这意味着开盘价格：①是爆发性的；②很少与前一交易日收盘价接近；③与前一交易日的收盘价之间可能出现巨大的缺口；④当交易开始的时候，这是起点。

你可以从图4-1标准普尔500指数1990年的走势中看到，在收盘价与次日开盘价之间通常会出现很大的缺口。

2011年，我们再也看不到这种情形发生了（除了周五收盘到周一开盘会出现跳空缺口，实际上这个跳空会出现在周日晚上）。一图抵万言，所以我们用一幅标准普尔500迷你期货合约的走势图（见图4-2）来说明这一点。

出现这种情况的原因是，这个合约每天在4:15收盘，但隔不了多久就又开盘交易了，市场根本没有足够的时间产生较大的买卖单差额。后来这种情况愈演愈烈，现在每日下午晚些时候的开盘价已经不再是"真正交易"开始的基准点了。

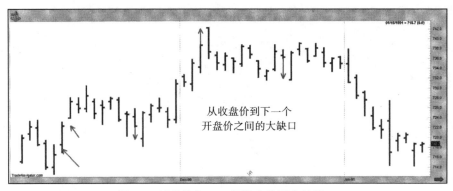

图 4-1　标准普尔 500 指数走势图中的缺口

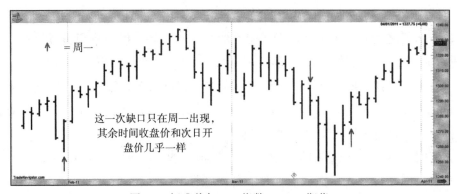

图 4-2　标准普尔 500 指数 E-Mini 期货

我们在图 4-3 上可以看得更清楚。注意价格区间与成交量在东部时间 4:15 出现明显萎缩，然后大量的订单（成交量）重回市场。

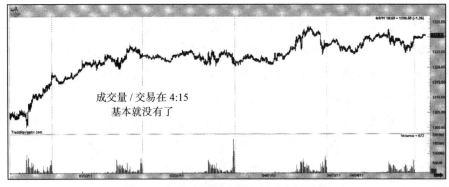

图 4-3　交易时间影响下的每日交易区间

交易者不得不面对的问题是，尽管成交低迷，但在次日清晨市场再次变得活跃前，价格波动仍在继续，看看图 4-4 就明白了。

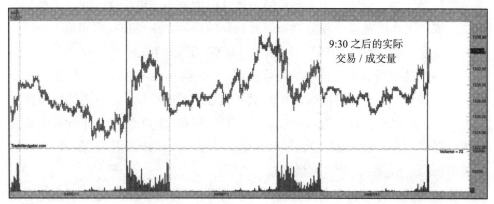

图 4-4 "无人区"——夜盘交易走势图

这里要强调的真实且重要的一点是，从 9:30 到 3:15⊖交易时段内的每根 15 分钟线的价格区间都比夜盘"无人区"时段的大。换句话说，尽管成交量带来了流动性，但我们在之前的低成交区间一样可以看到价格波动。这是短线交易者要处理的问题，一个新的变化。

正是由于这个新的变化，我在第 1 版中所写的有些内容已经不像过去那么适用了。现在我们可以根据下面的概念把每节交易结束时的收盘价作为基准点。

动量是能够给我们的短线交易带来利润的五个概念之一。牛顿曾经说过动者恒动的概念。（交易的好处之一就是你会碰到各色有意思的人物，比如英格兰利明顿爵士——资深交易员、艾萨克·牛顿的嫡系后裔，他和他的夫人会允许我小心翼翼地碰碰牛顿用过的圆规或是他的帽子。想象一下这种情景！这经历让我和我的经纪人阿尔·亚历山大倍感珍惜。）股票和商品期货也一样：一旦价格开始移动，将会朝着那个方向持续运动下去。有多少个交易员，就有多少种衡量动量的方法。我不会涉及所有的方法，只着重讲一些我发现的有用的方法以及交易的概念。还有许多种其他的方法，头脑聪明的人完全可以超越我。数学家可以在本章中运用你们熟悉的所有技术、概念和公式，你们肯定比我们这些只会运用基本的加减乘除的人更有优势。

⊖ 原文如此。

我怀疑，在20世纪80年代中期以前，是否有人完全了解市场是怎么运作的。可以肯定的是，我们都知道趋势，懂得超买和超卖的市场，了解一些形态、季节性影响和基本面因素，等等。但是，我们的确不知道是什么导致了趋势的形成，或者更准确地说，趋势是如何开始和结束的。而现在我们知道了，所以现在正是你可以开始学习价格结构和动量的基本道理的时候。

趋势就是我所说的"价格的爆炸式运动"。简单地说，如果价格在一个小时、一周或者一月（任何你所选择的识别趋势的时间周期）内有爆炸性上扬或者下挫，市场将会朝这个方向持续运动，直到朝相反的方向产生了同样的或者更强的爆炸。这就是大家知道的波幅扩张，就是Doug Brie根据我在20世纪80年代早期的著作所提出的"波幅突破"的概念。

也就是说，价格从中点向上或者向下的爆炸性突破构建了趋势。由此引出两个问题：第一，什么是爆炸性突破（向上或者向下移动多少）；第二，选择哪个点作为测量突破的基准点？

让我们从头开始，我们应使用什么样的数据来测量突破呢？

由于我的研究着眼于价格出现快速的爆炸性变动，因此我使用每日价格波幅——最高价和收盘价之间的差。它代表了市场每日的波动程度。当波幅超过近期波幅一定比例时，则说明趋势发生了变化。

测量波幅的方式有好几种。你可以使用过去X天的平均波幅，或不同波段的幅度等。但是总体来说，我发现前一日的波幅最有效。比如说，昨天小麦的波幅是12美分，如果今天超过了这个波幅几个百分点，趋势可能就发生了变化，至少可以打赌趋势朝这个方向发生了变化。这清楚地表示价格受到朝某个方向变动的刺激，价格就像运动的物体一样，会继续向这个方向运动。

就这么简单，波幅扩大，且远远超过了昨日的波幅，就表明当前市场方向发生了变化。

这又引出了第二个问题：我们从哪个点开始衡量价格扩张的方向是向上还是向下？大部分交易员认为应该以前一日的收盘价为基准进行计算。这是很典型的想法，我们一般都会比较收盘价的变化，但这不是正确答案。稍后我会解释原因，现在让我们先考虑可以选择的衡量扩张的基准点：我们可以使用收盘价、当日平均价，或者买进时使用当天最高价，卖出时使用当天最低价。

我们来看看，在几种互不相关的商品中使用这一系列基准点来衡量突破的最好结果。表 4-1 显示当日收盘价加上（减去）当日波幅的某个比例，作为第二日的买入（卖出）价。这些数据依次为商品名称、波幅百分比、利润、交易次数、胜率以及每笔交易的平均利润。

表 4-1 收盘价加上或者减去一定百分比的波幅

商　品	波幅百分比 （买 / 卖）	利润（美元）	交易次数	胜率（%）	平均利润 （美元）
牛	70/50	24 556	265/117	44	92
猪腩	70/50	352 044	1 285/2 817	45	124
棉花	50/150	54 485	200/465	43	117
咖啡	70/50	145 346	88/178	49	816
橙汁	70/50	129 720	906/2 028	44	63
大豆	70/50	164 287	1 277/2 998	47	55
英镑	70/50	228 631	981/2 358	41	96
黄金	190/70	64 740	289/717	40	90
燃料油	50/130	66 397	182/418	43	158
债券	110/110	197 781	420/905	46	218
标准普尔 500 指数	100/190	85 350	133/330	40	258

在这张表中，我分别提供了前一日波幅的最佳比例，用收盘价加上（减去）按其计算的幅度作为买入（卖出）价。在表中列出的所有交易中，都没有使用止损，一直是多头或者空头状态。

这张表只给出了最佳的波幅百分比，对于多头是加项，对于空头是减项。在表 4-1 中，我们在前一日收盘价的基础上加入了波幅因素。以牛为例，如果价格上涨超过昨日收盘价加上昨日波幅的 70%，我们就做多；价格下跌至昨日收盘价减去昨日波幅的 50%，就做空。

接下来，再看看按前一日波幅的某个百分比加上前一日的最高价作为多头入场信号，按前一日最低价减去波幅的某个百分比作为空头入场信号的情况，结果如表 4-2 所示。

虽然这种做法也可以获利，但以获利最大化的标准来看，它的表现并不如以收盘价为基准点加上或者减去一个值进行交易所得出的结果出色。一个简单的方法是比较每笔交易的平均盈利大小。在以收盘价为基准点的方法中，每笔交易盈利 327 美元，而在以最高价和最低价为基准点的方法中，每笔交易盈利 313 美元。

表 4-2　最高价或者最低价加上或者减去一定百分比的波幅

商　品	波幅百分比 （买/卖）	利润（美元）	交易次数	胜率（%）	平均利润 （美元）
牛	70	17 012	191/456	41	37
猪腩	110	141 288	278/608	45	232
棉花	90	46 945	150/357	42	131
咖啡	60	120 573	36/86	41	1 402
橙汁	110	60 825	261/582	44	104
大豆	80	99 568	444/1 022	43	97
英镑	120	175 506	295/698	42	251
黄金	130	57 600	198/504	39	114
燃料油	60	43 117	168/435	38	99
债券	90	154 968	290/605	47	256
标准普尔 500 指数	100	80 787	225/569	40	141

下一组数据以第二天的开盘价为基准点加上（减去）波幅的某个比例作为买入（卖出）价，结果如表 4-3 所示。

表 4-3　第二天开盘价加上或者减去一定百分比的波幅

商　品	波幅百分比 （买/卖）	利润（美元）	交易次数	胜率（%）	平均利润 （美元）
牛	140	37 992	124/230	53	163
猪腩	70	303 792	1 076/2 236	48	135
棉花	60	71 895	988/454	45	73
咖啡	130	135 915	38/63	60	2 157
橙汁	50	169 140	1 184/2 754	52	75
大豆	100	228 293	620/1 293	47	176
英镑	130	242 062	300/600	50	403
黄金	130	95 070	290/634	45	149
燃料油	140	42 163	87/196	44	215
债券	100	227 468	464/919	50	247
标准普尔 500 指数	50	247 850	768/1 727	44	143

仔细观察这些数据，我们发现平均每笔利润高达 389 美元，胜率也比较高；

这个回测中有五种商品的胜率超过 50%，高于前两个回测。

我的结论是，最适合的基准点是第二日的开盘价。我一直都以次日开盘价为基准点进行交易，为了准备这本书，我做了前面的回测来检验我的判断是否正确，很高兴事实符合我的直觉判断。

作为短线交易者，我们可以使用这个方法，预测可能获利的价格扩张机会。我不会一发现这种机会就马上入场交易，我会在时机成熟的时候，以此判断入场点。

在所有我熟悉的趋势入场方法中，从移动平均线到趋势线，从震荡指标到占卜板，从令人着魔的数学工具到简单的图表，在持续盈利方面，我从没见过哪一种机械式交易入场系统能够比波幅突破表现得更好。这是我所用过、研究过或者看到的所有入场方法中表现最稳定的方法。现在我们来看看如何使用这个基本方法。

4.1 简易的日内区间突破

从本章开篇，你应该看到开盘价的重要性有所变化了，但是，作为一个基准点，作为真实的历史交易记录，我认为开盘价的重要性还是值得好好解读的。

从前面章节的内容中，我们了解了应该将突破幅度加到次日开盘价上，现在问题出现了：突破幅度取什么值最好？当然，有很多种确认突破的方法，但最简单的就是将当日价格区间按一定比例加到次日开盘价上。就是这么一个简单的方法，从我发现它的那天起，已经帮我持续盈利近 20 年了。

现在，是时候抛开这些回测结果，建立一个实用的交易模型了（即该模型能以可接受的方式帮我们赚钱）。图 4-5 显示的是以每日开盘价为基准点进行债券买卖的结果。当价格高于开盘价的幅度达到上一日波幅时买入；当价格低于开盘价的幅度达到上一日波幅时卖出。

数据:	长期国债 67/99						
计算时间:	01/01/90～08/25/98						
代码	转换系数	点值	佣金	滑点	保证金	格式	驱动器:\路径\文件名
144	-3	31.250美元	0美元	0美元	3 000美元	CSI	C:\GD\BACK67\F061.DAT

//////////////////////////////////所有交易-测试1\\\\\\\\\\\\\\\\\\\\\\\\\\\\\\

总净利润	73 468.75美元			
毛利润	213 156.25美元	总亏损	-139 687.50美元	
总交易次数	651	胜率	80%	
盈利交易次数	523	亏损交易次数	128	
最大单笔盈利	3 968.75美元	最大单笔亏损	-1 812.50美元	
平均盈利	407.56美元	平均亏损	-1 091.31美元	
平均盈利/平均亏损	0.37	平均交易盈亏	112.86美元	
最多连续盈利次数	20	最多连续亏损次数	4	
获利交易平均持仓天数	1	亏损交易平均持仓天数	2	
最大平仓亏损	-10 031.25美元	最大单日亏损	-10 031.25美元	
利润系数	1.52	最大合约持有数	1	
账户额度下限	13 031.25美元	账户收益率	563%	

图 4-5 一个有效的交易模型

设定一个 1500 美元的保护性止损，或是将我们的入场价位减去上一日价格波幅的 50% 作为我们的保护性止损点；同时根据策略入场后，或止损出局，或在第一个可以获利的开盘价获利离场。这个策略确实赚钱，651 笔交易，盈利 73 469 美元，胜率高达 80%。平均来看，这个系统每年能获利近 7000 美元，对于一个本金 13 000 美元的账户而言，净利润率达 70%[⊖]。对于这么基础的交易系统而言，仅仅 10 031 美元的日内回撤已经非常不错了。不过我们发现一个问题：单笔交易的平均利润仅为 113 美元，还有待提高。回测使用的数据序列是 1990～1998 年 8 月间的数据。

有什么办法提高获利水平吗？现在先让我们用每周最佳交易日策略来试试，看看如果我们只是在某些特定交易日买入卖出的话，会出现什么结果。为了让我们看得更清楚，图 4-6～图 4-10 显示了一周内每天的买入和卖出情形，最终我们会把最佳买入/卖出日放入一个我们可以实际交易的模型中。

⊖ 原文如此。

\\\\\\\\\\\\\\\\\\\\\\\\\\\\\\\\\\所有交易-测试5\\\\\\\\\\\\\\\\\\\\\\\\\\\\\\\\\\

周一

总净利润	9 500.00美元		
毛利润	22 968.75美元	总亏损	-13 468.75美元
总交易次数	77	胜率	87%
盈利交易次数	67	亏损交易次数	10
最大单笔盈利	1 437.50美元	最大单笔亏损	-1 500.00美元
平均盈利	342.82美元	平均亏损	-1 346.87美元
平均盈利/平均亏损	0.25	平均交易盈亏	123.38美元
最多连续盈利次数	15	最多连续亏损次数	1
获利交易平均持仓天数	1	亏损交易平均持仓天数	4
最大平仓亏损	-2 843.75美元	最大单日亏损	-2 968.75美元
利润系数	1.70	最大合约持有数	1
账户额度下限	5 968.75美元	账户收益率	159%

\\\\\\\\\\\\\\\\\\\\\\\\\\\\\\\\\\卖空交易-测试5\\\\\\\\\\\\\\\\\\\\\\\\\\\\\\\\\\

总净利润	5 218.75美元		
毛利润	11 656.25美元	总亏损	-6 437.50美元
总交易次数	37	胜率	86%
盈利交易次数	32	亏损交易次数	5
最大单笔盈利	1 437.50美元	最大单笔亏损	-1 500.00美元
平均盈利	364.26美元	平均亏损	-1 287.50美元
平均盈利/平均亏损	0.28	平均交易盈亏	141.05美元
最多连续盈利次数	15	最多连续亏损次数	2
获利交易平均持仓天数	1	亏损交易平均持仓天数	5
最大平仓亏损	-3 406.25美元	最大单日亏损	-3 406.25美元
利润系数	1.81	最大合约持有数	1
账户额度下限	6 406.25美元	账户收益率	81%

图 4-6 一周的交易日：周一

\\\\\\\\\\\\\\\\\\\\\\\\\\\\\\\\\\做多交易-测试1\\\\\\\\\\\\\\\\\\\\\\\\\\\\\\\\\\

周二

总净利润	21 718.75美元		
毛利润	38 062.50美元	总亏损	-16 343.75美元
总交易次数	108	胜率	89%
盈利交易次数	97	亏损交易次数	11
最大单笔盈利	1 687.50美元	最大单笔亏损	-1 500.00美元
平均盈利	392.40美元	平均亏损	-1 485.80美元

图 4-7 一周的交易日：周二

平均盈利/平均亏损	0.26	平均交易盈亏	201.10美元
最多连续盈利次数	42	最多连续亏损次数	2
获利交易平均持仓天数	1	亏损交易平均持仓天数	2

////////////////////////////////卖空交易-测试1\\\\\\\\\\\\\\\\\\\\\\\\\\\\\\

总净利润	−6 375.00美元		
毛利润	21 625.00美元	总亏损	−28 000.00美元
总交易次数	79	胜率	75%
盈利交易次数	60	亏损交易次数	19
最大单笔盈利	1 437.50美元	最大单笔亏损	−1 687.50美元
平均盈利	360.42美元	平均亏损	−1 473.68美元
平均盈利/平均亏损	0.24	平均交易盈亏	−80.70美元
最多连续盈利次数	14	最多连续亏损次数	3
获利交易平均持仓天数	1	亏损交易平均持仓天数	4
最大平仓亏损	−11 156.25美元	最大单日亏损	−11 593.75美元
利润系数	0.77	最大合约持有数	1
账户额度下限	14 593.75美元	账户收益率	−43%

图 4-7（续）

////////////////////////////////做多交易-测试2\\\\\\\\\\\\\\\\\\\\\\\\\\\\\\

周三

总净利润	5 218.75美元		
毛利润	23 343.75美元	总亏损	−18 125.00美元
总交易次数	77	胜率	84%
盈利交易次数	65	亏损交易次数	12
最大单笔盈利	1 406.25美元	最大单笔亏损	−1 625.00美元
平均盈利	359.13美元	平均亏损	−1 510.42美元
平均盈利/平均亏损	0.23	平均交易盈亏	67.78美元
最多连续盈利次数	17	最多连续亏损次数	2
获利交易平均持仓天数	1	亏损交易平均持仓天数	2

////////////////////////////////卖空交易-测试2\\\\\\\\\\\\\\\\\\\\\\\\\\\\\\

总净利润	12 250.00美元		
毛利润	27 500.00美元	总亏损	−15 250.00美元
总交易次数	68	胜率	85%
盈利交易次数	58	亏损交易次数	10

图 4-8 一周的交易日：周三

最大单笔盈利	1 562.50美元	最大单笔亏损	-1 718.75美元
平均盈利	474.14美元	平均亏损	-1 525.00美元
平均盈利/平均亏损	0.31	平均交易盈亏	180.15美元
最多连续盈利次数	14	最多连续亏损次数	2
获利交易平均持仓天数	1	亏损交易平均持仓天数	2
最大平仓亏损	-3 000.00美元	最大单日亏损	-3 000.00美元
利润系数	1.80	最大合约持有数	1
账户额度下限	6 000.00美元	账户收益率	204%

图 4-8（续）

////////////////////////////做多交易-测试3\\\\\\\\\\\\\\\\\\\\\\\\\\\\

周四

总净利润	15 875.00美元		
毛利润	32 562.50美元	总亏损	-16 687.50美元
总交易次数	88	胜率	87%
盈利交易次数	77	亏损交易次数	11
最大单笔盈利	1 687.50美元	最大单笔亏损	-1 687.50美元
平均盈利	422.89美元	平均亏损	-1 517.05美元
平均盈利/平均亏损	0.27	平均交易盈亏	180.40美元
最多连续盈利次数	17	最多连续亏损次数	1
获利交易平均持仓天数	1	亏损交易平均持仓天数	1

////////////////////////////做空交易-测试3\\\\\\\\\\\\\\\\\\\\\\\\\\\\

总净利润	15 937.50美元		
毛利润	33 937.50美元	总亏损	-18 000.00美元
总交易次数	81	胜率	85%
盈利交易次数	69	亏损交易次数	12
最大单笔盈利	2 406.25美元	最大单笔亏损	-1 500.00美元
平均盈利	491.85美元	平均亏损	-1 500.00美元
平均盈利/平均亏损	0.32	平均交易盈亏	196.76美元
最多连续盈利次数	13	最多连续亏损次数	1
获利交易平均持仓天数	1	亏损交易平均持仓天数	3
最大平仓亏损	-3 343.75美元	最大单日亏损	-3 937.50美元
利润系数	1.88	最大合约持有数	1
账户额度下限	6 937.50美元	账户收益率	229%

图 4-9 一周的交易日：周四

```
/////////////////////////做多交易-测试4\\\\\\\\\\\\\\\\\\\\\\\\\
                                                                    周五
总净利润              7 250.00美元
毛利润               39 218.75美元        总亏损          −31 968.75美元

总交易次数              117                胜率               82%
盈利交易次数             96                亏损交易次数         21

最大单笔盈利          1 656.25美元         最大单笔亏损      −2 000.00美元
平均盈利              408.53美元          平均亏损         −1 522.32美元
平均盈利/平均亏损         0.26             平均交易盈亏         61.97美元

最多连续盈利次数          17               最多连续亏损次数        2
获利交易平均持仓天数        2               亏损交易平均持仓天数      2
/////////////////////////做空交易-测试4\\\\\\\\\\\\\\\\\\\\\\\\\
总净利润             12 468.75美元
毛利润              35 906.25美元        总亏损          −23 437.50美元

总交易次数              95                胜率               82%
盈利交易次数             78                亏损交易次数         17

最大单笔盈利          3 968.75美元         最大单笔亏损      −1 531.25美元
平均盈利              460.34美元          平均亏损         −1 378.68美元
平均盈利/平均亏损         0.33             平均交易盈亏         131.25美元

最多连续盈利次数          12               最多连续亏损次数        3
获利交易平均持仓天数        1               亏损交易平均持仓天数      3

最大平仓亏损         −4 093.75美元         最大单日亏损      −4 093.75美元
利润系数               1.53              最大合约持有数          1
账户额度下限          7 093.75美元         账户收益率           175%
```

图 4-10 一周的交易日：周五

这些图表明最佳买入日为周二和周四，而最佳卖出日则为周三和周四。在图 4-11 中，如果将交易仅仅局限于这几天的话，那我们就赚不到那么多，仅有 56 438 美元，但是因为我们减少了将近一半的成交量，将我们的单笔平均盈利提高到了 173 美元，这可是个值得使用的系统。这里得出的经验是，每周最佳交易日策略可以使你的交易系统的业绩表现发生很大的变化。这还不是最大的好处，回撤从 10 031 美元直线回落到 3500 美元，同时胜率则上升到 84%。按照我们在第 13 章中讨论的资金管理概念，这可是一个巨大的进步。

数据：		长期国债 67/99					
计算时间：		01/01/90~08/25/98					
代码	转换系数	点值	佣金	滑点	保证金	格式	驱动器:\路径\文件名
144	−3	31.250美元	0美元	0美元	3 000美元	CSI	C:\GD\BACK67\F061.DAT

//////////////////////////////////////所有交易-测试1\\\\\\\\\\\\\\\\\\\\\\\\

总净利润	56 437.50美元		
毛利润	122 375.00美元	总亏损	−65 937.50美元
总交易次数	326	胜率	84%
盈利交易次数	277	亏损交易次数	49
最大单笔盈利	2 406.25美元	最大单笔亏损	−1 718.75美元
平均盈利	441.79美元	平均亏损	−1 345.66美元
平均盈利/平均亏损	0.32	平均交易盈亏	173.12美元
最多连续盈利次数	23	最多连续亏损次数	2
获利交易平均持仓天数	1	亏损交易平均持仓天数	2
最大平仓亏损	−3 500.00美元	最大单日亏损	−3 5000.00美元
利润系数	1.85	最大合约持有数	1
账户额度下限	6 500.00美元	账户收益率	868%

//////////////////////////////////////做多交易-测试1\\\\\\\\\\\\\\\\\\\\\\\\

总净利润	30 406.25美元		
毛利润	64 406.25美元	总亏损	−34 000.00美元
总交易次数	186	胜率	86%
盈利交易次数	161	亏损交易次数	25
最大单笔盈利	1 687.50美元	最大单笔亏损	−1 687.50美元
平均盈利	400.04美元	平均亏损	−1 360.00美元
平均盈利/平均亏损	0.29	平均交易盈亏	163.47美元
最多连续盈利次数	16	最多连续亏损次数	1
获利交易平均持仓天数	1	亏损交易平均持仓天数	1

//////////////////////////////////////做空交易-测试1\\\\\\\\\\\\\\\\\\\\\\\\

总净利润	26 031.25美元		
毛利润	57 968.75美元	总亏损	−31 937.50美元
总交易次数	140	胜率	82%
盈利交易次数	116	亏损交易次数	24
最大单笔盈利	2 406.25美元	最大单笔亏损	−1 718.75美元
平均盈利	499.73美元	平均亏损	−1 330.73美元
平均盈利/平均亏损	0.37	平均交易盈亏	185.94美元
最多连续盈利次数	15	最多连续亏损次数	3
获利交易平均持仓天数	1	亏损交易平均持仓天数	3
最大平仓亏损	−3 812.50美元	最大单日亏损	−3 812.50美元
利润系数	1.81	最大合约持有数	1
账户额度下限	6 812.50美元	账户收益率	382%

图 4-11 限制交易日，结果大不同

4.2 标准普尔 500 指数的价格波幅

这个方法能用在标准普尔 500 指数上吗？

尽管我们毫不怀疑在波动幅度扩大 50% 的情形下，这个系统是有效的，但我们还可以进一步改进它。怎么做呢？就用我们已经知道的每周最佳交易日策略。下一组数据显示了波动幅度突破在标准普尔 500 指数上每周内各交易日的绩效表现。离场规则与前面例子中债券交易的规则一致。很显然，在一周内有些日子比其他时间的交易表现要好。图 4-12 ~ 图 4-16 展示了每周内各交易日的做多交易的结果；图 4-17 ~ 图 4-21 展示了每周内各交易日的做空交易的结果。

数据：		标准普尔500指数	IND-9967	01/80				周一
计算时间：		07/02/82 ~ 08/25/98						
代码	转换系数	点值	佣金	滑点	保证金	格式	驱动器\路径\文件名	
149	2	2.500美元	0美元	0美元	3 000美元	CT/PC	C:\GD\BACK67MS\F59.DAT	
//////////////////////////////所有交易-测试5\\\\\\\\\\\\\\\\\\\\\\\\\\\\\\								
总净利润		75 712.50美元						
毛利润		167 200.00美元		总亏损			-91 487.50美元	
总交易次数		347		胜率			85%	
盈利交易次数		298		亏损交易次数			49	
最大单笔盈利		4 975.00美元		最大单笔亏损			-4 400.00美元	
平均盈利		561.07美元		平均亏损			-1 867.09美元	
平均盈利/平均亏损		0.30		平均交易盈亏			218.19美元	
最多连续盈利次数		26		最多连续亏损次数			3	
获利交易平均持仓天数		1		亏损交易平均持仓天数			3	
最大平仓亏损		-9 150.00美元		最大单日亏损			-9 750.00美元	
利润系数		1.82		最大合约持有数			1	
账户额度下限		12 750.00美元		账户收益率			593%	

图 4-12　周一交易

数据：	标准普尔500指数 IND-9967 01/80							
								周二
计算时间：	07/02/82～08/25/98							
代码	转换系数	点值	佣金	滑点	保证金	格式	驱动器:\路径\文件名	
149	2	2.500美元	0美元	0美元	3 000美元CT/PC		C:\GD\BACK67MS\F59.DAT	

////////////////////////////所有交易-测试1\\\\\\\\\\\\\\\\\\\\\\\\\\\\

总净利润	63 075.00美元		
毛利润	150 725.00美元	总亏损	-87 650.00美元
总交易次数	294	胜率	83%
盈利交易次数	246	亏损交易次数	48
最大单笔盈利	8 512.50美元	最大单笔亏损	-3 962.50美元
平均盈利	612.70美元	平均亏损	-1 826.04美元
平均盈利/平均亏损	0.33	平均交易盈亏	214.54美元
最多连续盈利次数	24	最多连续亏损次数	2
获利交易平均持仓天数	1	亏损交易平均持仓天数	3
最大平仓亏损	-10 800.00美元	最大单日亏损	-10 800.00美元
利润系数	1.71	最大合约持有数	1
账户额度下限	13 800.00美元	账户收益率	457%

图 4-13 周二交易

数据：	标准普尔500指数 IND-9967 01/80							
								周三
计算时间：	07/02/82～08/25/98							
代码	转换系数	点值	佣金	滑点	保证金	格式	驱动器:\路径\文件名	
149	2	2.500美元	0美元	0美元	3 000美元CT/PC		C:\GD\BACK67MS\F59.DAT	

////////////////////////////所有交易-测试2\\\\\\\\\\\\\\\\\\\\\\\\\\\\

总净利润	73 297.50美元		
毛利润	163 372.50美元	总亏损	-90 075.00美元
总交易次数	326	胜率	85%
盈利交易次数	278	亏损交易次数	48
最大单笔盈利	4 462.50美元	最大单笔亏损	-3 912.50美元
平均盈利	587.67美元	平均亏损	-1 876.56美元
平均盈利/平均亏损	0.31	平均交易盈亏	224.84美元
最多连续盈利次数	28	最多连续亏损次数	3
获利交易平均持仓天数	1	亏损交易平均持仓天数	3
最大平仓亏损	-6 762.50美元	最大单日亏损	-7 187.50美元
利润系数	1.81	最大合约持有数	1
账户额度下限	10 187.50美元	账户收益率	719%

图 4-14 周三交易

数据：	标准普尔500指数 IND-9967 01/80							
								周四
计算时间：	07/02/82～08/25/98							
代码	转换系数	点值	佣金	滑点	保证金	格式	驱动器:\路径\文件名	
149	2	2.500美元	0美元	0美元	3 000美元	CT/PC	C:\GD\BACK67MS\F59.DAT	

///////////////////////////////所有交易-测试3\\\\\\\\\\\\\\\\\\\\\\\\\\\\\

总净利润	56 400.00美元		
毛利润	152 175.00美元	总亏损	-95 775.00美元
总交易次数	307	胜率	84%
盈利交易次数	260	亏损交易次数	47
最大单笔盈利	6 687.50美元	最大单笔亏损	-5 575.00美元
平均盈利	585.29美元	平均亏损	-2 037.77美元
平均盈利/平均亏损	0.28	平均交易盈亏	183.71美元
最多连续盈利次数	30	最多连续亏损次数	2
获利交易平均持仓天数	2	亏损交易平均持仓天数	3
最大平仓亏损	-9 700.00美元	最大单日亏损	-12 537.50美元
利润系数	1.58	最大合约持有数	1
账户额度下限	15 537.50美元	账户收益率	362%

图 4-15 周四交易

数据：	标准普尔500指数 IND-9967 01/80							
								周五
计算时间：	07/02/82～08/25/98							
代码	转换系数	点值	佣金	滑点	保证金	格式	驱动器:\路径\文件名	
149	2	2.500美元	0美元	0美元	3 000美元	CT/PC	C:\GD\BACK67MS\F59.DAT	

///////////////////////////////所有交易-测试4\\\\\\\\\\\\\\\\\\\\\\\\\\\\\

总净利润	60 162.50美元		
毛利润	148 387.50美元	总亏损	-88 225.00美元
总交易次数	297	胜率	86%
盈利交易次数	256	亏损交易次数	41
最大单笔盈利	4 387.50美元	最大单笔亏损	-8 800.00美元
平均盈利	579.64美元	平均亏损	-2 151.83美元
平均盈利/平均亏损	0.26	平均交易盈亏	202.57美元
最多连续盈利次数	21	最多连续亏损次数	2
获利交易平均持仓天数	1	亏损交易平均持仓天数	3

图 4-16 周五交易

最大平仓亏损	−13 125.00美元	最大单日亏损	−13 125.00美元
利润系数	1.68	最大合约持有数	1
账户额度下限	16 125.00美元	账户收益率	373%

图 4-16（续）

////////////////////////////做空交易-测试5\\\\\\\\\\\\\\\\\\\\\\\\

周一

总净利润	−4 812.50美元		
毛利润	135 525.00美元	总亏损	−140 337.50美元
总交易次数	277	胜率	73%
盈利交易次数	203	亏损交易次数	74
最大单笔盈利	16 712.50美元	最大单笔亏损	−5 875.00美元
平均盈利	667.61美元	平均亏损	−1 896.45美元
平均盈利/平均亏损	0.35	平均交易盈亏	−17.37美元
最多连续盈利次数	27	最多连续亏损次数	5
获利交易平均持仓天数	2	亏损交易平均持仓天数	4
最大平仓亏损	−26 225.00美元	最大单日亏损	−26 900.00美元
利润系数	0.96	最大合约持有数	1
账户额度下限	29 900.00美元	账户收益率	−16%

图 4-17 做空交易回测：周一

////////////////////////////做空交易-测试1\\\\\\\\\\\\\\\\\\\\\\\\

周二

总净利润	−21 400.00美元		
毛利润	142 825.00美元	总亏损	−164 225.00美元
总交易次数	329	胜率	75%
盈利交易次数	248	亏损交易次数	81
最大单笔盈利	9 987.50美元	最大单笔亏损	−14 125.00美元
平均盈利	575.91美元	平均亏损	−2 027.47美元
平均盈利/平均亏损	0.28	平均交易盈亏	−65.05美元
最多连续盈利次数	15	最多连续亏损次数	4
获利交易平均持仓天数	2	亏损交易平均持仓天数	3
最大平仓亏损	−37 275.00美元	最大单日亏损	−37 975.00美元
利润系数	0.86	最大合约持有数	1
账户额度下限	40 975.00美元	账户收益率	−52%

图 4-18 做空交易回测：周二

```
//////////////////////////////做空交易-测试2\\\\\\\\\\\\\\\\\\\\\\\\\\\\
                                                                周三
总净利润              -15 987.50美元
毛利润                141 512.50美元      总亏损            -157 500.00美元

总交易次数            312                 胜率              74%
盈利交易次数          232                 亏损交易次数      80

最大单笔盈利          4 837.50美元        最大单笔亏损      -4 975.00美元
平均盈利              609.97美元          平均亏损          -1 968.75美元
平均盈利/平均亏损     0.30                平均交易盈亏      -51.24美元

最多连续盈利次数      22                  最多连续亏损次数  3
获利交易平均持仓天数  2                   亏损交易平均持仓天数  3

最大平仓亏损          -24 737.50美元      最大单日亏损      -25 475.00美元
利润系数              0.89                最大合约持有数    1
账户额度下限          28 475.00美元       账户收益率        -56%
```

图4-19 做空交易回测：周三

```
//////////////////////////////做空交易-测试3\\\\\\\\\\\\\\\\\\\\\\\\\\\\
                                                                周四
总净利润              36 250.00美元
毛利润                183 775.00美元      总亏损            -147 525.00美元

总交易次数            318                 胜率              75%
盈利交易次数          241                 亏损交易次数      77

最大单笔盈利          8 737.50美元        最大单笔亏损      -4 212.50美元
平均盈利              762.55美元          平均亏损          -1 915.91美元
平均盈利/平均亏损     0.39                平均交易盈亏      113.99美元

最多连续盈利次数      19                  最多连续亏损次数  5
获利交易平均持仓天数  1                   亏损交易平均持仓天数  3

最大平仓亏损          -12 950.00美元      最大单日亏损      -13 187.50美元
利润系数              1.24                最大合约持有数    1
账户额度下限          16 187.50美元       账户收益率        223%
```

图4-20 做空交易回测：周四

```
//////////////////////////////卖空交易-测试4\\\\\\\\\\\\\\\\\\\\\\\\\\\\
                                                                周五
总净利润              26 350.00美元
毛利润                182 400.00美元      总亏损            -156 050.00美元

总交易次数            347                 胜率              76%
盈利交易次数          267                 亏损交易次数      80
```

图4-21 做空交易回测：周五

最大单笔盈利	9 262.50美元	最大单笔亏损	−4 250.00美元
平均盈利	683.15美元	平均亏损	−1 950.62美元
平均盈利/平均亏损	0.35	平均交易盈亏	75.94美元
最多连续盈利次数	42	最多连续亏损次数	4
获利交易平均持仓天数	1	亏损交易平均持仓天数	2
最大平仓亏损	−32 812.50美元	最大单日亏损	−32 812.50美元
利润系数	1.16	最大合约持有数	1
账户额度下限	35 812.50美元	账户收益率	73%

图 4-21（续）

图 4-22 只显示了每周内重要交易日的回测结果。除了周四和周五，每周内其他各交易日都是最好的买入做多的日子；当然，最好的卖出做空的日子就是周四，周五比较勉强，但这个结论仅限于下面的回测结果。这是个不错的系统：交易 1333 笔，胜率达到 74%，"赚到" 227 823 美元，最大回撤很小，仅为 13 738 美元。不过，我希望能在这里看到一个比所显示的 171 美元还多的平均交易盈利水平。

数据：	标准普尔500指数	IND−9967	01/80					
计算时间：	07/02/82～08/25/98							
代码	转换系数	点值	佣金	滑点	保证金	格式	驱动器:\路径\文件名	
149	2	2.500美元	0美元	0美元	3 000美元	CT/PC	C:\GD\BACK67MS\F59.DAT	

////////////////////////////////所有交易−测试1\\\\\\\\\\\\\\\\\\\\\\\\\\\\\\\\

总净利润	227 822.50美元		
毛利润	642 447.50美元	总亏损	−414 625.00美元
总交易次数	1 333	胜率	74%
盈利交易次数	993	亏损交易次数	340
最大单笔盈利	8 737.50美元	最大单笔亏损	−4 400.00美元
平均盈利	646.98美元	平均亏损	−1 219.49美元
平均盈利/平均亏损	0.53	平均交易盈亏	170.91美元
最多连续盈利次数	24	最多连续亏损次数	4
获利交易平均持仓天数	1	亏损交易平均持仓天数	1
最大平仓亏损	−13 737.50美元	最大单日亏损	−13 737.50美元
利润系数	1.54	最大合约持有数	1
账户额度下限	16 737.50美元	账户收益率	1 361%

图 4-22 重要交易日的回测结果

善于思考的交易者还会提出这样的问题:"我们能否在行情看涨的日子里买入时用比较小的波幅比例,在行情看不太清楚时使用 50% 的波幅比例来确定离开盘价更远的入场点呢?那么我们对离场点又能做些什么呢?在上涨/下跌趋势更明确的日子里,持仓时间更长能否带来更好的结果呢?"

这样的问题还可以一直问下去,无穷无尽,而且对优化交易系统而言,它们也都是必须要追问的。研究总是有回报的,图 4-23 就是证明。图中显示的回测结果使用了前面提到的规则,但入场点和离场点不同以往,多头入场点设在当日开盘价加上一交易日波幅 40% 的位置,而空头入场点设在当日开盘价减上一交易日波幅 200% 的位置。结果出现了巨大的变化,尽管盈利比过去减少 14 000 多美元,但是交易胜率提高到了 83%,单笔交易平均盈利飙升到 251 美元,同时我们的交易次数也降低了 36%!

数据:	标准普尔500指数 IND-9967 01/80						
计算时间:	07/02/82~08/25/98						
代码	转换系数	点值	佣金	滑点	保证金	格式	驱动器:\路径\文件名
149	2	2.500美元	0美元	0美元	3 000美元	CT/PC	C:\GD\BACK67MS\F59.DAT

////////////////////////////////所有交易—测试68\\\\\\\\\\\\\\\\\\\\\\\\\\\\

总净利润	213 560.00美元		
毛利润	473 110.00美元	总亏损	-259 550.00美元
总交易次数	850	胜率	83%
盈利交易次数	709	亏损交易次数	141
最大单笔盈利	10 250.00美元	最大单笔亏损	-6 850.00美元
平均盈利	667.29美元	平均亏损	-1 840.78美元
平均盈利/平均亏损	0.36	平均交易盈亏	251.25美元
最多连续盈利次数	40	最多连续亏损次数	3
获利交易平均持仓天数	1	亏损交易平均持仓天数	2
最大平仓亏损	-9 712.50美元	最大单日亏损	-10 087.50美元
利润系数	1.82	最大合约持有数	1
账户额度下限	13 087.50美元	账户收益率	1 631%

图 4-23 研究有回报了

十年之后再来审视这些方法,我说一说我的观点。这样也能让我们对 2000 年以来的市场了解得更多一些。我做过很多回测,试图找到确定交易时段的最佳基准点。在下面的回测里,我把一定比例的波幅分别加到:①今天的收盘价上；②昨天的开盘价上；③今天的最低价上；④今天的中间价（最高价与最低价的平均值）上。

回测考察了所有的低收日，即当日收盘价比开盘价低，且比前一交易日收盘价低的情况，也考察了所有的高收日，情形刚好与低收日的相反，即当日的收盘价比开盘价高，且高于前一交易日的收盘价。回测的结果展示了每一个基准点的情况，以及表现最好的以3日真实波幅代替上一交易日波幅的回测结果。这些数值是经过高度优化的，我从回测结果中挑出了表现最好的结果。没有证据证明它们将来还能这么有效，但过去它们非常有效，选择这些数据的目的只是向你展示：如果你懂得怎么做的话，最棒能做到什么样子。等你看完图4-24里的回测结果，我会跟你分享我的观点。

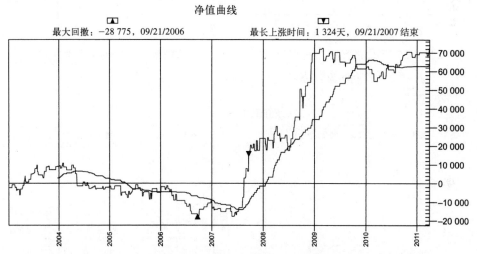

图4-24 低收日次日当价格突破开盘价加3日真实波幅的60%时买入做多，最终利润为70 000美元

非常清楚，这个系统自开始投入运行直到2007年以前都表现不好。图4-25记录了这些。尽管70 000美元的净利润比你马上会看到的其他几幅图中的任何一幅所给出的结果都要好，但我更中意那些表现更持久、更一致的系统。

这就是交易系统通常会出现的典型情况：它们只在一段时期内有效，然后就垮掉了，就像这个系统在2008年和之后的表现那样。如果你长期使用这个系统，那么图4-26也许不会让你觉得心烦。如果是这样的话，这个系统对你就还适用，但对那些活在当下的交易者而言，这个系统的净值曲线太大起大落了。

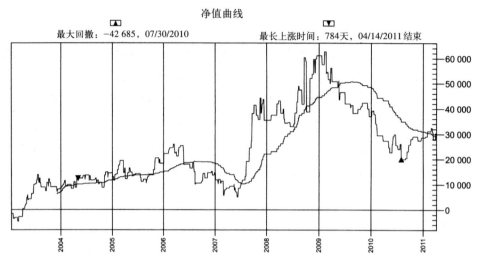

图4-25　当价格突破上一交易日收盘价加3日真实波幅的60%时买入做多，最终利润为30 000美元

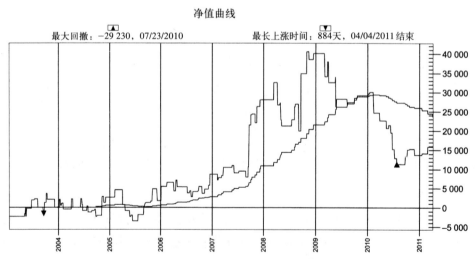

图4-26　当价格突破上一交易日最高价加3日真实波幅的30%时买入做多，最终利润为30 000美元

这条净值曲线也激起了我的兴趣。直到2008年市场走熊，它一直表现不

错。但不幸的是，2009年当市场反转向上时，它不再盈利了。看看图4-27，这里到底怎么了？如果回答不了这个问题，我们可能也就没什么好的交易手段了。

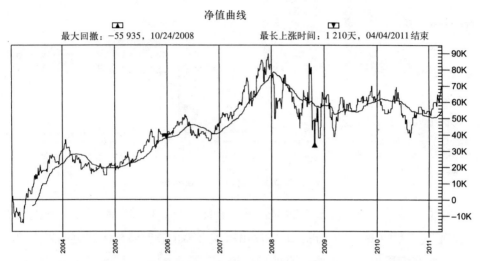

图4-27 当价格突破上一交易日最低价加3日真实波幅的20%时买入做多，最终利润为60 000美元

图4-27看上去似乎是最佳搭配了。直到2008年市场走熊，这个系统的净值曲线一直是稳定上升的。我当然喜欢高达70 000美元的净利润。这幅图和第一幅图一起吸引了我的注意力。

我们能得出的最有把握的结论就是每个人选择的基准点不同，因而交易系统的表现也呈现出巨大的差异，而且为了优化交易结果，每个基准点都需要一个不同的波幅比例。没有哪种优化能尽善尽美。我之所以这么说，是因为我尝试了在次日开盘价上加上60%的3日真实波幅与在上一交易日最低价上加上20%的3日真实波幅：这两种参数配置的表现都非常好，但并不是很值得采用，只能算是开发实战策略过程的开始。

使用最低价作为基准点，我希望看到一如我们在第一个回测中所看到的，每周是否有几天比其他日子效果更好。图4-28显示的是上一交易日最低价加20%的3日真实波幅进场策略在每周内各交易日的表现。

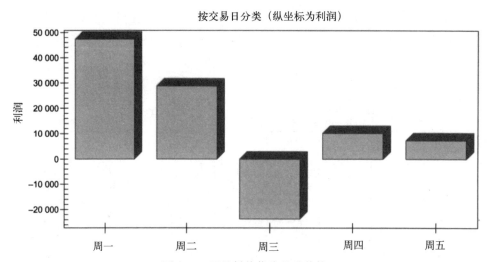

图 4-28 用最低价作为基准价格

好了，看看这里（见图 4-29）好吗！最佳入场日是周一和周二，其次是周四和周五。这个回测结果与我 20 年前出版本书第 1 版时给出的回测结果大同小异，因此我们可以说，市场固有的偏差模式，持久不变。了解了这一点，让我们把周三从交易时间中去掉，看看能得到什么结果，有什么改善。

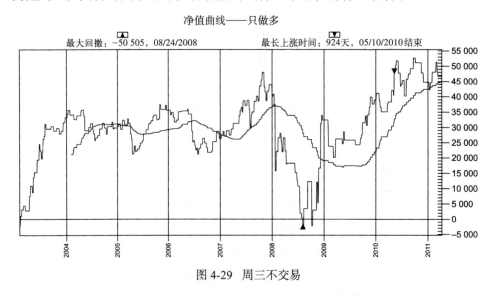

图 4-29 周三不交易

除了 2008 年的熊市，我们看到了不少改进。2008 年的系统表现抹掉了之前积累的所有盈利。太糟了！让我们看看这是怎么回事。有思路了吗？为什么不把交易限定在上涨过程中呢？好主意，但我们又如何机械地定义一个上涨趋势呢？我最喜欢的思路就是看今天的 20 日收盘价移动平均线是不是比昨天的高，如果是，趋势就是向上的。这个策略的回测结果如图 4-30 所示。

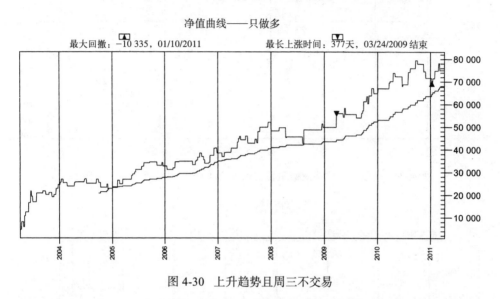

图 4-30　上升趋势且周三不交易

在这里，我们所做的就是确保只在市场处于上行趋势时才使用波幅突破作为进场依据进行交易，而且这么做一定会造成差异。趋势是朋友，我们能让它发挥作用，有利于我们。

我们已经考察了低收日系统的表现，现在让我们再来看看高收日会发生什么？下一步就来看看这些交易日。回测结果如图 4-31 所示。

正如图 4-32 所展示的，总体上看这个策略是亏损的，尽管在 2006、2008 以及 2009 年以后的年份中，它都曾频频得手。如果我们能用这个方法逃过熊市的话，也许这个系统还有些价值。但越看这条净值曲线，就越觉得它太陡峭、太疯狂。

图 4-33 中的净值曲线实际上是极不稳定的，上蹿下跳，但总体上还是越赚越多的。这一点令人印象深刻，因为它意味着系统具备持续盈利能力。当然，也还有很多工作可以做，这个策略有很大的改进空间。

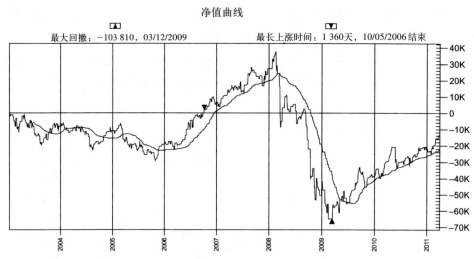

图 4-31 高收日当价格突破最低价加 90% 的 3 日真实波幅时买入做多

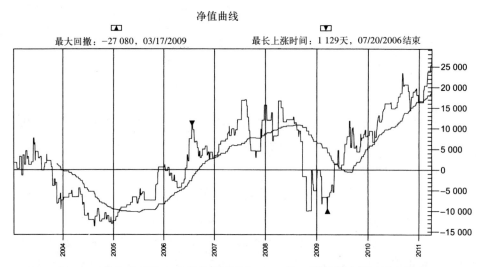

图 4-32 价格突破上一交易日最高价加 40% 的 3 日真实波幅时买入做多

接下来，我们看看图 4-34。除了 2008～2009 年的熊市，系统表现一直不错，但尚有改进的空间，毕竟我们看到了系统盈利的持续性以及利润的增长（更高的净值）。我们有一些交易优势，这在图 4-34 中可以看得很清楚。

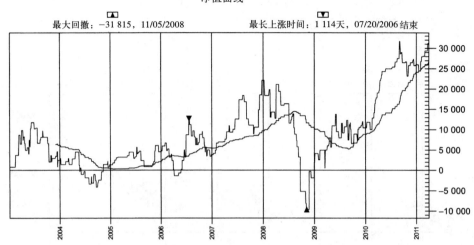

图 4-33 价格突破中间价加 90% 的 3 日真实波幅时买入做多

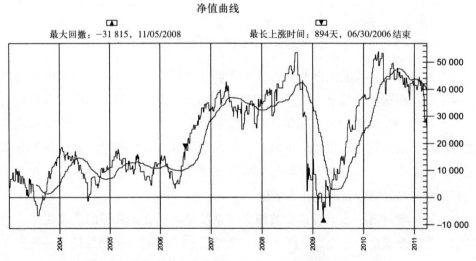

图 4-34 价格突破开盘价加 20% 的 3 日真实波幅时买入做多

使用次日开盘价作为基准点，我们看到系统产生了盈利。如果不是 2008 年的惨败，这个系统应该能给我们带来惊喜。图 4-35 也展示了我最不希望看到的情形，直到 2006 年，该系统的表现还是飘忽不定的。

依我看，高收日进场策略的业绩表现，在所有的波幅突破策略中，显然是最好的。即便在 2008 年熊市中它的表现也不坏，随后的表现就更稳定了。当然，这个系统在早期的数据上也是存在问题的，作为波幅突破策略，2006年以前这个系统一直没能持续地产生盈利。

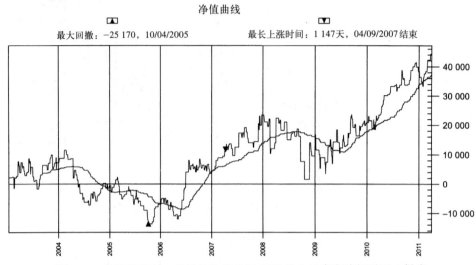

图 4-35 价格突破上一交易日收盘价加 40% 的 3 日真实波幅时买入做多

作为交易者，我们该做些什么呢？我们已经看到了只在上涨趋势中进场做多的结果。在这种情境下，交易者有两个选择。我们可以把以上所有波幅突破的买入信号与趋势结合进行回测，也可以简单地选出我们认为最棒的交易信号进行回测，这样就能看出趋势识别对系统表现到底有没有帮助。显然在所有系统中，收盘价加上 3 日真实波幅的 40% 是最稳定的。所以，就让我们看看这个突破系统与趋势结合会产生什么结果。

当然，我们第一步会看这个波幅突破系统是不是在某几天的表现优于其他时间。我的发现是，你也能从图 4-36 中看到，周二和周五的交易信号会造成亏损。我们可以选择继续采用这些信号并期望它们中的一部分会带来利润，或者把它们统统放在一边。我的选择是后者。

如果我们这么做了，净值曲线会突然变得好看很多，不仅更连贯，而且赚钱更多。我们会看到利润从 40 000 美元增加到 90 000 美元。我们仅仅了解周内交易日的差异，就取得了这样可观的收益。要是再把趋势用上呢？如果我们把趋势因素也放到策略当中，结果会不会更棒呢？

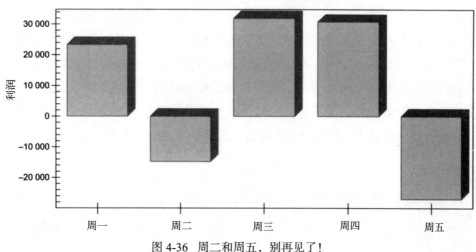

图 4-36 周二和周五，别再见了！

在新的回测里，除了不在周二和周五交易外，我们使用了相同的波幅比例，得到了下面的结果。就像你在图 4-37 中看到的一样，尽管是在熊市里，净值曲线在 2008 年还是急速攀升。即使是在熊市里，使用这个波幅突破系统在每周最佳交易日买入做多依然可以盈利。

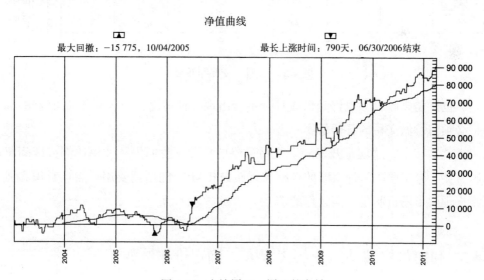

图 4-37 去掉周二、周五的交易

从图 4-37 和图 4-38 可以看到，当我们把 20 日移动平均线作为趋势过滤指标加入系统中，同时回测高收日与低收日时，回测规则都是一样的，周二与周五不交易，在收盘价上加的波幅的比例也是相同的。结果是，我们很难赚到原来那么多了。在图 4-37 中，我们看到系统盈利接近 90 000 美元，而在图 4-38 中的利润只有大约 30 000 美元。究其原因，原来趋势指标过滤掉了很多盈利的交易机会，所以看上去似乎在高收日，我们可以不那么关注趋势；而对于低收日，我们当然想更注意趋势变化。简言之，低收日产生的上涨机会更好。

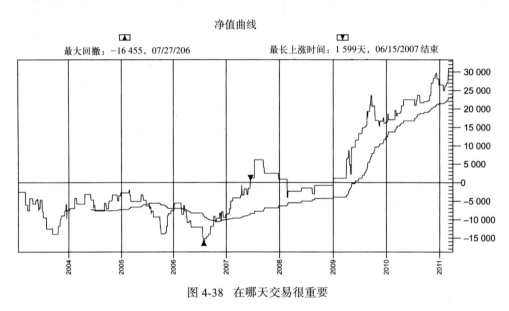

图 4-38 在哪天交易很重要

也许是高收日，也许是低收日，不管出现哪种情况，图 4-38 告诉我们的都是必须留意做交易的日子是哪一天。

就这些了，这就是开发一套交易策略的步骤。我们先从波幅比例或区间突破开始（请注意这两种策略的业绩表现旗鼓相当），随后需要用一点点常识和回测来理解市场机制是如何运作的。

4.3 利用价格波动区分买卖双方，确定价格波幅

衡量市场潜在波幅的第三条途径是观察过去几天的价格波动。在这方面，

麦克·查立克值得称道。他还发展了一套概念，并把这套概念应用到他自己设计、命名的交易系统"魔爪"里。这套概念的基本观点就是观察过去数年中价格在各点中摆动的幅度。值得研究的价格点有很多。

为进一步观测市场活动，我选择三日前的最高价和当日最低价作为观测点，计算两者之差，这是第一步。第二步，计算一日前的最高价与三日前的最低价的差。最后，用上面两组数值中最大的作为基础波幅，然后设计过滤条件（或价格缓冲垫），以次日开盘价加上这个波幅作为买入触发条件，减去这个波幅作为卖出触发条件。

这个交易系统运行得还好，正如以下用标准普尔500指数1982～1998年的数据回测的结果所显示的（见图4-39），它确实带来了利润。该系统的交易规则是在价格超过开盘价加上基础波幅80%时买入，在低于开盘价减去基础波幅120%时卖出，同时使用1750美元的固定金额止损，即交易失败的离场点。这个系统在1982～1998年赚了122 838美元，单笔交易平均盈利228美元。

数据：	标准普尔500指数	IND-9967	01/80				
计算时间：	07/02/82～08/25/98						
代码	转换系数	点值	佣金	滑点	保证金	格式	驱动器:\路径\文件名
149	2	2.500美元	0美元	0美元	3 000美元	CT/PC	C:\GD\BACK67MS\F59.DAT

////////////////////////////////所有交易-测试4\\\\\\\\\\\\\\\\\\\\\\\\\\\\\\\\

总净利润		122 837.50美元		
毛利润		264 937.50美元	总亏损	-142 100.00美元
总交易次数		538	胜率	84%
盈利交易次数		454	亏损交易次数	84
最大单笔盈利		10 675.00美元	最大单笔亏损	-8 150.00美元
平均盈利		583.56美元	平均亏损	-1 691.67美元
平均盈利/平均亏损		0.34	平均交易盈亏	228.32美元
最多连续盈利次数		83	最多连续亏损次数	5
获利交易平均持仓天数		1	亏损交易平均持仓天数	2
最大平仓亏损		-13 025.00美元	最大单日亏损	-13 112.50美元
利润系数		1.86	最大合约持有数	1
账户额度下限		16 112.50美元	账户收益率	762%

图4-39 利用市场波幅

4.4 结果

通常情况下，我们都会想：能不能做得更好？我们刚刚尝试了用每周最佳交易日（TDW）作为交易信号过滤器，最终显著改善了系统的表现。现在我们要更进一步，引入一个基本面因素——债券价格对股票价格的影响。

我们会尝试把这个因素作为交易信号过滤器（见图 4-40）。过滤规则非常简单，我们只在昨日债券收盘价格高于 5 天前的收盘价时才考虑买入，只在昨日债券收盘价低于 35 天前的收盘价时才考虑卖出。我们的推理完全建立在这样的常识之上：债市价高则股市涨，债市价低则股市跌。

数据：	标准普尔500指数 IND-9967 01/80		
计算时间：	07/02/82～08/25/98		
代码 转换系数 点值	佣金 滑点 保证金	格式	驱动器:\路径\文件名
149 2 2.500美元	0美元 0美元 3 000美元	CT/PCC	:\GD\BACK67MS\F59.DAT
//////////////////////////////////所有交易-测试7\\\\\\\\\\\\\\\\\\\\\\\\\\\\\\			
总净利润	82 987.50美元		
毛利润	148 350.00美元	总亏损	-65 362.50美元
总交易次数	295	胜率	87%
盈利交易次数	258	亏损交易次数	37
最大单笔盈利	10 675.00美元	最大单笔亏损	-2 075.00美元
平均盈利	575.00美元	平均亏损	-1 766.55美元
平均盈利/平均亏损	0.32	平均交易盈亏	281.31美元
最多连续盈利次数	59	最多连续亏损次数	3
获利交易平均持仓天数	1	亏损交易平均持仓天数	3
最大平仓亏损	-5 250.00美元	最大单日亏损	-5 250.00美元
利润系数	2.26	最大合约持有数	1
账户额度下限	8 250.00美元	账户收益率	1 005%

图 4-40　债券价格对股票价格的影响

看看这个方法带来了多大的改善！单笔交易平均盈利从 228 美元提高到 281 美元，而最大回撤从 13 025 美元陡降到 5250 美元。然而最妙的是，在原先"未经过滤"的交易中，最大单笔亏损为 8150 美元，而使用债券价格过滤后，最大单笔亏损仅为 2075 美元！

4.5 更进一步的思考

如果你提出这样的问题:"在债券市场给出了股市是牛市还是熊市的信号之后,如果我们采用每周最佳交易日的信号进行交易,结果会怎么样呢?"那么,你就已经学会了本章的内容。

同样,结果不言而喻:把这些因素结合起来使用,大大增加了短线交易的胜率。请注意,交易次数大大减少了,这意味着风险敞口更低了,相反每笔交易的平均利润增加了。虽然净利润减少到"仅仅"76 400美元,但是平均每笔交易的利润增加到444美元;最大回撤为5912美元,几乎和过去保持一样,但盈利交易占比增加到90%。

我们所做的就是过滤掉那些不能同时满足三种过滤条件的交易信号。在短线交易中,使用信号过滤器筛选交易信号,能让你对其他短线交易者保持一两光年的领先优势。额外的优势还在于:使用交易信号过滤器就是对市场提出要求,这就意味着你不会每天都交易,自然会使你的交易次数更少而不是更多。活跃的交易者通常都是亏损的。挑选时机进场投机的交易者更容易成功,因为我们只在胜率对我们有利时才下注,这就是有智慧的投机所追求的。

📈 要点重述

我希望你在本章中可以了解到,有很多方法可以用来解析每日的交易活动,判断市场的多空力量对比,及其对市场波幅的影响程度。

除此之外,我还希望你能够理解我是如何用市场波幅作为交易进场点进行交易的。

| 第 5 章 |

短线交易原理

短期内，理论发挥作用，但长期，还是要面对现实。

尽管本章所涉及的内容自本书成书以来都不曾变过，但它也绝不该被忽略。这一章所揭示的真相会让你在财务和精神层面都保持在巅峰状态。你看，市场交易的方式永远在变，但对正确的交易而言，规则不变。这两者我们都要领悟。

我培训过的交易员成千上万，他们大部分都成功了，有一些极其成功，他们跟我都有一个共同点——我们都遵守这一章所讲说的原理。一旦我们偏离了，或者懈怠了，我们就会亏损。

你已经了解了市场如何从一个点运动到另一个点，以及有效地利用这些波动获利的基本策略，现在让我们先回顾一下所用的原理，然后再回到实际中来。

我们的基本概念或原理是：某些因素导致了市场的爆炸性波动，并且使得市场呈现某种趋势。在大多数市场中，这些趋势会持续 1~5 天。我们的目标是尽可能早地在趋势开始的时候介入。

这就引出了一系列问题："是什么引发了市场的爆炸性波动？它在什么时候最有可能发生？是否存在某些因素，使得我们可以控制爆炸性波动发生的时间和点位？"

坦白地说，这些问题是我大半生一直在解决的。很久以前，我认识到如果不能确定问题，就根本没有办法找到应对之策。现在既然知道了问题所在，那就让我们来寻找一些解决的方法。需要说明的是，我还没有找到这个巨大谜团的所有答案。能给人带来触动的只有亏损，它使你意识到自己并不是那么聪明，还需要更多地学习。我仍然会亏损，而且次数不少，因此我仍然需要更多地学习，永远都需要。

引起这些波动的最主要的"因素"可能是新闻，但是根据新闻进行交易是有问题的。首先，新闻的变化就如同天气一样迅速、不可预测。新闻，或者世界动态和市场的变化，可能是随机的，所以市场在未知的新闻事件间摆动。数学家关于喝醉酒的水手的推论是很形象的，因为新闻使得价格来回震荡。其次，我们可能是信息链上最后一批获得这些消息的人，我们得知的时候已经太晚了。再次，没有什么东西能让我们获知或者观察到未来可能出现的某些特殊的信息。最后，多年的交易经验告诉我，那些接近信息的人通常会在信息公布前就建好自己的仓位。注意：不是同一组人在使用这些信息，他们会随着消息来源的不同而发生变化。银行家可能会获得关于债券市场的内部消息，而不是关于牛的，但是饲养员可能有关于牛的信息却没有关于债券的。能控制所有信息来源的先知先觉者是不存在的。在电影《连锁阴谋》（*Conspiracy Theory*）中，梅尔·吉布森（Mel Gibson）扮演的杰瑞·菲利普斯（Jerry Phillips）所提出的论调在电影中没问题，但没法延展到现实中来。如果你不是"梅"粉，就回想一下马特·达蒙或汤姆·克鲁斯主演的阴谋片吧。

在我写作本书第1版的时候，一些杂志和报纸的文章正在讨论一本记录我早年生平的书，是由哈沃德·布拉姆（Howard Blum）写的《出埃及记的黄金版》（*The Gold of Exodus*）。书中关于我的住处、职业、年龄、座驾的车型等方面的信息都是错的，甚至所引用的我对该书的评价都不正确！简言之，如果我连亲自采访过我的记者所写的文章都不相信，我建议你也不要过于相信那些关于橙汁、燕麦和原油的报道。

像《华尔街日报》这样的权威媒体也不例外。在1998年年初，它把来自美国联邦储备委员会（Federal Reserve System）的内幕消息告诉读者，说联邦公开市场委员会（Feb Open Market Committee）将提高利率。6个星期之后，当联邦公开市场委员会公布其会议纪要时，人们才发现真相：他们以11票对1票的比例反对提高利率。至少有两次，《华尔街日报》的记者被发现在刺探与自己所持股票有关的消息。电视方面也存在类似的问题：CNBC"内幕消息"的主持人丹·朵夫曼，同样因为误导观众的问题而辞去工作。几年前，拉尔夫·奈德（Ralph Nader）的母亲被美国证券交易委员会起诉，因为她在拉尔夫以消费者投诉来攻击大众公司和一家轮胎公司之前，就做空了它们的股票。

如果不能确定信息的真实性，我们还能看什么呢？

技术分析派和许多短线波段投资者会说"价格运动！图表！"关于价格波动的大量可以用来观察和分析的信息，都被包含在图表中。人们分析得最多的三个方面是：①价格形态；②基于价格运动的指标；③价格的趋势或动量。第四个方面，是看起来不那么普遍的，但却是我最倚重的分析工具之一，就是一个市场对另一个市场产生的影响。还记得标准普尔500指数交易系统吗？还记得当我们用债券上涨趋势作为先决条件过滤交易信号后，它的表现变得有多出色吗？这是稍后我将讨论的关于市场关系的例子。

最后，也是第五个方面，在绝大多数情况下从众的结果被证实是错误的，而逆向操作的结果大多都是正确的。从短线交易来看，大量无知的散户是绝对的输家。从来都是这样，也一直会是这样。在过去几年中，我通过从各种途径听说的数字了解到，80%的股票和期货交易者会把他们的钱输光。跟他们对赌必然会给我们带来短期内的爆炸性巨额利润。度量公众反应的方式有很多种，被统称为情绪指标（sentiment indicators）。我对此深信不疑，我还用创世纪金融数据公司的软件开发了自己的情绪指标。我第一次提及这个指标，是在里克·本赛诺2000年出版的《技术分析新思维：来自大师的交易模式》一书中。

我们所做的就是每周统计有多少网站、多少分析师对市场是看多的，或看空的。这已经成为我的分析工具中最有威力的一种。

（那些总是做对的）"聪明"资金由机构投资者（大型生产商以及大宗商品使用者）完美地运作着，美国商品期货交易委员会的交易者委员会COT报告也会跟踪、披露这些资金的动向。从1970年到现在，关于这个话题我发表了很多文章，我的第一本书《跟局内人交易》（2006年）也谈到了这个话题。对短线交易者而言，问题在于COT报告所产生的影响不是局限在特定的一天或两天，它对市场的影响是长期的。

好了，上面这些就是我所找到的能帮你找出短期爆发点的五个要素。我们把这些"工具"或者事件运用在市场结构上，以便能够把握住价格的波动。因为这些工具都能被量化，所以符合逻辑的做法是将这些观察资料和工具转换成数学模型。数学是非常精确的一门艺术（2+2永远等于4），理性的交易员必须为交易找出完美的解决方案，而数学似乎可以提供答案。

任何事情都要符合客观实际，没有百分之百正确的、机械的交易方法。一些基于观察得来的工具和技巧是可行的，但导致我们亏损的原因要么是得出的结论不正确，要么是没有足够的数据得出正确的结论，因此数学和机械交易都不是解决之道。对市场的客观认知来自丰富的经验和正确的逻辑思维能力，以及从手边资料获得的正确结论。

我想告诉你的是，不要形成一种观点，认为投机是一个盲从于市场领导者、交易系统或者绝对方法的游戏。市场唯一能够确定的是，事情在发生变化。在20世纪60年代早期，货币供给量增加被视为牛市的先兆，能够推高股票价格。但是不知道为什么，在20世纪70年代和80年代早期，美联储公布的货币供给量增加，却推动股票价格一路下滑。到20世纪90年代，货币供给量已经无法对市场再产生任何影响。一度被视为神圣的东西，现在变得完全没有意义。

我最频繁参与交易的市场是债券市场，1998年之后，它变得完全不同于以前了。为什么？在这一年10月之前，只有一个时段可以交易，之后有了夜盘交易，最后变成了一个几乎24小时交易的市场，完全改变了交易模式。让研究人员感到更困惑的是，"在过去的日子里"美联储每周四公布的报告，会对星期五的债券价格产生很大影响。其影响力之大，以至于有一部小说专门以此作为华尔街骗局的主题。在我写作本书第1版时，即1998年，美联储不再在周四公布报告，因此周五的交易看起来也有了变化。

作为本书的读者，你不仅要学会我的基本工具，更要学会保持警惕，留意市场的最新动向。我期望你能成为伟大的交易员，足够聪明，应对市场的变化。我们不能把自己封闭在交易方法一成不变的"黑匣子"里。

1960～1983年有一位真正伟大的交易员，就是前职业篮球运动员法兰基·乔。法兰基非常聪明，对于自己的交易方法有深刻的认识。他是一位非常了不起的人物，办事果断，并且善于与人交谈。我们有了长达三年的友谊后，他向我透露了他的交易技巧，就是在股票市场上高价卖出、低价买入。这就是全部的内容，一点也不多，一点也不少。这是那个时代最重要的技巧，为法兰基积累了很多财富。

接下来罗纳德·里根政府在税收和政府预算上的削减计划引发了有史以来最值得预期的牛市。牛市终究会来的，我们一向预测得那么确定。股市在过去18年中涨起来又跌回去，反反复复，但这一次没有，这一点就没人料得到了。甚至有史以来最棒的交易员法兰基也没能预测到。他一直在上涨时卖出，却没有机会低价买回来，因为股市根本就没有下跌。最终，他因为交易亏损、鲜有得手而感到非常沮丧（和其他伟大的交易员一样，他渴望成功），于是选择了自杀。

在这个行业中，一时行得通的理论不会一直行得通，这就是我那么羡慕芭蕾舞蹈演员的原因，他们只用脚尖着地，却能屹立不倒。

5.1 信息时代的谬误

基本原则没有发生变化，这也是将其称为"基本"的原因。"己所不欲，勿施于人"，这是2000多年前的古训，对2000多年之后的人来说也是金玉良言。本书中所列的原则，能够经得起时间考验；40年来我一直在使用这些原则，并利用这些原则赚到了数百万美元。

然而，如果我今天开始昏睡，直到10年以后才醒来，我就不会再使用一模一样的规则了。即使基本原则是永恒的，但原则的使用方法和实施细则却在时刻发生变化。

科技已经成为生活中的主导力量，加快了人们生活的步伐。我们现在能够更快地学习、更顺畅地沟通、更迅捷地发现价格变化。的确，我们可以更快地买进卖出、更快地致富、更快地破产，以难以置信的速度说谎、骗人、偷窃，甚至生病和治愈的时间都比以前更快！

感谢电脑，也感谢 Bill 和 Ralph Cruz 研制出了首个也是最好用的交易软件系统——System Writer，并将其发展为后来的交易站系统，让交易员接触到前所未有的海量信息，大大提高了他们处理信息的能力。感谢 Omega 公司研究的产品，让我们这些凡人能够了解市场的趋势。虽然事隔10年，但还是要感谢 Bill 的远见，让我们能够提出问题，了解市场的真相。

但是你知道吗？信息时代的科技进步，并没有给投机世界带来天翻地覆的变化。交易中的赢家和输家的大致比例还跟以前一样。使用计算机交易的家伙被淘汰的比例也还是一样。赢家和输家的区别很简单：赢家乐于工作，注意到变化，并且采取措施去应对。输家总是不付出努力就想得到全部，他们痴迷于自认为完美的交易系统，并且盲从于某个指标，拒绝变化。输家不肯听从别人或者市场的建议，他们完全相信自己，不肯妥协。

最重要的是，他们不能持续遵守成功的基本原则，那就是：永远不要沉迷于某笔交易之中，要放弃糟糕的交易，保留盈利的交易，管理好自己的金钱和交易。我是怎么做的呢？我会坚持刚才所说的基本规则，并且乐于适应变化。当我能够保持弹性时，我就不会被压得变形。

5.2　E. H. Harriman 的百万点金术

由"Harriman 老人"在 20 世纪创建的 Harriman 家族财团，一直繁荣至今。Harriman 由杂役做起，最终成为银行以及经纪业的超级人物。1905 年，他在 Union Pacific 的一笔交易中赚到了 1500 万美元。这个超级投机者只关注铁路股，那是当时最热门的股票。

1912 年，一位记者问 Harriman 在股票市场上成功的秘诀和技巧，他回答说："在股票市场上赚钱的秘诀就是：及时止损。股票下跌超过 0.75 点时，一定要抛出股票。但是如果股票价格朝着盈利的方向波动，那就别去管它。向上调整止损点，这样价格有波动的空间，可以涨得更高。"

在经纪公司里，Harriman 从交易账户上学到了这个重要的规则。他发现在成千上万笔交易里，亏损 5～10 个点的交易的数量远远超过盈利 5～10 个点的交易。

他说："比例高达 50 比 1！"我一直很奇怪，为什么这些生意人在经营自己的商店和营业部时，都有严格的内控和会计程序，但是对交易完全失去了控制。我找不出任何一位比 Harriman 更有权威的人物，也想不到任何一个交易规则，比这位老人在 1912 年给我们的规则更能经得起时间的考验。

控制亏损还是成功交易者与失败交易者的分水岭。把它想象成一场俄罗斯轮盘赌：只需要一次背运，就能致命。在交易中，只需要一笔不利的交易，就能把你的银行账户清空。就一笔。

要点重述

交易的原理，在 100 年前和现在是一样的。我曾说过，基本原理永远不会变，以前不会，以后也不会。这就是你要学会面对的现实。

| 第 6 章 |

接近真相

市场并不是随机的,证明这一点并找出开启市场的第一把钥匙。

所有游戏的输家通常都会抱怨有人作弊，或是根本没人赢过，这样他们的失败就有了借口。然而，多年来许多人都曾战胜过市场。我读过学院派关于慨叹价格无法被预测的著作，比如保罗·库特纳在经典著作《股票价格的随机特征》中阐述的观点就是：历史价格波动与第二天或者一周后的价格走势无关。这是真的，保罗与许多显然没做过交易的人都这样认为，因为市场是有效的。该知道的大家都已知道，并且反映在了当期价格中，因此只有市场上出现了新的信息（消息）才会引起价格变化。

把这种理论讲给传奇人物史蒂夫·科恩（Steve Cohen）听吧。世界上没有谁能像他那样独霸市场，从25年前到现在，在他拿走交易收益的50%作为管理费以后，仍保持每年30%的利润，前无古人。我希望你能像史蒂夫一样创造财富，因而我在这一章中对那些需要增补的地方，对新的研究所带来的更多关于市场的深刻见解，做了一些修订。

库特纳等人的理念是：每日的收益是相互独立的，因而价格受随机变量影响。也就是说，价格是随机变动的，无法预测。信奉随机漫步就等于承认有效市场，所有信息都是已知的。这一概念显然是难以被接受的，我想，大家花自己的辛苦钱买了这本书，就是希望我传授一些别的交易者不知道的秘诀。

太对了！库特纳及其拥趸采用单一维度方法检验未来价格波动的独立性。我猜他们可能用某种移动平均值检验未来的价格波动，因而尽管他们在努力寻找正确的方向，但他们所用的工具是错误的。

如果价格波动是相互独立的，从长期来看，有50%的交易日收盘价应该较高,而另外 50% 的交易日则较低。价格变动按理应像掷硬币一样——硬币是没有记忆的。每次投掷都不受前一次的影响。如果我周二掷了一枚硬币,正反两面出现的概率应该是 50 对 50,且在一周中的任何一天投掷的结果都应该一样。

6.1 市场不是掷硬币游戏:随机漫步与科恩之争,或库特纳与科恩之争(科恩获胜)

如果库特纳的随机漫步理论是正确的,市场波动是随机的,那么对每日价格波动的检验应该很容易办到。我们可以从非常简单的问题开始:"如果市场波动是随机的,那么无论是周几,交易价格的波动幅度即最高价减最低价难道不应该保持一致吗?"

还有就是:"如果所有价格波动都是随机的,你难道不会认为无论价格是上涨还是下跌,一周中各交易日的价格波幅都应该是相等的吗?"

最后一个问题是:"如果价格波动是随机的,是不是一周中的各个交易日的价格都不应该也不会出现明显的上涨或下跌趋势呢?"如果市场没有记忆,大家在哪天掷硬币或参与交易都应该无所谓,然而事实却说明在哪天掷硬币不但有关系,而且关系重大。

我并不轻信理论家的论调,而是在市场交易中寻找答案。我问了其他人上述问题以及其他诸多问题,以检验每日价格是否独立,或者说,某种形态或某种历史价格波动是否一贯影响第二天的价格,希望推翻著名的随机漫步观点。答案很明确:市场变化无法证明库特纳的论点。表 6-1 和表 6-2 证明了这一点。我选取了两个最大的也是最有效的市场作为样本:包含 500 只成分股的标准普尔 500 指数和美国国债市场。

表 6-1 标准普尔 500 指数(1982~1998 年)

	最高价减最低价	收盘价减开盘价
周一	4.22	0.631
周二	4.30	0.130
周三	4.29	0.221
周四	4.19	−0.044
周五	4.45	−0.116 4

表 6-2 美国长期债券（1988～1998 年）

	最高价减最低价	收盘价减开盘价
周一	0.708	−0.001
周二	0.781	0.064
周三	0.767	0.010
周四	0.823	−0.017
周五	1.05	0.022

库特纳提出的市场就是在掷硬币的论点越来越盛行，但基于1998年的研究成果，我发表评论说明库特纳得出的观点有多激进。我的观点一如以前我在评论中所写的以及我的研究结果所展示的，而且请注意，1998年以来我一直在定期进行同样的实验。事实胜于雄辩，比我说什么或补充什么观点都强得多。我的结论维持不变：尽管充斥着各种随机性，但市场上存在着可以发现的秩序和乖离，我们可以将其用于交易。

让我们来看看经过时间验证后的真相到底是什么。

我的第一个问题是：一周内各个交易日的价格波动幅度是否相同？第二个问题是：一个交易日的开盘价与收盘价之差与该交易日是周几有关吗？最后一个问题是：我要看一下每天价格净波动幅度。依据库特纳的观点，所有这些问题的答案都是一样的，即不会有偏差或偏差很小。

对于标准普尔500指数，所有周二和周五的价格波动均大于一周的其他几天；对于国债市场，每个周四和周五的价格波动最大。不是每天的波动都应该一样吗？

你该打赌，最好赌点儿什么，因为从表中可以看到两个市场收盘价与开盘价之差的变化也非常大。标准普尔500指数周一的价格波动最大，平均值达到0.631，周四的价格波动最小，平均值仅有−0.044。

在国债市场上，日价格波幅的差异更大，周二最高为0.064，而周一最小，只有−0.001！

最后看一下两个表格的最后一列，周五的标准普尔500指数变动为负，而债券市场周一与周四的价格变动为负。库特纳一定会说这不可能，在一个有效市场上，没有任何一天会呈现价格上涨或是下跌的趋势。然而市场表现截然相反，在一周内的确有某些天比其他几天更适合买进或卖出。

说到底，库特纳及其拥趸显然没有检验过价格变化对一周各个交易日的依赖性。我做了一项研究，让计算机在每天开盘时买进，在收盘时卖出。我在每个谷物市场中都进行了这个回测。虽然这本身不是一个交易系统，然而数据给这本书的读者创造了一个机会，让他们比那些将本书束之高阁的人受益更大。数据结果说明：

在所有谷物市场中，周三出现显著上涨形态的机会比一周内的其他几天要多。

这个结果支持了我的论点，甚至远远超出了我的预期。从1998年以来，大豆市场一直是在周三暴涨，你从表6-3里也能看到。

表6-3　大豆在每周的不同交易日的回测

	交易	利润	每笔平均获利
周一	522	24 238	46
周二	506	39 138	77
周三	558	65 075	117
周四	551	7 925	14
周五	512	30 875	60

在小麦市场中进行同样的试验（见表6-4），结果也不错，而且对短线交易者而言，周三依旧是值得期待的大概率上涨日。

表6-4　小麦在每周的不同交易日的回测

	交易	利润	每笔平均获利
周一	473	16 225	34
周二	449	19 375	43
周三	465	41 800	90
周四	465	20 675	44
周五	447	23 875	52

假设数据如此，那么创建一套大豆交易系统就不难了。如果价格呈上升趋势（周二收盘价大于30天前的收盘价），则我们在周三开盘买入。离场点设置在第一个可以获利的开盘价上，同时设置一个1600美元的固定金额止损，可以从图6-1中看到这个策略的回测结果。

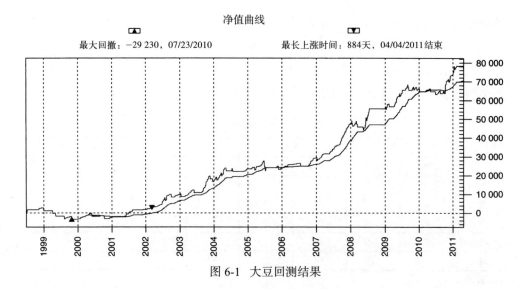

图 6-1 大豆回测结果

接下来，检查一下，看看随机漫步理论到底怎么了？当然，看上去这个理论在每周三的谷物市场中并不奏效。很明显，这正是我们在这场游戏中的优势。当然，这个优势很微弱，可是赌场在其经营的所有随机概率的赌局中，就靠这1.5%～4%的优势赚钱。也就是这微小的百分比，只要赌的次数足够多，就能为赌场赚出兴建酒店、提供自助餐的银子。

虽然各类谷物，尤其是大豆提供了一些短线获利机会（本书第1版写于世纪之交），但还有更多的短线爆发的市场可以关注，比如标准普尔、国债、英镑及黄金。其中前两个最适合我们这些短线和日内交易者。

表6-5展示的是每周各交易日对这些市场价格变化的影响。同样，传统学派还会辩称，即使在价格随机波动的假设下，也会出现一些统计偏差，但非常少。就我们所了解的情况来看，每周最佳交易日的确使未来价格波动发生了乖离，一个使我们能够从中交易获利的价格乖离。

我钟爱的短线交易策略之一就是每周最佳交易日。我会关注开盘价到收盘价之间的价格变动，而不仅是收盘价之间的价格波动。原因很清楚：短线交易者（至少对日间交易者而言）一天的交易总是始于开盘，终于收盘。

表6-6显示的就是在每周最佳交易日进行开盘买入、收盘卖出的回测结果，选取了国债和标准普尔500指数作为交易标的。随机漫步理论家现在可谓在苟

延残喘了。英镑期货每周三有55%的概率收盘价会高于开盘价，每笔交易可"获利"18美元，这让我们对随机漫步那套说法嗤之以鼻。"获利"之所以带引号是因为扣除交易佣金及交易滑点后利润所剩无几，然而这一形态说明了市场乖离的存在，使我们得以开发出可交易的策略。

表 6-5 每日价格变动

	黄金		英镑		债券		标准普尔 500 指数	
	（%）	（美元）	（%）	（美元）	（%）	（美元）	（%）	（美元）
周一	50	7	53	13	54	59	52	91
周二	48	−2	54	15	49	−18	52	59
周三	49	−3	49	0	54	16	52	−27
周四	51	0	49	−21	53	30	50	−10
周五	49	−13	54	0	50	−35	57	134

表 6-6 日开盘收盘价格变化

	黄金		英镑		债券		标准普尔 500 指数	
	（%）	（美元）	（%）	（美元）	（%）	（美元）	（%）	（美元）
周一	53	8	54	10	55	53	50	45
周二	52	−3	58	−12	47	−35	55	56
周三	53	4	55	18	52	4	51	−27
周四	52	1	55	11	50	8	50	−37
周五	53	−9	56	13	51	−14	57	109

在所有周二的交易中，有 52% 的机会黄金期货的收盘价都高于开盘价，每笔交易平均亏损为 3 美元，同样国债期货在每周二的表现也没太大起色，只有 47% 的时候期货收盘价高于开盘价，每笔交易平均亏损为 35 美元。对这个概率乖离表现得最淋漓尽致的是标准普尔 500 指数（见图 6-2）。我就是在这里发现乖离现象的，并且从 1984 年开始交易这个品种。每周五有 57% 的概率，它的收盘价会高于开盘价，平均每笔交易获利达到 109 美元！债券交易者要注意的是，在所有的周一行情中，收盘价高于开盘价的概率是 55%，平均获利 53 美元。

根据回溯到 1998 年的数据回测，周五是买入黄金的每周最佳交易日。我们用谷物期货中使用的策略，按同样的离场点与止损点设置对黄金期货进行一个快速的交易回测，结果再次表明周五明显偏于上涨，乖离非常强烈，正如你在

图 6-3 中所看到的那样。

数据:		标准普尔500指数	IND-9967	01/80			
计算时间:		07/02/82~08/25/98					
代码	转换系数	点值	佣金	滑点	保证金	格式	驱动器\路径\文件名
149	2	2.500美元	0美元	0美元	3 000美元	CT/PCC:\GD\BACK67MS\F59.DAT	
//////////////////////////////所有交易-测试1\\\\\\\\\\\\\\\\\\\\\\\\\\\\\\							
总净利润		76 400.00美元					
毛利润		104 787.50美元		总亏损		-28 387.50美元	
总交易次数		172		胜率		90%	
盈利交易次数		156		亏损交易次数		16	
最大单笔盈利		10 675.00美元		最大单笔亏损		-2 075.00美元	
平均盈利		671.71美元		平均亏损		-1 774.22美元	
平均盈利/平均亏损		0.37		平均交易盈亏		444.19美元	
最多连续盈利次数		34		最多连续亏损次数		2	
获利交易平均持仓天数		1		亏损交易平均持仓天数		4	
最大平仓亏损		-5 912.50美元		最大单日亏损		-5 912.50美元	
利润系数		3.69		最大合约持有数		1	
账户额度下限		8 912.50美元		账户收益率		857%	

图 6-2 基于价格乖离基础上的交易

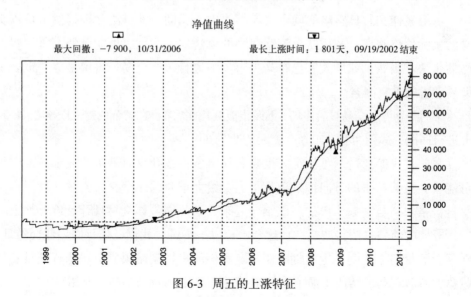

图 6-3 周五的上涨特征

我确定这方面还有更多回测可以做，并能创建出一套成功的下半周黄金交易策略。

如果你想知道每日收盘价之间的关系，结果也是相近的，价格乖离与博弈优势也很明显，大家可以自己研究。

表 6-7 展示了开盘买进、3 日后卖出策略的交易结果。剩余的随机漫步追随者一定会告诉你 3 个交易日范围内是找不出每周最佳交易日价格造成的结果差异的。有效市场会消除任何差异。然而当我们基于开盘价到收盘价间的价格波动回顾每一周中表现最好的几天时，我们可以发现巨大的价格乖离，而且也会因为认识到市场并不完全随机而尝到甜头。唯一随机的市场是黄金期货市场，我研究的其他市场全部打破了随机漫步理论。国债与标准普尔 500 指数一马当先，展现了巨大的交易收益。

表 6-7 一周中持有三天表现最好的交易日

期货	日期	上涨比率（%）	平均利润（美元）
黄金	周四	50	0
英镑	周五	54	36
美国国债	周二	52	86
标准普尔 500 指数	周一	57	212

每周最佳交易日策略的确令交易结果大不相同，而且给我们提供了可以交易的实际价格乖离。利用这个策略获利的方法很多，大家可能已经有了一些自己的想法。当然，如果大家想在某一市场中进行短线交易，这也是你一定要了解并考虑的乖离因素。

采用开仓三个交易日后出场（不设止损点）的策略，在黄金期货（1999~2011 年）上进行回测，净值可达 119 650 美元（见图 6-4）。

之前，我提到过开盘价至关重要。如果价格在开盘时就扩张或乖离，它很可能就会沿着扩张的方向继续运行下去。给大家介绍一个交易方法：我们将交易日价格乖离与一条简单的规则结合起来，在每周最佳交易日开盘价上加上一定百分比的前一日价格波幅，在这个价位以上买进。我们盯住每周最佳交易日，在开盘后价格上涨到一定比例后买进。我们的离场策略很简单：持有交易直到收盘，然后获利了结或止损了结。（还有更好的退出技巧，稍后介绍。）

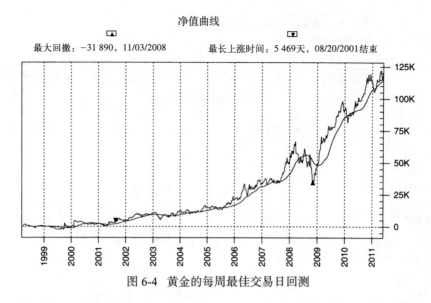

图 6-4 黄金的每周最佳交易日回测

周一在开盘价加上周五价格波动的 0.05% 的价格上买进标准普尔 500 指数,对于一周才一天的交易来说,这样的获利是相当令人激动的(见图 6-5)! 采用这种交易方式,总共交易 758 笔,其中获利交易 435 笔,净利润达 95 150 美元,每笔交易平均利润为 126 美元,胜率达到 57%。在周二开盘时,以开盘价加周一价格振幅的 70% 买进债券,则可获利 28 812 美元,胜率达到 53%,每笔交易平均利润为 86 美元,获利虽然不多,但如果采用更好的离场策略,这一数字则会大有改观(见图 6-6)。这些交易数据说明通过每周最佳交易日这样一个简单的信号过滤器,我们做到了教授都认为不可能的事情——击败市场。

再重复一次,股票市场价格被证实在周一倾向于上涨,国债期货在周二倾向于上涨,而几乎所有谷物期货则是在周三倾向于上涨。为了证实这一观点,我们回测了 1968 年以来的谷物期货价格(30 年的数据)、1977 年以来的债券期货价格(21 年的数据)以及股指期货自 1982 年开始挂牌交易以来的所有数据(17 年的数据)。简言之,为了获得可信赖的结论,我们掷了足够多次的骰子,观察了足够长时间的数据来确定乖离确实存在,价格绝不是由醉醺醺的水手在《华尔街日报》的每一页上随机醉步走出来的。

经过这项研究,我们比其他的交易者在博弈中领先一步,棋高一着,对交易机会的把握洞若观火。交易者获利的关键并不是交易得有多频繁,毕竟任何

数据：	标准普尔500指数 IND-9967 01/80							
计算时间：	07/02/82～08/26/98							
代码	转换系数	点值	佣金	滑点	保证金	格式	驱动器:\路径\文件名	
149	2	2.500美元	0美元	0美元	3 000美元	CT/PC	C:\GD\BACK67MS\F59.DAT	

////////////////////////////////所有交易-测试6\\\\\\\\\\\\\\\\\\\\\\\\\\\\\\\\

总净利润	95 150.0美元		
毛利润	286 037.50美元	总亏损	-190 887.50美元
总交易次数	758	胜率	57%
盈利交易次数	435	亏损交易次数	323
最大单笔盈利	6 950.00美元	最大单笔亏损	-3 000.00美元
平均盈利	657.56美元	平均亏损	-590.98美元
平均盈利/平均亏损	1.11	平均交易盈亏	125.53美元
最多连续盈利次数	11	最多连续亏损次数	7
获利交易平均持仓天数	0	亏损交易平均持仓天数	0
最大平仓亏损	-16 337.50美元	最大单日亏损	-16 337.50美元
利润系数	1.49	最大合约持有数	1
账户额度下限	19 337.50美元	账户收益率	492%

图6-5 周一开盘买入

数据：	长期国债 67/99							
计算时间：	12/02/77～08/26/98							
代码	转换系数	点值	佣金	滑点	保证金	格式	驱动器:\路径\文件名	
144	-3	31.250美元	0美元	0美元	3 000美元	CSI	C:\GD\BACK67\F061.DAT	

////////////////////////////////所有交易-测试8\\\\\\\\\\\\\\\\\\\\\\\\\\\\\\\\

总净利润	28 812.50美元		
毛利润	66 781.25美元	总亏损	-37 968.75美元
总交易次数	334	胜率	53%
盈利交易次数	180	亏损交易次数	154
最大单笔盈利	1 625.00美元	最大单笔亏损	-1 750.00美元
平均盈利	371.01美元	平均亏损	-246.55美元
平均盈利/平均亏损	1.50	平均交易盈亏	86.26美元
最多连续盈利次数	10	最多连续亏损次数	6
获利交易平均持仓天数	0	亏损交易平均持仓天数	0
最大平仓亏损	-3 718.75美元	最大单日亏损	-3 718.75美元
利润系数	1.75	最大合约持有数	1
账户额度下限	6 718.75美元	账户收益率	428%

图6-6 采用更好的离场策略

一个人都可以每天做交易。像我一样的老手都知道，赢钱是看你能多久不交易，对交易条件有多挑剔，只有这样才能将交易变成一项成功的事业。

机敏的交易者可能已经在思考我即将回答的问题："如果每周的交易日有乖离，那每月的交易日会不会也这样呢？"

回答是肯定的，证据马上就能看到。下面的回测结果是这样得出的：选取标准普尔500指数期货和美国国债期货作为样本，在显示的每月最佳交易日交易，开盘时买进，进场后第三个交易日以收盘价平仓，标准普尔500指数期货的止损设为2500美元，国债期货的止损设为1500美元。

进场日并不是日历日，而是每月最佳交易日（TDM）。一个月有22个交易日，但是由于假日、周末等缘故，我们通常没有22个交易日。我们进场的规则是在图示的每月最佳交易日开盘时建仓。这就意味着大家要数清楚本月到现在已经交易了多少个交易日，以准备交易。

每月最佳交易日这一概念类似周期性影响。大多数研究市场行为的作家或学生将注意力放在日历日上，然而这种做法有一个内在问题：如果计算机计算的最佳买入日是15日，而这个月15日是周六，并且前一天又是假日，那我们什么时候进场呢？周三、周四还是下周一？每月最佳交易日消除了这一问题，使得我们能将注意力放在特定的可交易的日子上。

我并不像每周最佳交易日那样完全依靠每月最佳交易日进行交易。每月最佳交易日只是我的一个信号，是确定我何时采取什么样的交易的一个领先指标。我并不一定在特定的每月最佳交易日进行交易，我对具体的交易保留我的判断，直到这一现象反复发生。我要看看其他方面的情况，因为这是一场现实中的思考者的游戏，并非机器人虚拟现实体验。我的研究表明，所有的市场都有一个每月最佳交易日的信号周期，在这段时期内，价格上扬或是下跌的概率对我们确实有利。如果大家做交易的市场不同于本书中研究的市场，就需要找台计算机或找个程序员来提供一些你所交易的标的的回测数据。

的确，在一年中的每周、每月都有播种与收获的时机。有些时机会比其他时候好，但只有毫无经验的交易者才会盲目地利用这些机会交易。我的策略是找到规律，比如每周最佳交易日或每月最佳交易日，将其与其他发现结合起来，想尽办法使出手时有足够多的胜算。要是你和我打牌赌钱，相信我会带上一副做过记号的纸牌,也就是那些我想下注的牌,让我赢钱的概率尽可能大些。如果天平不是很明显地偏向我,我为什么要交易呢?每年都有很多可以"作弊"的交易机会,我会等到时机成熟。

就说到这儿吧。表6-8与表6-9分别展示了交易标准普尔500指数与国债的每月最佳交易日。

表6-8　1982~1998年标准普尔500指数每月最佳交易日

每月最佳交易日	利润(美元)	交易次数	胜率(%)	平均利润	回撤
6	48 787	166/97	58	293	13 025
7	54 212	168/212	60	322	6 100
8	51 312	175/102	68	293	10 675
19	64 162	145/84	57	442	8 187
20	55 600	110/60	54	505	11 825
21	70 875	75/48	64	945	7 750
22	42 375	61/40	65	694	10 075

表6-9　1977~1998年国债每月最佳交易日

每月最佳交易日	利润(美元)	交易次数	胜率(%)	平均利润	回撤
8	38 375	230/128	55	166	7 125
18	46 562	231/132	57	201	12 656
19	43 593	195/116	59	223	12 343
20	30 131	148/84	56	292	7 093
21	31 562	106/59	55	297	7 406
22	21 687	76/49	64	285	7 250

这些结果实在让人惊异。通过一些非常简单的方法,一个月内只要有6天交易国债便可获得211 910美元的利润,一个月只要交易7天标准普尔500指数便可获得387 320美元的利润。标准普尔指数的回测结果反映了在建仓日无须止损,随后止损金额应设为2000美元,而国债则需要在建仓日当天设1500美元的止损金额。

大家或许不想盲目地采用这些交易日期,但我们一定要关注并了解这些关键的交易周期,因为我们可以在博弈中保有概率优势,我们知道价格最有可能在什么时候开始大幅上扬。

6.2 关于黄金每月最佳交易日 TDOM 的研究

图 6-7 ~ 图 6-12 对该研究内容进行了更新。图 6-7 显示的交易结果是在月内每个交易日以开盘价买入,以当日收盘价卖出了结的交易结果。图 6-8 显示的结果是在这些交易日以开盘价买入后,以第一个获利开盘价了结或在止损点卖出离场的交易结果,就像我在本章中展示过的一样。

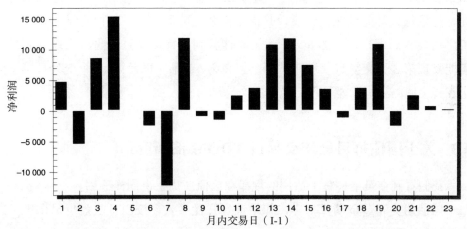

图 6-7 在月内交易日开盘时买入,当天退出(1998 ~ 2011 年)

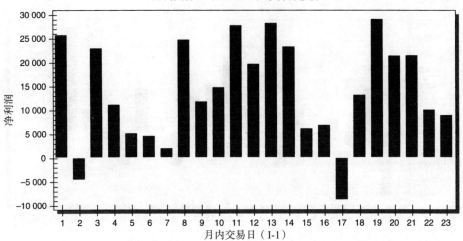

图 6-8 开盘时买入 TDOM,在第一个获利开盘价卖出或者止损卖出(1998 ~ 2011 年)

在黄金期货交易上采用开盘价买入并在当日收盘价卖出了结的方式,从月内第 11 个交易日到第 16 个交易日盈利最多。似乎月中前后,黄金市场会有一段绝佳的上涨时机。第 3 和第 4 个交易日也是做多获利较多的日子,然而,值得注意的是,第 7 个交易日是最差的买入时机。当然,这就意味着这一天是寻找做空信号的日子。

从图 6-8 中,我们很难看出持仓时间长短对于黄金交易的结果造成的差异,因为自 1998 年以来,黄金价格一直处在强劲的上涨势头中,几乎每天都可获利,好像每天都能赚钱!这仅仅是由于强劲趋势的存在。然而对结果进一步分析之后,我们发现,如图 6-7 所示,最佳获利点持续在月中附近出现。同时我们能发现第 3 个交易日获利非常多,但在第 6、第 7 以及第 17 个交易日等,无论在哪个回测里都没能呈现出绝佳的交易机会。

6.3　关于国债每月最佳交易日 TDOM 的研究

我们看到在黄金期货上适用的规律在国债期货上也同样适用。

国债期货和黄金期货一样,如果选择开盘买入,按当日收盘价退出也可以成功获利。我在图 6-9 中展示了这一特征。习惯上,国债期货会在月尾前后出现上涨,月内的第 20 个交易日作为国债多头最佳获利日脱颖而出。

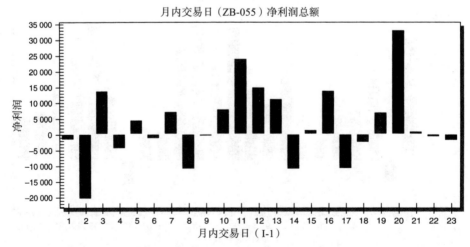

图 6-9　国债 TDOM(1998 ~ 2011 年)

说到买入国债期货并持有到第一个可获利的开盘价，就不得不说1998年以来最重要的投机潮流——月中买盘。交易者应该尽量把握住这一价格乖离的时机（见图6-10）。

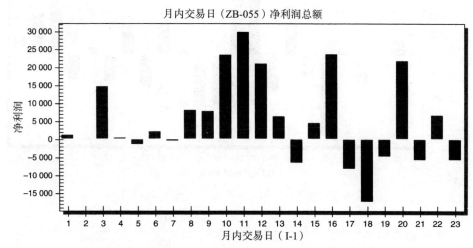

图6-10　TDOM 说明了国债的月中买盘（1998~2011年）

图6-11显示标准普尔500指数期货在月末出现了非常明显的价格上涨倾向。请注意，这是唯一一个连续3天获利的例子。考虑到我们所遵守的严格的交易条件，即买入卖出必须在同一天，因此，这个乖离的意义对交易者而言就非常重大了。

谈到标准普尔500指数期货进场后持仓数天的情况，图6-11描绘得很清晰。从第5个交易日开始一直到第7个交易日，市场预期都是疲软的。这种表现在第12和13个交易日又出现了一次。月末交易日的走势强劲并且延续到下月初，这从每个月初的4个连续获利交易日可以看出来（见图6-12）。

你要是选择继续研究的话，也应该详细研究一下年内各交易月的情况，如果我没有告诉你这点，那绝对是我的失职。就像我们此前看到的那样，每个交易日都不相同，其实交易月也不相同。有些月份比其他月份更倾向于上涨。既然如此，我们为什么不以各个月份为基础，逐月做每月最佳交易日的回测来优化回测结果呢？

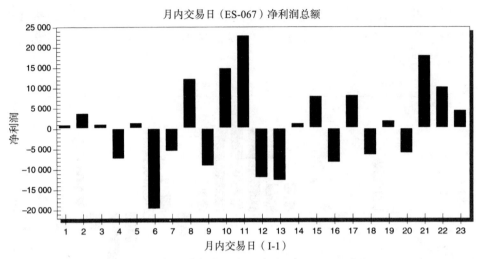

图 6-11 标准普尔的月末上涨（1998 ~ 2011 年）

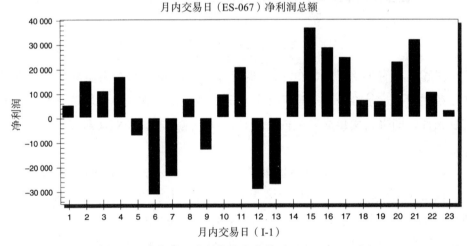

图 6-12 每年第一个月的多空力量（1998 ~ 2011 年）

6.4 月度路线图

为了让你更清晰地分辨出一年中每个交易月价格的大致变化，图 6-13 展示了月内每个交易日价格变化的日线图。同样地，这些都只是过去价格变动的大致情况。一如路线图一样，价格走势可能在今年或这个月遵循相同形态，也可能不同，尽管通常会遵循相同的形态。图 6-13 绘制的是 1998 年的美国国债市场情况；棒线下方还有一条线，该线表示每个月内交易日的价格变化。别指望价格会严格按照这一指标变化，但大体上趋势还是一致的。这一指标是根据过去直到 1998 年的数据建立的。图中，我们可以看到 1 月的峰值出现在了我们预测的时间段里，随后 5 月的低值、6 月的上扬趋势及 7 月末的回落等都在我们预测的范围内。

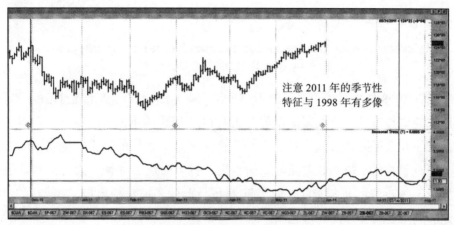

图 6-13　美国国债（日线）

这是侥幸吗？也许吧。所以让我们看一下另一个品种的每月最佳交易日路线图，这次我们选的是标准普尔 500 指数期货截至 1996 年以前的数据，然后让我们再来看看 1998 年的价格是如何波动的（见图 6-14）。尽管这不是一个完美的呈现，但其相似性非常明显，而且一些"可以作弊"的交易时间周期一如它们在过去被预期的那样，的确出现在了未来的市场中。

一个最好的例子是 1998 年 7 月开始的股市大规模崩盘，这是事先预测到的，与每月最佳交易日路线图完全吻合。1998 年 6 月，我预测到了接下来的股市下跌，指示我的拥趸悉数离场，这个指标就是工具之一。

我不认为历史可以使我们精确地预测到未来。我的观点是，历史是未来最可能出现的情况的一个参考，因此历史是一个大致的指引，一个我们应该认真考虑的发展趋势的轮廓。现在是时候想想我们今天、这个月、今年应该干什么了。

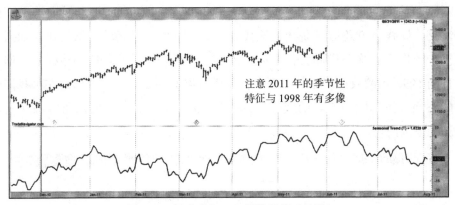

图 6-14　标准普尔 500 指数期货（日线）

我以 1998 年自己的交易经历为例来结束本章的内容。基于我自己的国债交易系统的交易信号，我在国债期货上如图 6-15 箭头所示的价位建立了一点点空仓，有 300 多手国债空头合约。这个价格并不是个很好的空头进场点，价格上涨，造成了将近 250 000 美元的账面亏损。我当时忧心忡忡，因为价格马上就要触及系统设置的止损点了，这意味着我马上就要被止损出局，我在 $122\,{}^{22}/_{32}$ 美元的点位要品尝亏损的苦涩了。

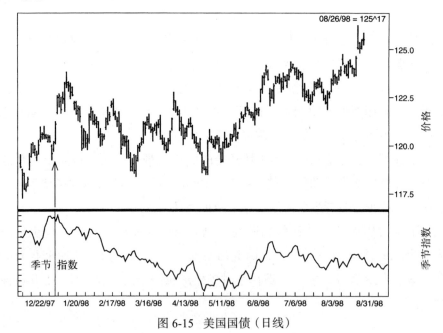

图 6-15　美国国债（日线）

如果我不了解市场路线或形态的话，我可能早就会中途止损了。但是，正因为我知道下跌形态通常从交易月的第 12 个交易日开始，所以我不仅选择将止损点提高到 $122^{28}/_{32}$ 美元，而且在 2 月 19 日继续做空，寄希望于我所了解的每月最佳交易日策略能如此前一样发挥作用。很幸运，市场真的知道"该怎么做"，此后，它一路下跌，一直到 2 月 24 日，当时我的系统已经在提示买进了。两笔交易中最开始的那一笔还是亏了钱，但比起我认识到市场价格乖离前可能造成的亏损还是少多了。

不可否认，市场可能上扬，出错的可能性从没消失过，因此我一直坚持用止损。我利用所了解的信息对止损点做了少许调整。这是一门智者的生意，过去是，将来也是，这就是我喜欢传授成功交易要素的原因。我实践过的非常成功的重要理念之一就是每月最佳交易日和每周最佳交易日概念。我不是很清楚是谁最先提出的这一概念——是谢尔顿·耐特（Sheldon Knight）还是我自己，谢尔顿是商品期货领域最优秀的研究者之一，也是一位超级和善的伙计。但我知道我非常倚重这一技巧。

我在交易圈中的一些朋友仍然不认可每周最佳交易日概念，他们坚持认为一周中的每一个交易日都是一样的，没有区别。我不同意，事实上，这一概念是我用来确定明天如何交易的首选工具。本章中的数据也说明了一周中某些特定交易日的价格波动存在明显的概率优势。作为一个交易者，我的工作就是尽可能地利用这个交易机会。

📈 要点重述

你应该能从本章领会到：每月最佳交易日会呈现出可靠的形态，让交易者能够加以利用。并非每个交易日都是一样的，商品期货的机构用户和生产商有他们自己的交易时间周期，每个月他们最可能在什么时候买入或卖出是不变的。

| 第 7 章 |

获利形态

  正如本章题目所写的,我能证明市场波动的疯狂是有办法对付的。

图表分析师都相信，他们根据图表上的一定形态（趋势）或结构可以预测市场行为。在大多数情况下，这些人研究的是长期市场运动的形态。对这一现象有兴趣的读者可以先阅读爱德华兹（Edwards）与迈吉（Magee）的经典著作《股市趋势技术分析》。㊀

　　20 世纪 30 年代，理查德·莱考夫（Richard Wyckoff）、欧文·泰勒（Owen Taylor）、加特利（Gartley）与我最喜欢的乔治·西曼（George Seaman），花费大量时间，研究长期形态，旨在建立起一种系统的交易方法。20 世纪 50 年代，理查德·邓尼根（Richard Dunnigan）将注意力放在 10～15 天的价格形态上，相对于前辈，他的步伐迈得非常大，其他人还只是关注 30～60 天的价格形态。

　　前面提到过，这些相同的价格形态在任何活动的走势图中都能够找到。把掷硬币的结果画成图表，其图形与猪腩或玉米期货的图形是一样的。这足以使大多数分析师不愿意分析价格结构。通常情况下，价格形态并不能预测或告诉大家未来的走势。这可能是因为图表或图形没有预测能力，也可能是因为研究的时间周期有误。为《福布斯》撰写文章的 W. L. 林登（W. L. Linden）发现，从 20 世纪 70 年代起，对于重要的经济转折点，主流经济学家的预测一直都不准确。令人发寒的是，这其中包括汤森（Townsend）–格林斯潘（Greenspan）的预测，而后者便是后来成为美联储（世界上权力最大的私人组织）主席的艾伦·格林斯潘（Alan Greenspan）。

　　文章中唯一一线希望之光是说这些预测在很短的时间周期内是正确的。这

㊀ 本书中文版已由机械工业出版社出版。

也有道理，预测你生命中的未来 5 分钟比预测未来 5 年容易得多。因为随着时间的推移，出现的变数更多、变化更大。因此，在未知的黑暗中，预测迷失了方向。未来的黑洞改变了一度为人所知或被认为是正确的东西。

我想这就是我能赚钱（多年来一直赚钱）的原因，即不理会价格形态。我所使用的形态只包含 1～5 天非常短的市场波动。也许有一些非常好的结构，有一些掌握主要市场高点、低点的经典价格形态。可能有，只是我从来没有发现过。不过在这场博弈中，的确有很多短期市场形态，会给大家提供很多（有时甚至是巨大的）获利机会。

7.1 共同因素

首先，我需要证明形态是有效的，至少可以让大家获利。随后，我将告诉大家为什么我认为这些形态有效，这些形态是如何应对市场疯狂的，以及我使用这些形态获利的前提。

我们先从简单的形态开始，以参与的交易者最多的标准普尔 500 指数为例。我们知道，很多人认为任意一天市场收高与收低的概率应该各为 50%，第二天或其他任意一天市场如何波动就像掷硬币一样难以推测（假设我们不考虑每周最佳交易日）。

形态可以完全颠覆上述说法。

我们先建立一个基本参数。如果我们每天都买入标准普尔 500 指数，然后在第二天收盘时平仓，止损金额设为 3250 美元，情况会是什么样呢？从 1982 年 7 月至 1998 年 2 月，总共交易了 2064 笔，胜率为 52%，每笔平均利润为 134 美元。从 1998 年以来，一共交易了 1739 笔，其中有 52% 的交易是盈利的，赚了 151 000 美元，平均每笔交易盈利 87 美元。

在表 7-1 中，你可以看到这个系统在 1984～1998 年的回测结果，这也是本书第 1 版中的回测时间范围。你可能会注意到，过去周一和周三是最佳买入日，而现在交易者关注的每周最佳交易日只剩下周一了。

这个形态未来还能持续下去吗？

现在，我们增加第一个形态，如果我们只在今天收低的情况下才于第二天买进，会怎样呢？在这种情况下，共有1334笔交易，胜率仍然为52%，然而每笔交易的平均利润飙升至212美元。把这个回测延续到现在，新增的1218笔交易的胜率为55%，单笔交易平均利润为79美元。

表 7-1 交易日报告（1984～1998年）

交易日	交易次数	胜率(%)	平均盈利(美元)	平均亏损(美元)	平均盈利/平均亏损	平均交易盈亏(美元)	最大亏损(美元)	净利润(美元)
周一	385	60.00	723	−650	1.11	174	−3 450	66 813
周二	413	47.70	684	−680	1.01	−29	−4 300	−12 063
周三	413	52.30	696	−682	1.02	39	−10 000	16 088
周四	404	50.99	615	−767	0.8	−62	−4 675	−19 213
周五	408	49.02	696	−761	0.91	−47	−3 650	−19 213

最后，如果采用的价格形态是连续3日价格收低，则交易胜率升高至58%，共交易248笔，而每笔交易的平均利润升到353美元。难道这一形态里有什么门道吗？同样的策略，如果回测到现在，又有579笔交易，胜率为54%，单笔交易盈利179美元！

我们假定一个简单的形态，看看如果存在下列条件，第二天会发生什么情况。首先，我们假定当天价格高于30日前的收盘价，这样我们处于上升趋势；其次，我们还希望价格有些下挫，所以当天的收盘价低于9天前的收盘价。假设这些条件都满足，我们就可以在第二天开盘建仓，并于第三天收盘时平仓。如果市场确实是随机的，那么52%的交易都应该是获利的（之所以不是50%，是因为在研究的样本期间价格趋势总体上是上涨的，最有力的证据是最初的研究表明，有52%的时间每日的价格会收高）。

但实际情况大相径庭。这一温和的小形态共计产生354笔交易，57%的胜率，平均利润达到每笔421美元。胜率从52%升至57%，平均每笔利润增加了近4倍！先别高兴得急着扔帽子，后面还有更好的呢。

为了给本书的新版增加一点震撼力，我用一模一样的回测条件，对从第1版成书到2011年5月的数据重新回测了一次（见表7-2）。

好好看看这个回测结果！周一和周三曾是最佳买入日，而周一再一次成为获利最多的最佳买入日。我很想知道关于这一点保罗·库特纳会如何作答？

表 7-2　交易日报告（1998 年 5 月 ~ 2011 年 5 月）

交易日	交易次数	胜率（%）	平均盈利（美元）	平均亏损（美元）	平均盈利/平均亏损	平均交易盈亏（美元）	最大亏损（美元）	净利润（美元）
周一	360	50.00	2 801	-2 229	1.26	286	-9 575	102 925
周二	382	47.12	2 610	-2 372	1.1	-24	-4 250	-9 325
周三	420	49.05	2 629	-2 385	1.1	74	-5 750	31 150
周四	372	47.31	2 557	-2 368	1.08	-38	-6 625	-14 100
周五	400	47.75	2 733	-2 436	1.12	32	-8 925	12 750

我发现所有好形态的特征是：可以利用这些代表市场极端情绪的形态，在价格的反向运动中，稳健地进行交易。

换句话说，投资者在图表上"看到"的价格下跌，从短期市场波动的角度来看，常常是支持上涨的，反之亦然。收盘下跌的外移日（吞没形态）便是一个例子。当日最高价高于前一个交易日的最高价，且最低价低于前一个交易日的最低价，同时，收盘价也低于前一个交易日的最低价。这个价格变化看上去很糟，就像天要塌了一样。我读过的书也告诉我这是一个非常好的做空信号，如此大的价格波动恰恰是一个市场反转信号，预示价格向收盘方向移动，在这种情况下，价格将下跌。

这些书无论是谁写的，作者都没有花很多时间研究过价格走势图！图 7-1 的美元走势图显示，这是一个清晰的上涨形态或市场结构。

现实与猜测截然不同，用计算机快速算出的结果反映了我钟爱的一个短线形态的威力。现在可以毫不费力地证明这些形态行之有效，或检验其实际运行的情况。我们之前提到的外移日形态，还可以再加一个过滤器，或是一个事件，一个足以影响第二天形态的事件。这个事件就是第二天开盘价的方向，如图 7-2 所示。如果标准普尔 500 指数第二天的开盘价低于外移日的收盘价，我们以收盘价买进。我们发现该类事件发生的次数多达 109 次，胜率高达 85%，获利 52 063 美元，平均每笔交易获利 478 美元。

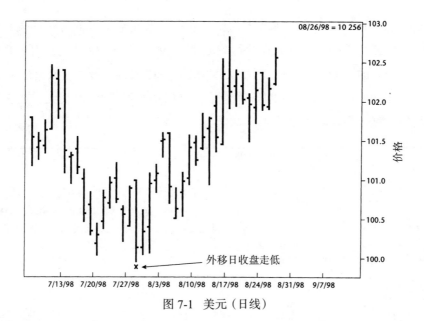

图 7-1 美元（日线）

资料来源：Graphed by the "Navigator", Genesis Financial Data Services：800-808-3282.

```
数据：         标准普尔500指数  IND-9967  01/80
计算时间：     07/02/82～08/27/98

代码    转换系数    点值       佣金      滑点      保证金       格式         驱动器:\路径\文件名
149       2       2.500美元   0美元    0美元    3 000美元    CT/PCC:\GD\BACK67MS\F59.DAT
////////////////////////////////所有交易-测试1\\\\\\\\\\\\\\\\

总净利润                52 062.50美元
毛利润                  84 062.50美元        总亏损              -32 000.00美元

总交易次数              109                  胜率                85%
盈利交易次数            93                   亏损交易次数        16

最大单笔盈利            4 887.50美元         最大单笔亏损        -2 000.00美元
平均盈利                903.90美元           平均亏损            -2 000.00美元
平均盈利/平均亏损       0.45                 平均交易盈亏        477.64美元

最多连续盈利次数        44                   最多连续亏损次数    4
获利交易平均持仓天数    2                    亏损交易平均持仓天数 1

最大平仓亏损            -8 000.00美元        最大单日亏损        -8 000.00美元
利润系数                2.62                 最大合约持有数      1
账户额度下限            11 000.00美元        账户收益率          473%
```

图 7-2 看涨形态

据我们所知，周四会出现较大的抛售压力，甚至会波及周五，如果我们一周中除了周四每天都买进，我们挣得只略少一些，有 50 038 美元，但是我们的平均每笔交易的利润升至 556 美元，胜率也提高到 86%，最大回撤金额由 8000 美元下降至 6000 美元。回测的条件还是将止损金额设为 2000 美元，或在第一个获利的开盘价出现后离场（见图 7-3）。

```
数据：        标准普尔500指数  IND-9967  01/80
计算时间：    07/02/82～08/27/98

代码    转换系数    点值        佣金      滑点      保证金      格式       驱动器:\路径\文件名
149        2       2.500美元   0美元     0美元    3 000美元    CT/PC    C:\GD\BACK67MS\F59.DAT
//////////////////////////////所有交易-测试1\\\\\\\\\\\\\\\\\\\\\\\\\\\\
总净利润                    50 037.50美元
毛利润                      74 187.50美元       总亏损              -24 150.00美元

总交易次数                       90              胜率                     86%
盈利交易次数                     78              亏损交易次数             12

最大单笔盈利                4 887.50美元         最大单笔亏损         -2 150.00美元
平均盈利                      951.12美元         平均亏损             -2 012.50美元
平均盈利/平均亏损                 0.47            平均交易盈亏             555.97美元

最多连续盈利次数                 39              最多连续亏损次数           3
获利交易平均持仓天数              2               亏损交易平均持仓天数       1

最大平仓亏损               -6 000.00美元         最大单日亏损         -6 000.00美元
利润系数                         3.07            最大合约持有数             1
账户额度下限                9 000.00美元         账户收益率               555%
```

图 7-3 按第一个获利的开盘价退出

在债券市场上，我们也可以采用相同的形态寻找交易机会。这一形态非常有威力，在任何市场上都可以单独使用，进行交易，但是"老千"拉里（Larry）还是倾向于有更多的信号以确认其交易机会是精挑细选出来的。图 7-4 显示了在所有收低的外移日，如果第二天低开则按开盘价买入债券的回测结果。要退出交易，我们要么承受大约 1500 美元的亏损，要么在第一个获利的开盘价出现后退出市场。几乎没有交易者意识到这样一种机械交易方法如此之好，以至于我们的胜率达到 82%，每笔平均利润 213 美元，1990 年以来出现过 57 次这样的形态。

数据:	长期国债 67/99						
计算时间:	06/10/90～08/27/98						
代码	转换系数	点值	佣金	滑点	保证金	格式	驱动器:\路径\文件名
144	−3	31.250美元	55美元	0美元	3 000美元	CSI	C:\GD\BACK67\F061.DTA

////////////////////////////////////所有交易-测试1\\\\\\\\\\\\\\\\\\\\\\\\\\\\\\\\

总净利润	12 115.00美元		
毛利润	27 665.00美元	总亏损	−15 550.00美元
总交易次数	57	胜率	82%
盈利交易次数	47	亏损交易次数	10
最大单笔盈利	2 101.25美元	最大单笔亏损	−1 555.00美元
平均盈利	588.62美元	平均亏损	−1 555.00美元
平均盈利/平均亏损	0.37	平均交易盈亏	212.54美元
最多连续盈利次数	11	最多连续亏损次数	3
获利交易平均持仓天数	2	亏损交易平均持仓天数	1
最大平仓亏损	−5 416.25美元	最大单日亏损	−5 510.00美元
利润系数	1.77	最大合约持有数	1
账户额度下限	8 510.00美元	账户收益率	142%

图 7-4 收低的外移日形态回测结果

我们能让这个形态的业绩表现得更好吗？当然可以！知道怎么做吗？你现在应该（或者已经）考虑是否在一周中的某些交易日出现这样的形态，会比在其他交易日出现这样的形态好。事实是肯定的。如果我们每天都做交易，只有在周四的时候不做交易，结果与之前的标准普尔500指数一样，胜率达到90%，41笔交易的总获利达到17 245美元，平均每笔获利421美元（见图7-5）。伙计们，没有比这个结果更好的了。

问题是外移日形态不像我们希望的那样经常出现。下一次，当大家发现一个收盘价低于前一日的外移日时，不要害怕，准备买进。

现在我们再来看看标准普尔500指数中的另外一个看似上涨的价格形态。我们要找寻的时机是当天收盘价高于前一交易日的最高价，而且前两个交易日都是收盘价走高，当天已经是连续第三天走高（见图7-6）。这个看似很强劲的走势，大家都知道，会引诱公众进场买入。

举个例子，用1986～1998年的标准普尔500指数对这一形态进行回测，在周二这种形态共出现过25次，为周三卖出做好准备。在这些交易中，19次获利，净利润达到21 487美元。在债券市场上，同一形态在周四出现28次，在周五卖出,获利 13 303 美元,胜率达到 89%,这挑战了坚持随机漫步理论的教授,足以引起他们深思。债券市场回测的样本选自 1989 年至 1998 年 8 月!国债期货的止损金额设为 1500 美元,标准普尔 500 指数的止损金额设为 2000 美元。

```
数据:         长期国债 67/99
计算时间:      06/10/90 ~ 08/27/98

代码    转换系数    点值        佣金      滑点    保证金      格式     驱动器\路径\文件名
144     -3         31.250美元   55美元    0美元   3 000美元   CSI     C:\GD\BACK67\F061.DTA
//////////////////////////////所有交易-测试1\\\\\\\\\\\\\\\\\\\\\\\\\\\\

总净利润              17 245.00美元
毛利润                23 465.00美元      总亏损              -6 220.00美元

总交易次数            41                 胜率                90%
盈利交易次数          37                 亏损交易次数        4

最大单笔盈利          2 101.25美元       最大单笔亏损        -1 555.00美元
平均盈利              634.19美元         平均亏损            -1 555.00美元
平均盈利/平均亏损     0.40               平均交易盈亏        420.61美元

最多连续盈利次数      11                 最多连续亏损次数    1
获利交易平均持仓天数  2                  亏损交易平均持仓天数 1

最大平仓亏损          -1 555.00美元      最大单日亏损        -1 555.00美元
利润系数              3.77               最大合约持有数      1
账户额度下限          4 555.00美元       账户收益率          378%
```

图 7-5　剔除周四的交易信号后的回测结果

在这两个市场上,我们都使用了一条简单的退出规则,稍后告诉大家。还有几个像这样的重要的形态,在交易中我都会采用。每天在市场上搜寻这些形态,是想看看后续的走势会如何发展。尽管有几个不错的股票价格形态,我用了多年,但是我仍在寻找新的价格形态。

我在标准普尔 500 指数期货电子盘迷你合约上也回测了外移日形态,所用的数据是 1998 年以后的,我发现了类似的结果。即使在电子交易市场里,外移日也是看涨的形态。

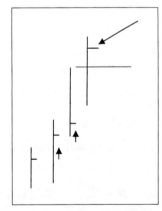

图 7-6　收盘价高于前一日最高价

7.2 质疑的问题

我知道形态是有用的。过去几年,我已经分类总结了成百上千种,建议大家从我在本书推荐的这几种开始也进行分类总结。最好思考一下,为什么这些形态有用?它们代表什么?我能不能找到一种在所有市场上都通用的形态?每周最佳交易日重要吗?这些都是关于股票方面的问题,但是在其背后,我要寻找的"行情的征兆"便是某种视觉形态,它会在情绪上诱使大众在错误的时机买入或卖出,而该时机对我而言却是正确的时机。正确理解反映在图表上的大众的情绪是"读图"的关键。

"交易者里克"最近参加了一场研讨会,在我撰写本部分的时候,他给我发了一封电子邮件。下文是他的邮件正文,大家一起来读一读,从中体会一下应该寻找什么,并进行自我反思。

你想用另外一个故事来证明自己不是一个情绪交易者吗?这里有一个,挺有趣的。

上周末,我打算在77.80美元的价位下一张5月铜限价买单,这是周一的第一件事情。5月铜一开盘,我就打电话给我的经纪人(很不幸我的经纪人直到早上8点才来上班)询问:"今天早上铜价是多少?"他回答:"我不跟踪铜,不太清楚,我得看看……"(唉,我不介意。)

"OK,"我说,"现在是多少了?"我得知已经从77.90美元跌到了77.00美元,这告诉我,价格已经涨过了我的限价位,所以我认为还是等价格继续下跌。

过了一会儿,我又打了个电话,这回价格到了77.30美元。我还是没采取任何行动。你一定会问为什么,其实我也不知道,我只是觉得还是要"先看清楚市场",再决定我应该怎样做。有趣的是,我现在知道了如果价格过高,我会等其回落;如果价格太低,我会犹豫,不敢买入。涨或跌都会让我踌躇,事情就是这样!也不知道我当时到底想看到什么,难道是"上帝"写下的真迹吗?

那天稍晚一些的时候,我打电话询问,此时铜价已涨到了80.30美元。"见鬼……好吧,买入一手。"现在我知道铜的确很热门,可现在买入则违反了你周末教给我的一切要点。但是有某种神秘的力量,在驱使我进行交易。我在那天的高位买入不少,因为我很后悔没有早些买入。

第二天铜价开始回落，虽然最后还是走高了，但我还是为此付出了500美元的代价。我是不是还有什么没学到的？是的，很简单的一点，计划好自己的交易，不要偏离计划，不要让情绪在错误的时间把自己推上悬崖。

里克的评论让我想起了钓鱼，我将鱼饵抛入水中，慢慢晃动，没有上钩，多晃动一些，还是没有上钩，突然一抽……我钓到一条大鱼。市场"钓"我们就像钓鱼，一点一点晃动，直到我们无法抵御，去咬钩。

问题是这不是简单地捕捉、放生，这是上钩、亏损，我再也不会犯"强迫性进食症"的毛病了。

下一次，当贪婪的机会拍你的肩膀，或者你感觉到诱你上钩的情绪时……千万别上钩！

7.3 攻击日形态

动听的歌声诱使投资者亏损。只要我们发现是什么诱使他们上钩，使他们做出错误的判断，那么对他们不利的一面就恰恰有利于我们。我所说的"攻击反转日"就是这样的"事件"。在这样的交易日里，市场出现突破，无论是向上突破还是向下突破，这种剧烈波动使得投资者在劫难逃。

有两种攻击日。第一种非常明显。"攻击日买入形态"是指某个交易日的收盘价低于前一个交易日最低价的形态（见图7-7a），对图表分析独具慧眼的乔·斯托维尔称之为"突出收盘价"。另外，这一天的收盘价还可以低于前3～8个交易日的最低价。对于图表分析师、公众或者职业技术分析师来说，这一形态看上去是向下突破，因此会出现非常多的卖单。

他们偶尔会正确，然而通常情况下，如果市场立刻反转，他们就犯了致命的错误。

"攻击日卖出形态"则截然相反（见图7-7b）。这次要寻找的是一个收盘价高于前一个交易日最高价的交易日，并且最有可能突破向上，收于价格波动的最高点。这正是晃动的诱饵，促使大家来不及看一眼就跳起来冲上去。图7-7展示了这两种买入、卖出形态。

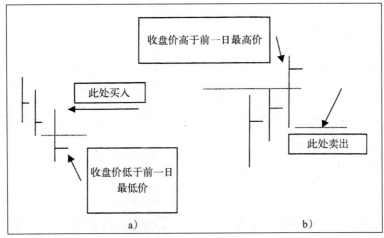

图 7-7 攻击日卖出交易

之前曾经说过，这偶尔会是有效突破。然而，如果第二个交易日的价格向攻击日的相反方向移动，并且价格高于低收的攻击日的最高价，大家可以视之为强烈的买入信号。同理，攻击日价格上扬，高位收盘价高于前一日的最高价，如果第二天价格低于攻击日的最低价，这是提醒我们做空的信号。

常见的现象是第二天价格突然反转，投资者（低收盘价卖出者、高收盘价买入者）开始亏损，他们所预见的突破并没有出现！他们吞掉了钓钩。然而，对于我们来说，他们对价格反转的反应是一个很好的入场时机。这就是这个形态的基本原理，是这个形态有效的原因。当人们普遍认为"市场应该有所动作，而动作却未如期而至"的时候，我坚信这正是强有力地证明我们应该进场交易，与新的价格走势保持一致的时候。

我选取了几个这类形态的例子（见图 7-8、图 7-9）。我们先看看攻击日反转的其他类型，然后再向大家解释我是如何使用这一形态的。

第二种攻击日反转（见图 7-10）虽然不太好识别，但原则都是一样的，价格没有沿着上一天的走势继续运行，而是出现了反转。在准备买入前，大家要找到这样一种形态，即当日收盘上涨，不是"突出收盘价"。本形态的关键或秘诀是当日收盘价位于上涨当日价格区间下方的 25% 以内，并且其最佳形态是收盘价还低于开盘价。我称其为"隐藏的攻击日"，因为其收盘价是上涨的。

数据:	标准普尔500指数 IND-9967 01/80						
计算时间:	07/02/82～08/27/98						
代码	转换系数	点值	佣金	滑点	保证金	格式	驱动器:\路径\文件名
149	2	2 500美元	0美元	0美元	3 000美元	CT/PCC	C:\GD\BACK67MS\F59.DAT

////////////////////////////////////所有交易-测试2\\\\\\\\\\\\\\\\\\\\\\\\\\\\\\\\

总净利润	21 487.50美元		
毛利润	33 487.50美元	总亏损	-12 000.00美元
总交易次数	25	胜率	76%
盈利交易次数	19	亏损交易次数	6
最大单笔盈利	4 850.00美元	最大单笔亏损	-2 000.00美元
平均盈利	1 762.50美元	平均亏损	-2 000.00美元
平均盈利/平均亏损	0.88	平均交易盈亏	859.50美元
最多连续盈利次数	6	最多连续亏损次数	2
获利交易平均持仓天数	2	亏损交易平均持仓天数	6
最大平仓亏损	-4 000.00美元	最大单日亏损	-4 775.00美元
利润系数	2.79	最大合约持有数	1
账户额度下限	7 775.00美元	账户收益率	276%

图7-8 有效攻击日形态

数据:	长期国债 67/99						
计算时间:	01/26/89-08/27/98						
代码	转换系数	点值	佣金	滑点	保证金	格式	驱动器:\路径\文件名
144	-3	31.250美元	55美元	0美元	3 000美元	CSI	C:\GD\BACK67\F061.DAT

////////////////////////////////////所有交易-测试4\\\\\\\\\\\\\\\\\\\\\\\\\\\\\\\\

总净利润	13 303.75美元		
毛利润	18 000.00美元	总亏损	-4 696.25美元
总交易次数	28	胜率	89%
盈利交易次数	25	亏损交易次数	3
最大单笔盈利	2 413.75美元	最大单笔亏损	-1 586.25美元
平均盈利	720.00美元	平均亏损	-1 565.42美元
平均盈利/平均亏损	0.45	平均交易盈亏	475.13美元
最多连续盈利次数	9	最多连续亏损次数	1
获利交易平均持仓天数	3	亏损交易平均持仓天数	6
最大平仓亏损	-1 586.25美元	最大单日亏损	-2 648.75美元
利润系数	3.83	最大合约持有数	1
账户额度下限	5 648.75美元	账户收益率	235%

图7-9 另一个攻击日形态举例

在这样的形态中，价格要么开盘跳空高开，盘中继续走高，但是收盘价远远低于最高价；要么开盘微微走高，价格一直上扬，随后价格有所回落，与开盘持平。当然，收盘肯定是要上扬的，但是不会超过前一日最高价。买入者在这两种形态中都被击败，图表分析师此时进场寻找猎物。

如果第二天价格大幅回升，价格超过攻击日的最高价，那么被猎杀的其实就是这些图表分析师。我们再次看到"市场下跌"形态在第二天就会反转。如果背后一系列的分析工具，如每周最佳交易日、每月最佳交易日、市场关系、超买/超卖指标和趋势指标都显示本阶段为上涨格局，则这是一组最为牛市的事件、强烈的做多信号。

隐藏攻击日做空正好相反。找到收盘下跌形态，下跌程度位于日价区间上方25%以内，并且收盘价高于开盘价。进场时机是在价格下跌，低于隐藏攻击日的最低价，且第二天价格涨不上去的时候。图7-11反映了这一形态。

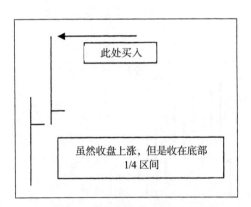 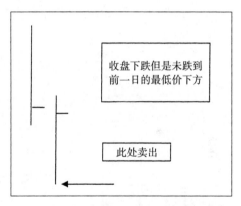

图 7-10　隐藏的攻击日买入形态　　　　图 7-11　隐藏的攻击日卖出形态

7.4　如何使用攻击日形态

使用这些形态有两种方法。首先让我们看一下在市场出现快速上涨或下跌趋势时如何使用攻击日形态，当出现这样的趋势时，大家都希望自己已经入市或继续加仓。在如此凌厉的上涨趋势中，无论攻击日是不是隐藏的，大家都应该做好在第二天买入的准备，这是一个非常明确的信号，趋势不会改变，交易者准备新一轮出击，追逐太阳。

在下降趋势中,反转将提供绝好的退场时机。大家要寻找的不是一个"突出收盘价"上升日,就是一个收盘价处于当日价格区间高位的下跌交易日。如果第二天价格下滑,击穿前一日最低价,那就是做空的时机了。这些例子足以帮助大家更好地了解这一技术的重要性。

利用攻击日技术的另外一个好办法是找寻一个一直在大幅区间内波动的市场。一旦价格穿越了攻击日高位或低位,我会立刻注意到这个攻击日,并采取相应行动。我认为如果攻击日随后反转,则市场很有可能突破现在的趋势。这意味着市场会波动至止损单比较集中的价位,使那些在此处下了止损单的"突破宝贝儿"平仓出局。突破就像磁铁一样吸引大家采取行动,让他们下单,而第二天的价格反转又会干掉他们。他们不愿相信自己的"运气"会这么差,决定无视价格反转继续持仓。几天后,他们被迫平仓,加剧价格波动,而我们坐享其成,这完全要归功于攻击日形态。

"一图胜千言",我在图 7-12 ~ 图 7-17 中,标出了攻击日形态,大家可以学习一下。

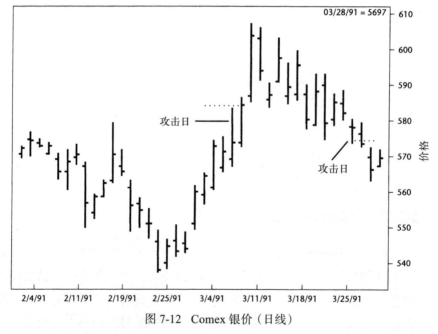

图 7-12　Comex 银价(日线)

资料来源:Graphed by the "Navigator", Genesis Financial Data Services:800-808-3282.

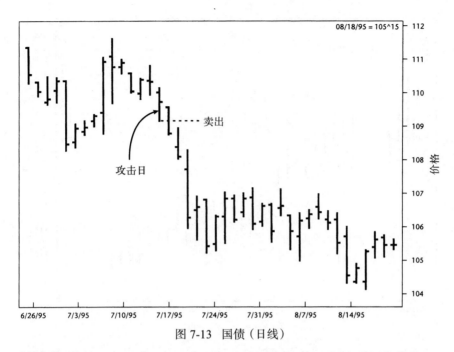

图 7-13　国债（日线）

资料来源：Graphed by the "Navigator"，Genesis Financial Data Services：800-808-3282.

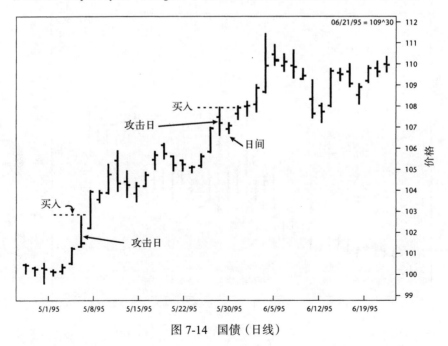

图 7-14　国债（日线）

资料来源：Graphed by the "Navigator"，Genesis Financial Data Services：800-808-3282.

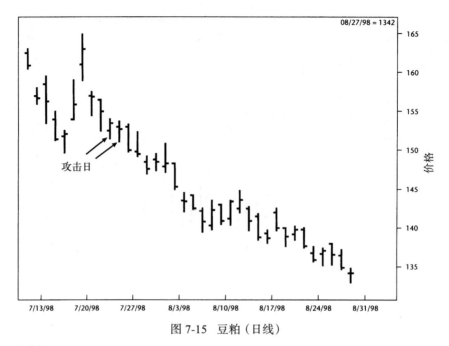

图 7-15 豆粕（日线）

资料来源：Graphed by the "Navigator", Genesis Financial Data Services：800-808-3282.

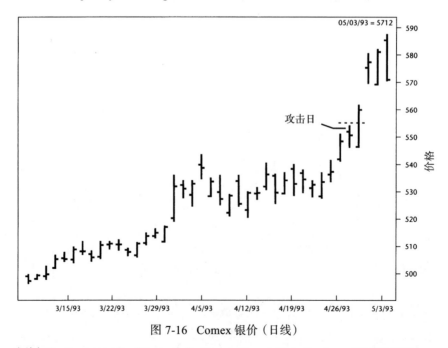

图 7-16 Comex 银价（日线）

资料来源：Graphed by the "Navigator", Genesis Financial Data Services：800-808-3282.

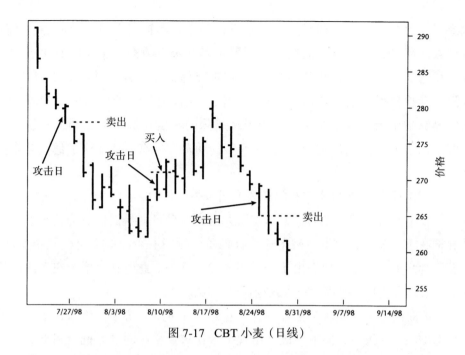

图 7-17　CBT 小麦（日线）

资料来源：Graphed by the "Navigator", Genesis Financial Data Services：800-808-3282.

这些价格形态依旧是我最钟爱的决定入场的工具，20 世纪 60 年代当我还是一个孩子时就用它们交易，到了 2011 年，这些工具依旧有效，好好珍惜它们，它们会是你的朋友。

7.5　做市商陷阱

还有一种使用攻击日形态的方法。这一方法来自理查德·莱考夫，他在 20 世纪 30 年代撰写过股票教育方面的教材。莱考夫的著作吸引着我，1966～1967 年，我在加利福尼亚的卡美尔（Carmel）图书馆工作，莱考夫在晚年将其撰写的资料大多都捐献给了这家图书馆。命运就是这样，一天中午，我在午餐的时候偶然阅读了该捐赠品，结果，我第二年的午餐时间全部花在了这些书上。

莱考夫的观点是，市场是被"操纵"的，可能不是由你所想象的某个

"操纵者"在控制，更多的是被集体意识控制着，是被巨大的、变形的"他们"控制着。莱考夫说这群"他们"控制着市场，吸引公众在错误的时机进场博弈。纽约证券交易所的做市商掌管着股票交易台账，经常被指责操纵价格，诱骗公众投资者，这也是这一节取名"做市商陷阱"的原因，但是我不认为他们操纵了市场，这么取名只是为了从娱乐的角度理解价格波动。我认识的做市商比尔·亚伯拉姆斯是我交了15年的朋友，他有力地证明了他们并未操纵价格。

"卖出陷阱"是指价格在窄幅箱体或通道中运行10～15天后，突破通道上轨，并收于价格区间上方的上升形态。此时，突破日的最低价成为关键点。如果价格在1～3天后向下突破了这个最低价，则很有可能向上突破是个假象，而投资者要为此买单。他们由于冲动买入被套住了。此时，股票经纪商或商品经纪商很有可能趁机抛售，将大量仓位转移给散户。

做市商的"买入陷阱"正好相反。它是指在下降趋势中，价格在窄幅通道内盘整10～15天后，向下突破，出现一个比该价格区间的最低价还低的"突出收盘价"的形态。理论上，大家会认为这种形态会推动价格走得更低。实际情况也的确如此。然而，如果此时出现反向走势，价格抬升，高于突破日的最高价的话，则市场很有可能会出现反转。所有低于市价的卖盘止损全部触发；投资者开始崩溃，并害怕买入这一趋势反转。

我给大家展示几个实例（见图7-18～图7-25），最后一张图是埃克森股票的走势图。

7.6　一个重要的说明：在更短的时间周期内也行之有效

多年来，我目睹了许多在市场走势的5分钟图、30分钟图、小时图上采用攻击日及陷阱形态进行的成功交易。像你这样的短线交易者会想着将这两种形态添加到自己的策略中，武装自己。这些形态呈现了极好的短线交易者的入场时机。关键在于，大家还要有其他的信号来支持交易决策，需要一些对你即将进行的交易有建议性意义的东西，否则就只是用价格预测价格了。最好的交易决策肯定不是单靠价格结构分析做出的，而是要有几个限定信号同时出现才行。

第 7 章 | 获利形态 | 161

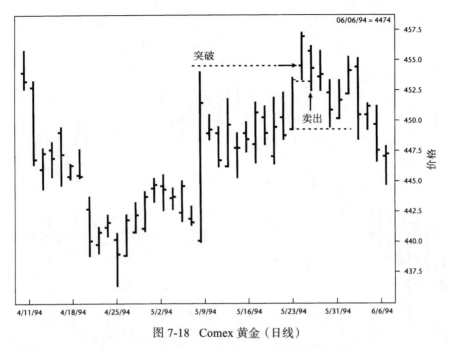

图 7-18 Comex 黄金（日线）

资料来源：Graphed by the "Navigator", Genesis Financial Data Services：800-808-3282.

图 7-19 Comex 黄金（日线）

资料来源：Graphed by the "Navigator", Genesis Financial Data Services：800-808-3282.

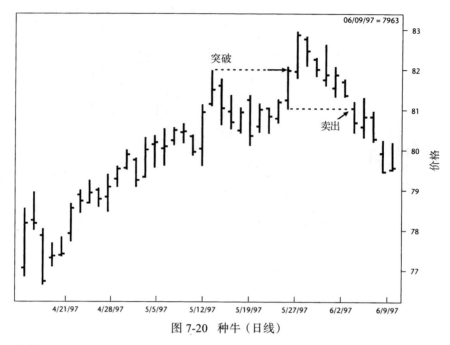

图 7-20 种牛（日线）

资料来源：Graphed by the "Navigator", Genesis Financial Data Services：800-808-3282.

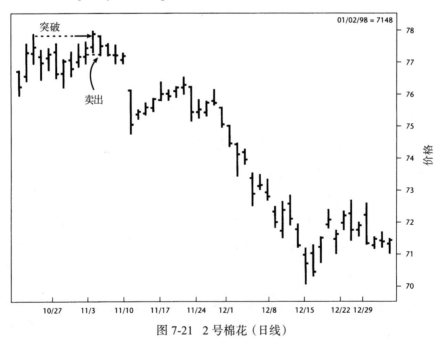

图 7-21 2号棉花（日线）

资料来源：Graphed by the "Navigator", Genesis Financial Data Services：800-808-3282.

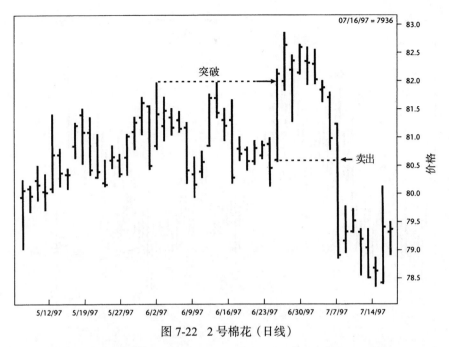

图 7-22 2 号棉花（日线）

资料来源：Graphed by the "Navigator", Genesis Financial Data Services：800-808-3282.

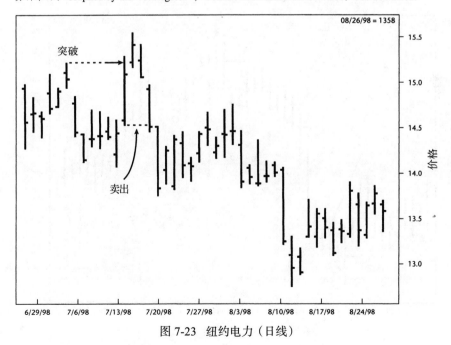

图 7-23 纽约电力（日线）

资料来源：Graphed by the "Navigator", Genesis Financial Data Services：800-808-3282.

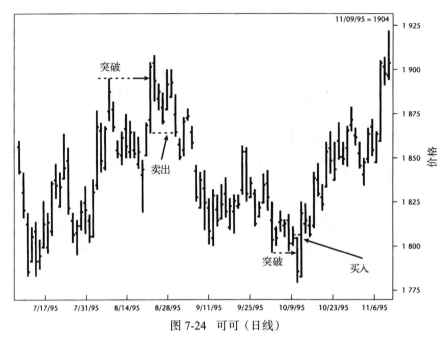

图 7-24 可可（日线）

资料来源：Graphed by the "Navigator"，Genesis Financial Data Services：800-808-3282.

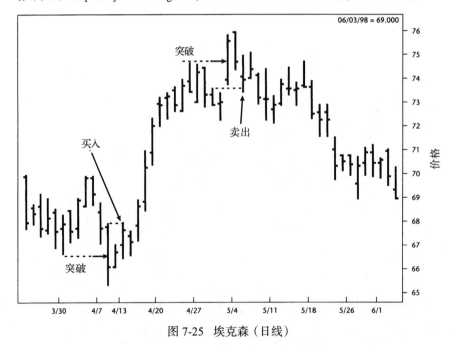

图 7-25 埃克森（日线）

资料来源：Graphed by the "Navigator"，Genesis Financial Data Services：800-808-3282.

7.7 哎呀！这不是个错误

如果说我马上要揭示的形态有什么错误的话，我的错误就在于把它公之于众。这个形态是我迄今为止研究并用于交易的最为可靠的短线形态。无数作者和系统开发商将这一形态融入其著作中。还有一些人（比如天才的琳达·拉施卡、批评家布卢斯·比库克、杰克·伯恩斯坦）都给了我很高的评价，使我深感荣幸。当然也有很多人不但不承认，甚至还说我在 1978 年教给我的追随者的这个形态是他们创造的。

该形态基于过度的情绪反应，因为其后过度的价格反应会出现快速反转。这种过度的情绪反应会造成前一日收盘价与后一日开盘价之间存在一个极大的缺口。如果这样的过度反应发生在开盘价低于前一日最低价的时候，就是买入信号。如此罕见的现象表明，市场很可能反转。造成这种情况的原因是，市场中出现疯狂的卖压，大家在开盘时恐慌性抛售，从而导致当天开盘价低于前一日的最低价。这种情况非常特殊，因为开盘价一般都落在前一日的价格区间内。

我们的做法是，在低开之后价格上扬至前一日的最低价时入场做多。如果市场可以汇聚力量将价格推升至这一价位，则表明抛售压力很有可能已经得到缓解，随之而来的将是价格大幅上扬。

也许你已经想到了，卖出时机正好相反。你会寻找开盘价高于前一日的最高价的交易日。由于大家的情绪或计划导致开盘时汇聚了大量的买单，因而跳空高开，超过前一日的最高价，形成一个巨大的缺口。如果价格回落到前一日的最高价时，则表明缺口可以被封闭，这是强烈的卖空信号，预示价格可能会下跌，我们入场做空。

本节的题目"哎呀"正是反映了公众因为消息、图表信号等在开盘时纷纷做空而导致价格下跌时的反应。这些人看似决策明智，然而当价格反弹至前一日最低价，经纪人告诉他们价格向反方向运行时，通常他们会说"哎呀，我们可能（又）犯错了，价格反弹力度很大。还继续做空吗？"

在这儿我把上一版中交易策略的结果写出来。我肯定忘不了"哎呀"系统，估计我用这个交易系统赚了 100 万美元以上，但不幸的是，这个系统如今已经失效了。原因很简单：我们已经没有公开喊单的交易时段了。市场过去通常有

16～18个小时是不交易的，在这段时间内积聚的情绪使开盘时涌现出大量的买入或卖出委托单，推动市场跳空高开或低开。现在的电子盘交易市场，从收盘到下一次开盘之间只有那么几个小时甚至几分钟，因而我们也就失去了可以利用的大量订单的"排出"效应。记住这一点，我们再来看下面的内容。

就在大众下定决心退出亏损交易的时候，价格已经上涨超过前一日的最低价，当他们平仓或反手做多时，他们的买单将给市场带来进一步飙升的动能，也让我们当时所建立的多头仓位随之获利。图7-26和图7-27说明了"哎呀"信号是如何出现的。

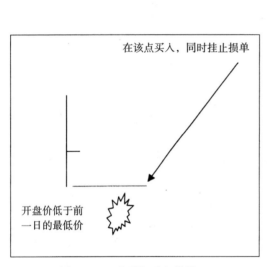 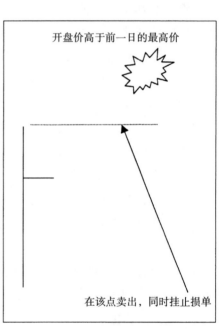

图7-26 "哎呀"买入信号　　　　图7-27 "哎呀"卖出信号

好，现在来看看我们可以如何使用这一形态。我们已经知道行情很可能在周三与周四下跌，我们可以注意一周内其他交易日标准普尔500指数的买入信号（见图7-28）。结果说明一切：利用这种形态，我们的胜率超过82%，净利润达42 688美元，每笔交易平均利润436美元。鉴于这只是持仓时间为1天的交易，结果是相当好的。我们当天买入，第二天开盘时卖出。止损金额设为2000美元。第11章的内容可以进一步加深大家对止损与退出的理解。

数据:		标准普尔500指数 IND-9967 09/80					
计算时间:		09/15/87～08/28/98					
代码	转换系数	点值	佣金	滑点	保证金	格式	驱动器:\路径\文件名
149	2	2.500美元	0美元	0美元	3 000美元	CT/PCC:\GD\BACK67MS\F59.DAT	
//////////////////////////////////所有交易-测试1\\\\\\\\\\\\\\\\\\							
总净利润		42 687.50美元					
毛利润		76 687.50美元		总亏损		-34 000.00美元	
总交易次数		98		胜率		82%	
盈利交易次数		81		亏损交易次数		17	
最大单笔盈利		3 950.00美元		最大单笔亏损		-2 000.00美元	
平均盈利		946.76美元		平均亏损		-2 000.00美元	
平均盈利/平均亏损		0.47		平均交易盈亏		435.59美元	
最多连续盈利次数		23		最多连续亏损次数		3	
获利交易平均持仓天数		1		亏损交易平均持仓天数		1	
最大平仓亏损		-6 000.00美元		最大单日亏损		-6 000.00美元	
利润系数		2.25		最大合约持有数		1	
账户额度下限		9 000.00美元		账户收益率		474%	

图 7-28 有效的"哎呀"形态

债券市场怎么样呢？我在一周除周三外的任意一个交易日做多债券，将止损金额设为1800美元。（我们运用的退出技巧马上就会讲到。）图7-29显示：胜率达到86%，利润为27 875美元，每笔平均利润在扣除50美元的佣金后达到202美元，这一结果彻底击败学院派的随机漫步理论，让他们走出象牙塔。

在卖出方向，假如周三出现"哎呀"形态，也就是开盘出现跳空缺口并且是假突破时我们就卖出。从1990年起，应用4日退出机制，我们共有55笔交易，31笔获利，净利润为9875美元，止损金额接近1000美元。在标准普尔500指数中，最佳卖出日为周四，总共60笔获利，净利润达14 200美元。大家只要看一看回测结果（见图7-30和图7-31），就会坚信这一技术的价值。

这种技术只有结合智慧与交易技术而不是机械运用时才能创造最大价值。图7-32显示的是应用"哎呀"形态买入信号进场，在一周任何一个交易日（除周四外）进行交易的回测结果。在交易后3天内第一次出现可以获利的开盘价时出场：81%的交易都赚了钱，净利润为24 625美元，平均每笔获利373美元。如果做空，交易步骤是这样的：如果周二的9日移动平均线高于周一的，这意味着一个超买市场，则在周三出现"哎呀"卖出信号时卖出，止损金额及出场

数据：	长期国债 -9967 01/80						
计算时间：	01/01/90 ~ 08/28/98						
代码	转换系数	点值	佣金	滑点	保证金	格式	驱动器:\路径\文件名
44	−5	31.250美元	0美元	0美元	3 000美元	CT/PC	C:\GD\BACK67MS\F62.DAT

////////////////////////////////// 所有交易−测试1 \\\\\\\\\\\\\\\\\\\\\\\\\\\\\\

总净利润	27 875.00美元		
毛利润	60 812.50美元	总亏损	−32 937.50美元
总交易次数	138	胜率	86%
盈利交易次数	120	亏损交易次数	18
最大单笔盈利	2 031.25美元	最大单笔亏损	−2 125.00美元
平均盈利	506.77美元	平均亏损	−1 829.86美元
平均盈利/平均亏损	0.27	平均交易盈亏	201.99美元
最多连续盈利次数	24	最多连续亏损次数	3
获利交易平均持仓天数	2	亏损交易平均持仓天数	3
最大平仓亏损	−5 812.50美元	最大单日亏损	−5 812.50美元
利润系数	1.84	最大合约持有数	1
账户额度下限	8 812.50美元	账户收益率	316%

图 7-29 债券交易中运用"哎呀"形态

数据：	长期国债 -9967 01/80						
计算时间：	01/01/90 ~ 08/28/98						
代码	转换系数	点值	佣金	滑点	保证金	格式	驱动器:\路径\文件名
44	−5	31.250美元	0美元	0美元	3 000美元	CT/PCC	:\GD\BACK67MS\F62.DAT

////////////////////////////////// 所有交易−测试1 \\\\\\\\\\\\\\\\\\\\\\\\\\\\\\

总净利润	9 875.00美元		
毛利润	34 031.25美元	总亏损	−24 156.25美元
总交易次数	55	胜率	56%
盈利交易次数	31	亏损交易次数	24
最大单笔盈利	2 687.50美元	最大单笔亏损	−1 093.75美元
平均盈利	1 097.78美元	平均亏损	−1 006.51美元
平均盈利/平均亏损	1.09	平均交易盈亏	179.55美元
最多连续盈利次数	5	最多连续亏损次数	3
获利交易平均持仓天数	4	亏损交易平均持仓天数	3
最大平仓亏损	−4 437.50美元	最大单日亏损	−4 437.50美元
利润系数	1.40	最大合约持有数	1
账户额度下限	7 437.50美元	账户收益率	132%

图 7-30 "哎呀"形态回测结果

数据：	标准普尔500指数 IND-9967 09/80						
计算时间：	09/15/87～08/28/98						
代码	转换系数	点值	佣金	滑点	保证金	格式	驱动器:\路径\文件名
149	2	2.500美元	0美元	0美元	3 000美元	CT/PCC	\GD\BACK67MS\F59.DAT

////////////////////////////////// 所有交易-测试1 \\\\\\\\\\\\\\\\\\\\\\\\\\\\\

总净利润	14 200.00美元		
毛利润	40 200.00美元	总亏损	-26 000.00美元
总交易次数	60	胜率	78%
盈利交易次数	47	亏损交易次数	13
最大单笔盈利	4 612.50美元	最大单笔亏损	-2 000.00美元
平均盈利	855.32美元	平均亏损	-2 000.00美元
平均盈利/平均亏损	0.42	平均交易盈亏	236.67美元
最多连续盈利次数	14	最多连续亏损次数	2
获利交易平均持仓天数	2	亏损交易平均持仓天数	2
最大平仓亏损	-6 725.00美元	最大单日亏损	-7 012.50美元
利润系数	1.54	最大合约持有数	1
账户额度下限	10 012.50美元	账户收益率	141%

图 7-31 "哎呀"形态在更大样本区间内的回测结果

数据：	长期国债-9967 01/80						
计算时间：	01/01/90～08/28/98						
代码	转换系数	点值	佣金	滑点	保证金	格式	驱动器:\路径\文件名
44	-5	31.250美元	0美元	0美元	3 000美元	CT/PC	C:\GD\BACK67MS\F62.DAT

////////////////////////////////// 所有交易-测试3 \\\\\\\\\\\\\\\\\\\\\\\\\\\\\

总净利润	24 625.00美元		
毛利润	46 750.00美元	总亏损	-22 125.00美元
总交易次数	66	胜率	81%
盈利交易次数	54	亏损交易次数	12
最大单笔盈利	2 625.00美元	最大单笔亏损	-2 125.00美元
平均盈利	865.74美元	平均亏损	-1 843.75美元
平均盈利/平均亏损	0.46	平均交易盈亏	373.11美元
最多连续盈利次数	20	最多连续亏损次数	2
获利交易平均持仓天数	3	亏损交易平均持仓天数	6
最大平仓亏损	-5 500.00美元	最大单日亏损	-5 500.00美元
利润系数	2.11	最大合约持有数	1
账户额度下限	8 500.00美元	账户收益率	289%

图 7-32 运用"哎呀"形态每日买入做多（周四除外）

点的设定规则与做多时一样。交易的胜率达到 79%，净利润为 13 406 美元，平均每笔获利是令人惊喜的 394 美元，这对于短线交易已经非常不错了（见图 7-33）。

```
数据：         长期国债 -9967  01/80
计算时间：     01/01/90～08/28/98
代码   转换系数   点值       佣金    滑点    保证金     格式      驱动器:\路径\文件名
44     -5         31.250美元  0美元   0美元   3 000美元  CT/PC     C:\GD\BACK67MS\F62.DAT
//////////////////////////////所有交易-测试4\\\\\\\\\\\\\\\\\\\\\\\\
总净利润                13 406.25美元
毛利润                  25 281.25美元       总亏损              -11 875.00美元

总交易次数              34                  胜率                79%
盈利交易次数            27                  亏损交易次数        7

最大单笔盈利            2 375.00美元        最大单笔亏损        -1 812.50美元
平均盈利                936.34美元          平均亏损            -1 696.43美元
平均盈利/平均亏损       0.55                平均交易盈亏        394.30美元

最多连续盈利次数        8                   最多连续亏损次数    1
获利交易平均持仓天数    4                   亏损交易平均持仓天数 6

最大平仓亏损            -2 781.25美元       最大单日亏损        -3 312.50美元
利润系数                2.12                最大合约持有数      1
账户额度下限            6 312.50美元        账户收益率          212%
```

图 7-33 在周三运用"哎呀"形态卖出做空

7.8 标准普尔 500 指数的"哎呀"交易

相同的策略在交易标准普尔 500 指数时同样获得了成功；用以 9 日走势为基础的超卖标准选出的最好的买入日是周二、周三和周五。这些天里的交易达到了 81% 的胜率，净利润为 22 363 美元，每笔交易平均利润 456 美元，对于一日交易，这是一个相当出色的结果（见图 7-34）。以 9 日移动平均线作为交易决策基础的思路来自乔·库辛格的工作，他是我的前辈，热衷于系统开发。

在这个市场中，使用 9 日超买技术卖出的最好时机是周三，获利 18 963 美元，39 笔交易的胜率高达 89%（见图 7-35）。每笔交易平均利润为 486 美元，足以让人相信这一方法的有效性。

数据：	标准普尔500指数 IND-9967 09/80							
计算时间：	09/15/87~08/28/98							

代码	转换系数	点值	佣金	滑点	保证金	格式	驱动器:\路径\文件名
149	2	2.500美元	0美元	0美元	3 000美元	CT/PC	C:\GD\BACK67MS\F59.DAT

///////////////////////////////////所有交易-测试1\\\\\\\\\\\\\\\\\\\\\\\\\\\\\\\

总净利润	22 362.50美元		
毛利润	40 600.00美元	总亏损	-18 237.50美元
总交易次数	49	胜率	81%
盈利交易次数	40	亏损交易次数	9
最大单笔盈利	3 875.00美元	最大单笔亏损	-2 237.50美元
平均盈利	1 015.00美元	平均亏损	-2 026.39美元
平均盈利/平均亏损	0.50	平均交易盈亏	456.38美元
最多连续盈利次数	28	最多连续亏损次数	2
获利交易平均持仓天数	1	亏损交易平均持仓天数	0
最大平仓亏损	-4 925.00美元	最大单日亏损	-4 925.00美元
利润系数	2.22	最大合约持有数	1
账户额度下限	7 925.00美元	账户收益率	282%

图 7-34 在周二、周三、周五下降趋势中运用"哎呀"形态买入

数据：	标准普尔500指数 IND-9967 09/80							
计算时间：	09/15/87~08/28/98							

代码	转换系数	点值	佣金	滑点	保证金	格式	驱动器:\路径\文件名
149	2	2.500美元	0美元	0美元	3 000美元	CT/PC	C:\GD\BACK67MS\F59.DAT

///////////////////////////////////所有交易-测试2\\\\\\\\\\\\\\\\\\\\\\\\\\\\\\\

总净利润	18 962.50美元		
毛利润	26 962.50美元	总亏损	-8 000.00美元
总交易次数	39	胜率	89%
盈利交易次数	35	亏损交易次数	4
最大单笔盈利	3 175.00美元	最大单笔亏损	-2 000.00美元
平均盈利	770.36美元	平均亏损	-2 000.00美元
平均盈利/平均亏损	0.38	平均交易盈亏	486.22美元
最多连续盈利次数	26	最多连续亏损次数	2
获利交易平均持仓天数	1	亏损交易平均持仓天数	2
最大平仓亏损	-4 000.00美元	最大单日亏损	-4 000.00美元
利润系数	3.37	最大合约持有数	1
账户额度下限	7 000.00美元	账户收益率	270%

图 7-35 每月第 17 个交易日以后的"哎呀"交易

现在，我们看看使用"哎呀"技术交易标准普尔500指数的另外一种方式。多年来，大家都注意到股票价格一般在月初会上涨。这为"哎呀"交易提供了机会。如果这一形态在该月的第17个交易日之后至月底这段时间出现，我们的形态与每月的周期性影响因素叠加，就会出现很好的获利机会。

了解到月末价格上涨会延续到下个月的月初，我在债券市场上也尝试应用"哎呀"形态，交易时段为每个月的第1~5个交易日。交易结果同样让人印象深刻。将每月最佳交易日与"哎呀"形态相结合是最强大的短线交易策略，而且每月都可以按此策略反复操作。

一些观察家认为我们只是在有限的机会窗口中使用"哎呀"信号。说得也对，让我先解释一下，我第一次意识到这个"机会窗口"是在1962年，那时我拜读了梅里尔的经典著作《华尔街价格行为》。我相信这位面目慈祥、满头白发的老爷爷是当时第一个注意到这种上涨趋势，并在其著作中进行详细解释的人。

我所做的工作就是以这种市场偏差现象为基础，加入我的"哎呀"进场时机以及合理的止损位和退出时机。据我所知，在1988年我将这一理念传授给我的学生之前，没有人注意到这样的形态或趋势，因此，我们获得了很多意外的经验，我们并不承诺这是一个结论性的论断。梅里尔，还有其他人，比如诺姆·福斯拜克和格兰·帕克，都曾说过月末股票价格上涨是由于共同基金的经理调仓，以粉饰其持仓的结果。当我发现债券价格此时也上涨时，我相信股票价格上涨不是因为基金而是由于债券。债券涨，股票跟涨。永远记住，债券（利率）是摇尾巴的狗，尾巴就是股票市场。

实际上，大家如果对未来看涨，可以试试"哎呀"买入策略；如果对未来看跌，就试试"哎呀"卖出策略。只要有合适的基础，这一形态就可以创造奇迹。这是我发现的最好的形态。尽情享用，认真对待，明智地运用这一形态。

要点重述

现在你应该明白为什么有那么多人每天看图表了，图表的确是有帮助的。但是，多数交易者对那些导致市场反转或是发出买卖信号的形态还不熟悉。你现在应该了解我使用的形态了。

| 第 8 章 |

识别买方和卖方

如果每一个卖家都有一个对应的买家,价格怎么可能上涨或下跌?

到底先有鸡还是先有蛋，先有买家还是先有卖家？我想每一个投机者尝到甜头之前都应该先参透这一富有禅意的问题。从表面上看，如果一个卖家必须将他的股票或合约卖给一个买家，价格就永远不应该变化太大。买卖的力量难道不应该彼此平衡吗？

在完美的世界中，的确是这样的，然而我们生活在一个不完美的世界中，而且在玩一个更加不完美的游戏。现实中，正如你在日报上看到的或经纪商转发的，价格确实在变动，有时候变动得还很疯狂。价格变动的原因并不在于买卖的股票或合约的数量；毕竟，买的数量和卖的数量是相等的。价格波动的原因是买卖中的一方忽视了另一方的存在。

换言之，这个等式中的一方企图通过买高或卖低而从中获益。打破平衡，造成价格变动的，不是成交量而是紧迫性……想买卖或急着买卖的一方会把价格推高或压低。

正如前面提到的，我们可以将某天的买入量和卖出量用开盘价区分开。本章描述的交易系统和方法的要素使我在1987年盈利超过100万美元。

考虑这一点：每日商品期货的开盘价是由开盘前积累的买单和卖单集中竞价形成的。

1998年3月27日，5月猪腩期货的开盘价是46.20点，当日最低价是45.95点，最高价是48.60点。买方可以将价格从开盘价推高2.40点至48.60点，也可以任由价格回落至45.95点，即开盘价以下0.25点的位置。这里有两种价格震荡，一种最高上摆了2.40点，一种最低下摆了0.25点。当日收盘价是

48.32 点，高于前一日收盘价 46.40 点。

图 8-1 是 1990 年 3 月的大豆价格日线图。图中标出了最大振幅，因此你可以直观地看出每天市场交易的真实情况。你会在每个交易日看到一个由买方主导的买进震荡和一个由卖方主导的卖出震荡。收盘价与开盘价的相对位置告诉了我们哪一方获胜了。在猪腩期货的例子中，开盘后卖方占据优势并一度将价格打压至低于开盘价 0.25 点的位置，收盘价则回升至开盘价以上。如果次日价格低于开盘价 0.25 点，那么市场将会出现一批新的卖方。而且，更多的卖方进场，将成为一个卖出信号。

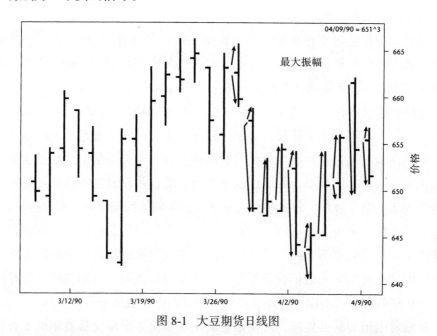

图 8-1　大豆期货日线图

资料来源：Graphed by the "Navigator", Genesis Financial Data Services：800-808-3282.

我们可以更进一步。利用过去几天所有开盘价到最低价的振幅，我们可以算出卖出震荡的平均值，如果今日开盘后的振幅超过这一平均值，我们可以认为这是一个卖出信号。

不过，请等一下，这个方法稍微有些复杂。如果真的想通过它来掌握卖家的动态，需要使用那些收阳线的交易日的数据，因为卖出震荡的平均值是在不会导致价格收阴的前提下的振幅。

同理，如果用开盘价加上每个收盘价下跌日开盘价与最高价的振幅平均值，那么你所得到的价位就是在不引发市场转向的前提下可能会上升到的价位。

8.1 最大振幅

最大振幅的应用机会在很大程度上已经被电子交易消灭了。正如前文所讨论的，从前一日收盘到本日开盘，我们已经看不到价格跳空的缺口了，因而我在 20 世纪 90 年代晚期用来度量波动率的尺度之一，即从开盘价到最高价的价格波幅，已经没有什么意义了。

而且，现在情况变得更糟，当初我是在次日的开盘价上加上这个波幅的。但因为如今的次日开盘价基本上就是今天的收盘价（周日夜盘除外），我们的基准点失效了。过去有用的东西现在没用了。

也许你可以用其他方式解决这个问题，用你最喜欢的方式。我来"晒一晒"我的方法，看看我是怎么让最大振幅"起死回生"的。我曾经尝试使用前一交易日的最高价、最低价和收盘价作为基准点，再加上变动值。我根据这些基准点回测了各式各样的数值。我试过在开盘价、收盘价以及前一日的收盘价上加上过去 X 天的真实波幅。各式各样的基准点与不同的波动率因子都试过了。

尽管做了这么庞杂的研究，但我依旧没办法得出任何有价值的可以设计成真正的交易系统的东西。唯一始终如一的、令我欣喜的就是每周最佳交易日的表现依旧那么突出。周五依旧是债市最好的交易日，周二依旧是股市最好的交易日……这些洞察依旧没变。每月最佳交易日的方法也依旧奏效。

但随着电子交易的发展，现在很难确定是哪个点促使交易者相信市场可能上涨从而一拥而上的。我希望我能不这么写，但交易的世界是由事实组成的，而这就是事实。

市场变了。我们也必须改变自己以适应市场，因为市场肯定不会改变自己来适应我们习惯的做事方式。当曾经有效的方法不再有效的时候，在错误的方向上继续努力是愚蠢的。

因此，尽管这里写的大部分内容在过去还算有意思，但现在我们得寻找新方法来利用价格摆动或者波动率来帮助短线交易者。

"最大振幅"可以应用在很多可能获利的交易上。你对这个概念研究得越多，就会越欣赏在下跌交易日中寻找上升震荡以及在上涨交易日中寻找下跌震荡这一逻辑。我把这些震荡称为"失败震荡"：市场可能出现剧烈的震荡，但无法坚持到底，反而会在相反的方向上收盘。

让我们看看用这些振幅能做什么。你可以确定过去几天的"失败震荡"的平均振幅，用当日开盘价加上或减去它，从而得出你应该进场的价格；或者统计若干天的所有"失败震荡"的平均振幅并加上 1 ~ 2 倍的标准差，得出你的进场点。

我会先将这个简单且能盈利的方法用在债券交易中。第一步是找到一个合适的交易起点，因为我不想只用一种技术手段进行交易。我会选择在超卖的市场进行交易：价格已经跌得比较多，将来会有某种程度的反弹，而且我会将前面提到的我最喜爱的"每日交易"与"失败震荡"结合在一起来用。

在这种情况下，根据阴阳转化理论，第一个条件是当日的收盘价要低于前 5 日的收盘价。第二个条件是我只在周二、周三或周五中的某一天买入。

一开始，我可以算出前 4 天中每天开盘价和最高价的差，再将它们相加，然后除以 4 从而得到"买入震荡"的平均值。我需要确认市场的确已经步入新的价格运行轨迹，然后在价位高于开盘价加上"买入震荡"的 4 日平均值的 1.8 倍时买入。

卖出信号则正好相反，我算出前 4 天中每天的开盘价和最低价的差，将它们相加再除以 4 从而得到"卖出震荡"的平均值。同样，再用开盘价减去平均值的 1.8 倍，即得到卖出价位。

国债市场的卖出时机是当日收盘价高于前 6 日的收盘价，而为了获得更好的交易成绩，我甚至希望看到黄金的当日收盘价低于前 20 日的收盘价。

无论做多还是做空，止损金额都是 1600 美元。我会在建仓两天后出现第一个获利开盘价时获利离场。图 8-2 显示了 1990 ~ 1998 年，运用这一交易策略的成绩。正如你所见，数据很明确地告诉我们，用最大震荡值设计的策略非常有效。坦白地说，我不知道在所有能够买到的、以技术分析为卖点的债券交易系统中，有哪一个可以与之媲美。

数据:	长期国债-9967 01/80							
计算时间:	01/01/90～08/28/98							
代码	转换系数	点值	佣金	滑点	保证金	格式	驱动器:\路径\文件名	
44	-5	31.250美元	0美元	0美元	3 000美元	CT/PC	C:\GD\BACK67MS\F62.DAT	

////////////////////////////////所有交易-测试1\\\\\\\\\\\\\\\\\\\\\\\\\\\\\\\\

总净利润	52 812.50美元		
毛利润	105 000.00美元	总亏损	-52 187.50美元
总交易次数	161	胜率	75%
盈利交易次数	122	亏损交易次数	39
最大单笔盈利	3 437.50美元	最大单笔亏损	-4 718.75美元
平均盈利	860.66美元	平均亏损	-1 338.14美元
平均盈利/平均亏损	0.64	平均交易盈亏	328.03美元
最多连续盈利次数	13	最多连续亏损次数	2
获利交易平均持仓天数	4	亏损交易平均持仓天数	3
最大平仓亏损	-6 343.75美元	最大单日亏损	-6 781.25美元
利润系数	2.01	最大合约持有数	1
账户额度下限	9 781.25美元	账户收益率	539%

////////////////////////////////买空交易-测试1\\\\\\\\\\\\\\\\\\\\\\\\\\\\\\\\

总净利润	48 187.50美元		
毛利润	88 281.25美元	总亏损	-40 093.75美元
总交易次数	122	胜率	77%
盈利交易次数	94	亏损交易次数	28
最大单笔盈利	3 437.50美元	最大单笔亏损	-1 687.50美元
平均盈利	939.16美元	平均亏损	-1 431.92美元
平均盈利/平均亏损	0.65	平均交易盈亏	394.98美元
最多连续盈利次数	13	最多连续亏损次数	2
获利交易平均持仓天数	4	亏损交易平均持仓天数	4

////////////////////////////////卖空交易-测试1\\\\\\\\\\\\\\\\\\\\\\\\\\\\\\\\

总净利润	4 625.00美元		
毛利润	16 718.75美元	总亏损	-12 093.75美元
总交易次数	39	胜率	71%
盈利交易次数	28	亏损交易次数	11
最大单笔盈利	1 593.75美元	最大单笔亏损	-1 718.75美元
平均盈利	597.10美元	平均亏损	-1 099.43美元
平均盈利/平均亏损	0.54	平均交易盈亏	118.59美元
最多连续盈利次数	6	最多连续亏损次数	2
获利交易平均持仓天数	2	亏损交易平均持仓天数	2
最大平仓亏损	-2 500.00美元	最大单日亏损	-2 500.00美元
利润系数	1.38	最大合约持有数	1
账户额度下限	5 500.00美元	账户收益率	84%

图8-2 最大振幅策略在债券上的回测结果

8.2 应用最大振幅进行股票指数交易

相同的基本公式也适用于标准普尔 500 指数的交易。同样，我们会用 4 日买入震荡（最高价减去开盘价）平均值的 180% 作为买入信号；用 4 日卖出震荡（开盘价减去最低价）平均值的 180% 作为卖出信号。你也许会想到，在债券市场当日收盘价高于 15 日前的收盘价时买入且在低于 15 日前的收盘价时卖出，交易结果会有明显的改善。基本面确实会造成一些差异；不要听信任何神经兮兮的图形分析员或是语速很快的技术分析师蛊惑你说没有任何区别之类的话。我们的每周最佳交易日的过滤器是在每周一、周二或周三买进，在除周一外的任何一天卖出。所采用的策略是在当日收盘价低于 6 日前的收盘价时买进，高于 6 日前的收盘价时卖出，因为我们已经感觉到市场有过度膨胀的迹象。

结果说明了一切：止损金额一律设为 2500 美元的回测结果是，总盈利 105 675 美元，交易胜率为 67%（见图 8-3）。做空并没有赚多少钱，好歹赚了点；考虑到交易期间处于强劲的牛市行情，成绩还是不错的，单笔交易平均利润为 428 美元。

```
/////////////////////////////所有交易-测试4\\\\\\\\\\\\\\\\\\\\\\\\\\\\\
总净利润              105 675.00美元
毛利润                277 250.00美元      总亏损              -171 575.00美元

总交易次数                247             胜率                    67%
盈利交易次数              167             亏损交易次数             80

最大单笔盈利          10 962.50美元       最大单笔亏损        -3 587.50美元
平均盈利               1 660.18美元       平均亏损            -2 144.69美元
平均盈利/平均亏损          0.77            平均交易盈亏           427.83美元

最多连续盈利次数           10             最多连续亏损次数          5
获利交易平均持仓天数        4              亏损交易平均持仓天数       4

最大平仓亏损         -12 500.00美元       最大单日亏损        -13 462.50美元
利润系数                  1.61            最大合约持有数            1
账户额度下限          16 462.50美元       账户收益率              641%
/////////////////////////////买空交易-测试4\\\\\\\\\\\\\\\\\\\\\\\\\\\\\
总净利润               51 575.00美元
毛利润                148 437.50美元      总亏损              -96 862.50美元
```

图 8-3 标准普尔 500 指数交易的回测结果，最大振幅为 180%

总交易次数	123	胜率	65%
盈利交易次数	81	亏损交易次数	42
最大单笔盈利	10 962.50美元	最大单笔亏损	-3 587.50美元
平均盈利	1 832.56美元	平均亏损	-2 306.25美元
平均盈利/平均亏损	0.79	平均交易盈亏	419.31美元
最多连续盈利次数	8	最多连续亏损次数	4
获利交易平均持仓天数	4	亏损交易平均持仓天数	3

////////////////////////////////卖空交易-测试4\\\\\\\\\\\\\\\\

总净利润	54 100.00美元		
毛利润	128 812.50美元	总亏损	-74 712.50美元
总交易次数	124	胜率	69%
盈利交易次数	86	亏损交易次数	38
最大单笔盈利	9 125.00美元	最大单笔亏损	-3 100.00美元
平均盈利	1 497.82美元	平均亏损	-1 966.12美元
平均盈利/平均亏损	0.76	平均交易盈亏	436.29美元
最多连续盈利次数	9	最多连续亏损次数	6
获利交易平均持仓天数	4	亏损交易平均持仓天数	6
最大平仓亏损	-16 575.00美元	最大单日亏损	-16 662.50美元
利润系数	1.72	最大合约持有数	1
账户额度下限	19 662.50美元	账户收益率	275%

图 8-3（续）

8.2.1 比看起来还好

以上的结果还可以进一步优化。因为我的电脑软件不允许在进场当天像实盘交易那样采取保护性止损措施，而且我们在实盘交易时设置的止损价比在软件上设定的更接近市场的实际情况。在实盘交易时，一旦决定做多或做空，我设定的止损价都会略高于或低于开盘价。

如果价格上涨触发入场信号后，又回到开仓价附近，那么这一次入场就值得商榷了，虽然出现了一波强劲的走势，但并不持久。如果没有设置止损点，你就会在这一天的低点出场，那就意味着失败，即便如此，损失仍然比电脑软件计算出来的要少。

8.2.2 最大振幅的更多应用

当我面临困惑的时候，最大振幅也能派上用场。当我为某个仓位寻找出场时机或是想建仓却找不到合适的入场点时，我会运用最大振幅来确定当前的宽幅震荡行情会在什么时候逆转。所有我需要做的只是计算买入或卖出的振幅，将其平均值作为出场或入场点。

日内交易员在运用这一方法的时候可能会略有不同。他们中的许多人（不包括我）的操作手法是在超买区卖出，超卖区买进。在这种情况下，最大振幅可以告诉你在价格高于开盘价多少的时候可以卖出，以及过去几天"失败震荡"的最大值是多少，然后你就可以用它设定止损点并在略高于这个点的价位反向开仓。你也可以在开盘价减去最大振幅的价位买进，并将止损点设得更低。

这里有一个例子。表 8-1 显示的是 1998 年 3 月标准普尔 500 指数每日表现以及卖出震荡值。用 3 月 16 日的 4 日平均值乘以 1.8，我们算出比 17 日开盘价低 5.50 点的买入价：1086.75 点⊖。表 8-1 显示了具体情况。

表 8-1 标准普尔 500 指数每日表现

	开盘价	最高价	最低价	收盘价	最大振幅
3/11	1 078.00	1 082.40	1 077.20	1 080.80	0.80
3/12	1 080.00	1 085.20	1 075.50	1 084.00	4.50
3/13	1 087.00	1 088.60	1 078.40	1 080.90	8.60
3/16	1 085.00	1 092.40	1 084.60	1 091.70	0.40
最大振幅 4 日平均值 = 14.30/4 或 3.57，其 1.8 倍 = 3.57 × 1.8 = 6.45					
买入价为 3 月 17 日开盘价 1 092.20 – 6.45 = 1 085.75					
3/17	1 092.20	1 094.50	1 086.00	1 094.20	

如果做多，你的出场点应该是开盘价减去 4 日平均振幅 3.57 的 2.25 倍或者 8.00 点——止损点为开盘价 1092.20 减去 8.00，等于 1084.20。

你可以用最大振幅来确定市场的支撑和阻力区间。我的经验表明，使用振幅的 1.8 倍确定开仓的价位，用振幅的 2.25 倍确定止损的价位是行之有效的策略。

运用振幅获利的另外一个方法是，如果标准普尔 500 指数上周五以下跌收

⊖ 此处及表 8-1 原文如此。

盘，则在周一开盘价加上上周五最高价与开盘价振幅的价位买进。同时，上周的债券收盘价需高于 15 日前的收盘价。以下回测结果显示了简单地将止损金额设为 2500 美元的交易情况。依实际情况来看，除非振幅非常大，我一般会在开盘价减去振幅的价位离场。如果振幅非常大，我会在交易价格低于前一日的最低价时认输离场。此回测的样本区间是 1982 年到 1998 年 3 月。这是我所知道的最成功的日间交易的机械化交易技术。

这种技术不需要报价机、任何软件或是与经纪商不间断的电话联络。一旦条件成立（债券价格高于 15 日前的价格，周五收盘下跌），你就在下周一开盘价加周五振幅的价位买进。显然，这不需要很高的技巧，只需要耐心地等待交易机会，以及勇于进场冒险的魄力（见图 8-4）。

```
数据:         标准普尔500指数  IND-9967  09/80
计算时间:     09/15/87 ～ 08/28/98

代码   转换系数   点值      佣金    滑点    保证金      格式     驱动器:\路径\文件名
149      2      2.500美元  0美元   0美元   3 000美元   CT/PC   C:\GD\BACK67MS\F59.DAT
////////////////////////////////所有交易-测试1\\\\\\\\\\\\\\\\\\\\\\\\\\\\\\\\
总净利润             57 087.50美元
毛利润              117 587.50美元       总亏损           -60 500.00美元

总交易次数              161              胜率                 86%
盈利交易次数            139              亏损交易次数          22

最大单笔盈利       7 625.00美元          最大单笔亏损      -2 750.00美元
平均盈利             845.95美元          平均亏损          -2 750.00美元
平均盈利/平均亏损       0.30              平均交易盈亏        354.58美元

最多连续盈利次数         26              最多连续亏损次数       2
获利交易平均持仓天数      1              亏损交易平均持仓天数    2

最大平仓亏损      -5 500.00美元          最大单日亏损      -5 500.00美元
利润系数              1.94              最大合约持有数         1
账户额度下限       8 500.00美元          账户收益率           671%
```

图 8-4　最大振幅策略在周一买入的回测结果

只要确定了合理的买入、卖出条件，就可以用最大振幅为所有的市场设计类似的交易策略。我最喜欢设置的交易条件是每周最佳交易日、高度相关的数据流、季节性因素、市场形态以及超买超卖情况等。

8.3 一些建议

这些年来，我尝试过各种时间周期，希望能确定最合适的时间参数。我原以为将时间参数设为10天可以得到最合适的平均值，毕竟用于观察的振幅变化值越多，所得到的结果就越准确，或者，这只是我的猜测而已。事实证明，的确是我错了，在绝大多数的实例中，对交易或制定策略最有用的是进场之前1～4天的数据。

这一策略的基础包含了高于或低于开盘价的振幅突破。我们寻找的突破量是包含上涨到这一点的量。所以其中的关键因素是在跌势中寻找买入信号，在涨势中寻找卖出信号。

最后，记住这是一个"傻瓜"技巧，它不知道什么时候会出现获利丰厚的交易机会，甚至不知道哪一笔交易能获利。这就是你为什么不能挑三拣四，为什么当这样的交易机会出现时，必须一一地接受它们。如果你在这些交易机会中进行挑选，你不可避免地会选中一些失败的机会，错过获利的机会。这不是某个人的问题，我们都会犯这种错误，所以战胜这个恶魔的方法就是照单全收。

依照我的思路，最大振幅是最可靠、最有逻辑性的对付震荡突破的方法。对"失败震荡"的度量是如此有效，以至于我希望其他人（也许就是你）可以用它超过我。也许更好的答案来自前面提到的标准差方法，或是将最大震荡值与前日变化结合使用的方法，不过，我真的不能确定。我唯一能肯定的是，这是我所有技巧中最有力、最实用的技术之一。从1977年我摸索出这个方法以来，它就帮了我很大的忙。时髦的数学方法可以使回测结果变得更漂亮，不过我认为大可不必。

📈 要点重述

我希望通过此章的学习你能够了解价格波幅和波段是可以定义的，并且我们可以用它们衡量价格变动并做出交易决策。市场的波动是点到点的变化，超过平均波幅则意味着非同寻常的情况出现了。

| 第 9 章 |

盯住盘面进行短线交易

回顾历史可以帮助我们理解市场,但做交易时一定要往前看。

到现在为止，我跟你分享的都是我常用的交易方法。我在日线图上确定价格形态，以及这些形态与持续2～4天的短线行情的关系。这只是我的风格，不一定适合你。

人们之所以喜欢日内交易是因为他们不用去承担市场的隔夜风险。大家所担心的是从今天收盘到明天开盘这段时间市场会发生大的反向波动。他们害怕出现不利于自己持仓的新闻、变化，以及其他无法控制的价格波动。他们喜欢在日内收盘时，一切盈、亏、平都已成定局。回家时，他们不用再去想令人苦闷的亏损头寸，不至于寝食不安。毋庸置疑，这些情形都是真实存在的，生活中有得必有失。就像前面提过的，做日内短线交易，就放弃了捕捉幅度大、持续时间长的行情的机会。

对于大多数人来说，"短线交易"意味着在交易日整天被"粘"在报价屏上。他们想象中的情景，就是一个"压力山大"的交易者两只耳朵各听一个电话，大声喊着"买芝加哥，卖纽约"之类的话。当然，这是令人极其亢奋的状态，要是你想每天都这样交易，你最好确定自己的性格适合干这一行。我会告诉你我所认为的合适的性格或气质是什么，并讲述我在寻找期货交易真谛时所得到的启示。

盯盘的交易者应该具备的素质有：专注，能做出明智的选择，不用左思右想就能对当前形势做出反应。

如果你是那种需要足够的时间才能做出决定，或者做出决定以后不能马上行动的人，这个游戏就不适合你。想要在这个游戏中获胜，你必须能在短时间内做出决定并立即执行；在这个游戏中，没有时间让你发表高论或考虑再三。如果你做不到，几个月内，你就会血本无归。这是一个要么迅速行动要么死亡的游戏。如果不够快，你就死定了，就这么简单。短线交易要求你能够迅速抓住市场的瞬间变化，或者在情况发生变化的时候马上改变自己在几秒钟之前所做出的决定。对于那些生性迟缓的人来说，能够继承一笔遗产是最好的事情，因为他们永远做不到像短线交易者那样赚钱。

日复一日地盯着报价屏幕上的价格涨涨跌跌，要求交易者能够在每个交易时段都紧张地保持高度专注的状态。这可不适合爱做白日梦的人。如果你不能全神贯注，忘了自己该干什么，在关键的那一分钟走了神儿，可能你就会一败涂地。能够长时间保持如此紧张和专注的状态并不容易，特别是当你的爱人打电话问你家里的花园或水管的事儿，或是密友打电话跟你闲聊的时候，你有没有勇气告诉他们你现在没空聊天，或是直接挂掉密友的电话，或是干脆不接爱人的电话吗？如果你能做到，你基本具备了从事这个职业的素质；如果做不到，最好再想想是否真的要干这行。

我向你保证，你分心打电话的时候，就是市场趁你不备出现大的变化的时候。别说我没事先警告过你。现在，让我们看看这个游戏的目的：你必须能在短时间内改变你对将来局势的判断。这可不是一般人能干的活。

也许出于什么不可知的原因，大家一股脑儿地都开始做日内交易，心里还想着这样做能控制风险。他们总是会说："如果收盘你就已经离场了，那怎么可能遭受隔夜的损失呢？"

套用诗人勃朗宁夫人的诗来说，就是："做日内交易亏钱的方式有多少种，让我来数一下。"尽管表面上看日内交易就像捡钱一样容易，但事实远非如此。日内交易者不承认投资的数学概率。

说白了，趋势是一切投资和交易能够获利的基础。没有趋势，就不可能获利。所以你会问"是什么推动了趋势的形成？"

我的回答是："趋势是时间的函数。你在一笔交易里停留的时间越久，就越有机会看清趋势的发展。"

这是短线交易者的致命弱点，时间并没有站在他们这一边。他们每一次买进卖出也就几分钟的样子，即便他们手上的头寸能拿一整天，也不过只有几个小时而已，这意味着他们在自我设限。毫不夸张地讲，他们想逮到一个像样的大趋势（利润）几乎是不可能的，因为他们给自己设定了时间限制，囿于这个时限，潜在的交易机会都被挡在了门外。实际上，在市场中获利最有把握的方式，是用较轻的仓位捕捉大的价格波动。

但日内交易者正好做反了。他们获利的唯一方式就是用很重的仓位来博取微小的价格波动。看明白他们是怎么把（胜率）计算表变得不利于自己了吗？他们将自己置于不利的位置……在某个时点……他们几乎肯定会遭受巨创。

因为日内交易既不容易做，也不保证能一夜暴富，从最终的结果来看，你亏的会比赚的多。尤其在单笔交易出现巨额亏损时更是如此。一笔巨额亏损就可以把之前的多笔盈利一笔勾销。所以，尽管你在80%的时间里都是对的，但一笔巨额亏损就能使你之前的全部努力付之东流。

我的父亲比我聪明得多，他是炼油厂的工头，他从炼油厂退休的时候，他认为拜访一下经纪公司，看看电视，就能从短线交易上赚到钱了。差不多过了一个月，他才弄明白这并不容易。他对我说："拉里，这可比试着把你举起来难多了。"

我不知道前面写的这些能不能让你打消做短线交易者的念头，但起码你不能再说没人警告过你了。日内交易的美梦时常会变成噩梦，所以一定要小心。

13年后，我依然认为日内交易是交易者的梦魇……不过，对那些无论如何都想试一试的读者，我这儿倒也有一些验证过的方法可以尝试。

9.1 盯盘交易者是怎么赚钱的

短线交易者只有一个目的：抓住当前的市场趋势。那就是你需要做到的唯一的一件事。

这听起来挺简单，但相信我——其实一点儿都不简单。有两个原因：第一，甄别趋势本身既是一门艺术，也是一门科学，也可以说是一门抽象的艺术，就像毕加索和塞尚的混合体再加上一点夏卡尔的意味；第二，即使你准确地判断出了目前趋势的变化，你的心态的变化也会把事情搞得一团糟。尤其是当你做多出现亏损或是略有浮盈却突然收到卖出信号的时候，更是如此。

不要根据你对市场长期走势的判断来做日内交易，那是将来要发生的事情。

日内短线交易者不能也不可以考虑将来，你唯一需要关注的就是跟随当前的短线趋势。如果你接受这一点的话，那么你的任务就是"模仿"市场的变化：如果行情上涨就做多；反之，则做空。试图预测短期的顶部和底部是快速耗尽资金的捷径。你要跟随趋势，它是你唯一的朋友。

因为贪婪比恐惧更强大，所以你最有可能的反应是"持有并希望"；这意味着你会放过目前的新趋势，抱着多头仓位，在应该行动的时候期望市场证明卖出是错误的。笨蛋才不会这么想呢，赢家会不停地调整（方向），就像纺车一样。

我认为我们是在试图做两件非常困难的事：击败对趋势变化的判断；用更聪明的方法击败我们的头脑。这就是挑战。我用来判断趋势变化的第一个方法在第1章中提到过，就是圈出短期高点和低点。这一理念可以帮助我们确定短期波段的端点。当近期价格超越短期高点，趋势将会由上涨转为下跌；当近期价格跌破短期低点，趋势将会由下跌转为上涨。图9-1展示了这一趋势变化的经典形态，仔细研究一下，因为我们接下来会谈到具体应用。

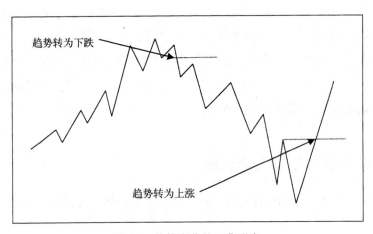

图 9-1　趋势变化的经典形态

9.2　用波段端点来辨别趋势变化

应用这一技术时需要注意：在下跌行情中，尽管价格突破短期高点预示着一轮上涨行情可能开始了，但某些突破确实比其他突破更有价值。

短期低点被突破有两种形态：在上涨行情中，被向下突破的低点可能成为新一轮上攻行情前的低点，如图 9-2a 中左侧的图形所示；或者，在下跌行情中，价格反弹至一个稍低的短期高点后，反弹结束，而后又跌破前期低点，如图 9-2a 中右侧的图形所示。

图 9-2a 中的右侧图形所示的低点突破能更好地反映真实的趋势变化。

同理，短期高点被突破也有两种形态：新低点之前的反弹高点被向上突破，如图 9-2b 中左侧的图形所示；市场形成一个较高的低点后，价格反弹超过两个低点之间的短期高点，如图 9-2b 中右侧的图形所示。在这种情况下，图 9-2b 中左侧的图形能够更好地反映真实的趋势变化。

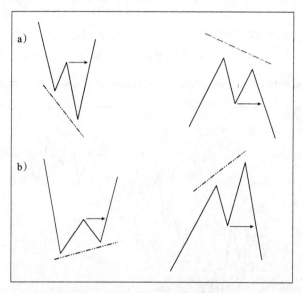

图 9-2　突破短期低点或高点

记住这一点后，我们再来看看图 9-3。这是 1989 年 9 月债券市场 15 分钟线的走势图，用这种技术足以抓住主要趋势。

图 9-4 显示的是 1998 年 4 月债券市场 15 分钟线的走势图，它再一次告诉我们短期高点或低点的突破可以帮助交易者在 10 天的周期内⊖与市场行情的大部分趋势变化保持同步。

⊖　原文如此。

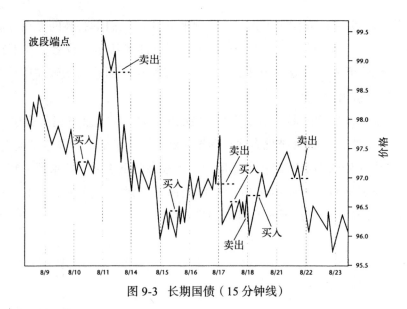

图 9-3 长期国债（15 分钟线）

资料来源：Graphed by the "Navigator"，Genesis Financial Data Services：800-808-3282.

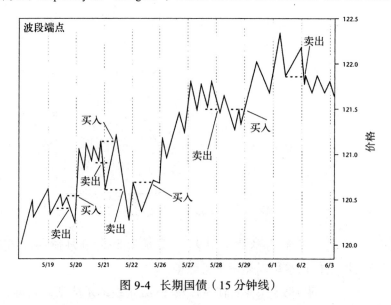

图 9-4 长期国债（15 分钟线）

资料来源：Graphed by the "Navigator"，Genesis Financial Data Services：800-808-3282.

这种技巧可以有两种应用。有些交易者只是在趋势变化时买多卖空，这是应用此技巧最简单的方式。一个更高明的方式是使用那些被每周最佳交易日、每月最佳交易日以及其他辅助信息确认的买入或卖出信号，这样可以过滤掉图上的一些不规则的波动。

我们还可以用这些趋势指标在价格回落时买进，上涨时卖出。如果趋势指标是向上的，而且价格也已经出现了向上的反转，我们就可以采用短线技巧和手法确定买入信号。

9.3 三线高点或低点系统

在我的职业生涯中，我曾经用这个短线交易策略创下了连续 30 笔盈利交易的记录。你首先需要计算三根棒线高点移动平均值（以下简称三线高点均值）和三根棒线低点移动平均值（以下简称三线低点均值），依据波段趋势指标技巧——在三线高点均值处获利了结（每根线代表走势图上的时间周期。使用 5 分钟线走势图会找到很多的信号，如果你不想进行那么繁忙的交易则可以选用 15 分钟线走势图）。这可以在任何报价机上自动完成，尽管"过去"我是手工完成的，你也可以像我以前那样操作。

交易的策略是：如果趋势向上，则依据波段趋势识别技巧，在三线低点均值处买进，然后在三线高点均值处获利了结。

卖出的操作正好相反：在三线高点均值处卖出，然后在三线低点均值处买进平仓。除非有充分的理由，否则只做空是非常愚蠢的。我们做空的理由很充分，那就是波段反转系统已经告诉我们趋势会下跌，只有这时才有理由在高位卖空，在低位平仓。

现在让我们把以上的思路梳理一下。图 9-5 显示的是将三线移动平均线和波动线叠加后的情况。我已经在趋势变化的地方做了标记，我们追随这些趋势反转从逢高做空到逢低做多。图中也标记了三线高位和低位进场点。游戏是这样进行的，在趋势反转向上的时候，我们在三线低点买进持有，在三线高点获利了结并等待回归至三线低点时再进场建仓。即使三线低点显示出有利于卖出的趋势反转迹象，仍然要继续做多，直到确认趋势已经反转。卖出操作则相反，等到趋势反转向下后，在三线高点卖出，再在三线低点平仓获利了结。

图 9-6 标出了所有的趋势反转，你可以找出进场点和出场点，在纸上进行

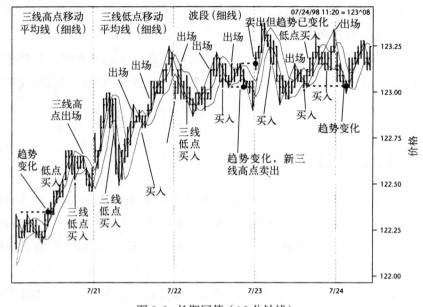

图 9-5　长期国债（15 分钟线）

资料来源：Graphed by the "Navigator", Genesis Financial Data Services：800-808-3282.

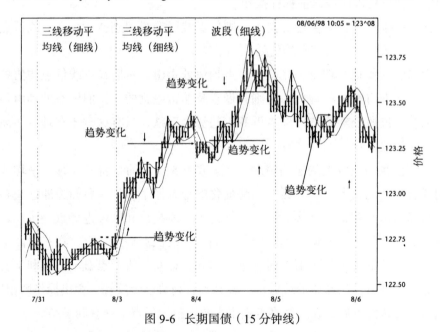

图 9-6　长期国债（15 分钟线）

资料来源：Graphed by the "Navigator", Genesis Financial Data Services：800-808-3282.

模拟交易。我建议你研究一下这幅图，这样可以对超短线交易方法有一个感性的认识。注意，这些是 15 分钟线走势图，但这种技术同样可以应用到 5 分钟线和 60 分钟线走势图上。

9.4 短线交易的新指标：威尔价差

市场变化有其真正的原因，并不受技术分析的影响。现实生活中的事情总有因果关系。图表改变不了市场的走向，而市场却决定了图表的形态。考虑到这一点，我认为短期波动也是由外在因素诱发的。价格不会因为它在上涨而上涨，上涨是"原因"在价格上的反映。如果能找到此"原因"的话，与一般的短线交易者和日内交易者相比，我们必会遥遥领先。

我最喜欢的因果指标是"威尔价差"，一个测算交易者参与的一级市场及可能影响一级市场的二级市场之间的价格流向的指标。正如你所知道的，债券市场会影响股票市场，黄金市场会影响债券市场，"威尔价差"使我们能够洞悉这些市场间的内在联系。这一指标的计算方法是用一级市场的价格除以二级市场的价格，再乘以 100。这样就建立了两个市场的价差，使我们可以对两个市场之间的关系做出基本的判断。

以应用 15 分钟线走势图做短线交易为例（其他周期的走势图同理），首先建立一个 5 周期的平均价差指数，然后用 20 个周期的价差指数平均值减去这个值。这样，我们就可以看出什么时候某个市场比其他市场更热，同时也会对市场间的相互作用有更深的了解。诚然，这也不是完美的系统，我只在商业杂志或报纸上才看到过大量号称自己拥有完美的交易系统的广告。在这一点上你完全可以相信我：90% 的广告都是在吹嘘，只有 10% 可能是真实的。如果真的有人有这种非凡的交易系统，他一定不会对外宣扬，他早就自己用它多赚 100 倍的钱了。另外，交易在税收方面的巨大优势也是出售交易系统所无法比拟的。到目前为止，我还没有看到一个能够连续赚钱的机械化的日内交易系统。日内交易是一门艺术，有了正确的理解，才能成功地运用它。

9.4.1 一个实例

图 9-7 是 1998 年 6 月国债的 30 分钟线走势图。图底部的指标是"威尔价差",反映的是黄金与债券的价差。我们的交易策略是,在这一指标从坐标轴以下的负值区上升到正值区的时候买进,因为这是市场上涨的时机,而当指标从坐标轴上方的正值区转入负值区时则可能是卖出的时机。

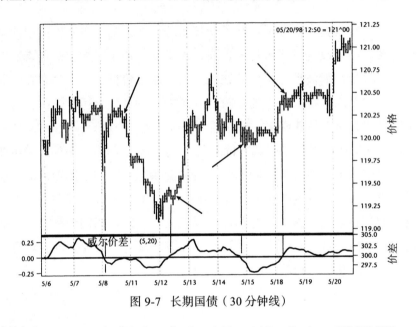

图 9-7 长期国债(30 分钟线)

资料来源:Graphed by the "Navigator", Genesis Financial Data Services:800-808-3282.

我并不认为这一指标是万能的。我只是用这一指标正确地追随市场的真实趋势。在这个例子中,观察的是黄金对债券的价差。每当价差从负转正,我总会等待行情走势满足以下条件:

下一根棒线能够涨过使"价差"指数由负转正的那根棒线的高点。
出现能够证明趋势仍然有效的最后佐证。

9.4.2 我的舒适区

如果没有这些确认信息,我会感到不安。当然,图表或屏幕上出现其他技术信号如趋势线或正的震荡指标值时除外。你可以根据这些信号做交易，不过确认市场上涨的最好证明莫过于价格创新高，或者在威尔价差由正转负且价格创新低时，再判定趋势已转为下跌。

让我们从 1998 年 5 月 8 日的 30 分钟棒线开始看。第一根棒线大跌导致威尔价差跌入负值区，但是第二根棒线并没有跌破上一根棒线的低点，所以我们没有进场。最终，我们在 13:50 的那根棒线向下突破前一根棒线最低价时做空，此时威尔价差为负值，成交价大概为 $120\,{}^{7}\!/_{32}$ 美元。

威尔价差在当天和第二天一直为负值，直到 5 月 12 日 9:50 这一根棒线处才转为正值。严峻的考验开始了，这波上涨行情会持续吗？的确，10:20 这根棒线的价格达到了 $119\,{}^{14}\!/_{32}$，因此我们净赚了 25 点，每笔合约盈利 750 美元。

我们在 $119\,{}^{14}\!/_{32}$ 买进并准备在威尔价差跌入负值时反手做空。接下来，威尔价差第一次跌入负值是在 5 月 14 日 12:50。同样，我们等待进一步确认，而后一根棒线价格也没有进一步变化。现在我们等待该棒线的低点被跌破。最终价格在 14:20 跌至 $120\,{}^{4}\!/_{32}$ 美元，触发了跟踪止损，我们反手做空。这笔交易净赚 20 点，每笔合约盈利 600 多美元。

我们坚决做空并等待空翻多的机会，也就是威尔价差进入正值区。直到 5 月 18 日 8:50 威尔价差才进入正值区。此轮上涨，买盘有备而来，当日的主动买盘出现在 $120^{14}\!/_{32}$ 美元价位附近。实际上，我们在这笔做空交易上赔了 10 个点，约 312.50 美元。

9.4.3 我们还能做得更好吗

我们有可能避免这次亏损吗？当然，回顾一下周一早上的交易，如果我们盲目入场就有可能造成亏损。而当这一切真正发生（且通常都会发生）的时候，我们只能用以下的话聊以自慰：

老干也不是每次掷骰子都能赢。

当日我们最终以获利 5 个点（大约 150 美元）结束这笔交易，这使自己稍感欣慰，也补偿了部分损失。接下来的交易（记住，交易者只做大买卖），我们的目标是每笔合约盈利 500 美元。

一个机敏的交易者会在开仓做空后的第二根棒线的价格创出新高时平仓离场。为什么？威尔价差正迅速地靠近 0 线。我们应该限制亏损，当价格突破 $120^5/_{32}$ 美元时，我们只损失 1 个点，加上佣金的话是 32.50 美元。你也许会选择不离场，不过我一定会，因为威尔价差走势与交易区间突破都发出了离场信号。就像我所说的，这是一个适合喜欢思考的人的行业。

如果你还心存疑惑，可以再看看 5 月 18 日的 5 分钟或 15 分钟线走势图。我们注意到在这两个时间周期中，威尔价差都显示出清晰的向上突破，提示你最佳的选择至少是舍弃空头仓位。有了这么多证据，正确的行动路径也就好找了。

在图 9-8 里可以看到，威尔价差在 13 年后依旧有效。看到这幅图的那一天，刚好我在修改本章。选择这张图表，并没有什么特别理由。正如你看到的，图中水平线的交叉处清楚地示意出一个一触即发的趋势运动。当时债券价格走势比黄金价格强，这对债券市场而言是看涨的前兆。这个指标既可以用在日线上，也可以用在 30 分钟线上。

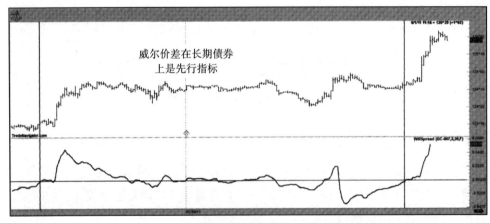

图 9-8　威尔价差

图 9-9 结合了威尔价差和前面讨论过的 3 线通道。如果威尔价差值是正的，我们就可以假设债券价格会上涨，因而我们可以在 3 线最低价移动平均线的低点处买入，在 3 线最高价移动平均线处获利了结。

我们所做的就是把两个经过时间验证的交易技术结合在一起，以占尽市场趋势与反趋势的先机。短线交易者必须专注于这个概念：先确认一个更长周期的趋势，然后在上升趋势的回调过程中买入，期望上升趋势会持续下去。放空刚好相反，你需要先找出由某种原因造成的下跌趋势，然后在价格反弹时卖空。

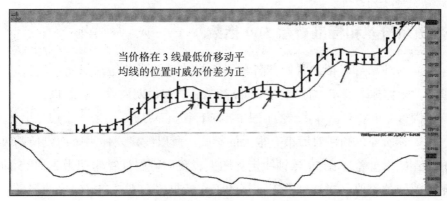

图 9-9　威尔价差与 3 线通道

我最初的关于威尔价差和债券市场的文章是在 20 世纪 80 年代中期撰写的，当时我用 14/19 天的参数设置威尔价差，来确认债券市场日线图上更长周期的趋势。我觉得你会很高兴看到在目前债券市场的图表里，威尔价差依然有效（见图 9-10）。

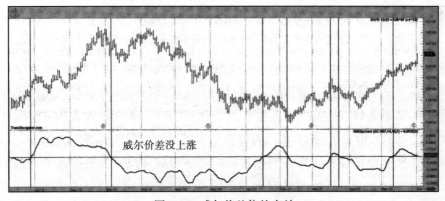

图 9-10　威尔价差依然有效

你可以看到，在辨别市场的哪些上涨是良性的、哪些不是良性的时候，这个指标还是可靠的。2010 年 9 月的高点是个最棒的例子，在一路下挫的过程中，威尔价差拒绝发出任何买入信号。必须承认，它在 2011 年 1 月也发出过买入信号，但后续趋势并不很强劲。这里的教训就在于：决不能单单依赖任何一个工具，而要从各个方面进行分析以获得更多的深刻认识。

9.5 威尔价差和标准普尔 500 指数

相同的理念可以帮助我们在各种股票指数合约诸如纽约证交所、道琼斯、价值线、迷你标准普尔和标准普尔 500 指数中抓住短期波段交易的机会。

尽管黄金市场对债券走势有巨大的影响，但它对股票市场的影响没那么大。不过正如你所知，利率对股市有很大的影响。所以我建议你用短期或长期政府债券构建威尔价差。在 30 分钟线走势图上，我们可以计算周期为 3 和 15 的价差平均值间的差值。当然，手工计算的工作量很大，不过在好一些的报价软件（如 Omega 交易系统和 Genesis 数据）中都可以找到我的指标加进了它们的程序。

我并不会随意地选择某个时段向你展示威尔价差的价值。我会用 1987 年的股市崩盘以及 1997~1998 年的大跌来剖析股市崩盘。

9.5.1 1987 年股市崩盘

也许有史以来最惨重的股市崩盘出现在美国市场是我们的荣幸。这是一次改变了人们的生活与财富状况，让律师在 5 年后还在打赔偿官司的灾难性大崩盘。即使现在，仍然有人写书宣称事先知道这一切将会发生，或解释为什么会发生。学术界提出了很多建议，希望避免这种投机性泡沫在将来再度发生。我认为这没什么大不了的，其实，在当时而不是现在，应用威尔价差就可以预测出崩盘（见图 9-11）。这一令人惊奇的指标在 10 月 14 日转为负值（标准普尔 500 指数为 311.50 点），提示大家可以在崩盘的整个过程中保持空头头寸，因为该指标表明底部还没有出现。利率和短期债券市场并没有对股市起到支撑的作用，而且在没有明确证据的情况下，我们不应该寻找买入信号。确实，除非是在绝对的低点，否则在任何价位买入都是代价高昂的。

出场点（或威尔价差第一次回到正值区）出现在 1987 年 10 月 20 日，当标准普尔 500 指数位于 219.50 点时，我每笔合约盈利 46 000 美元，而当时每笔合约的保证金只要 2500 美元（见图 9-12 和图 9-13）㊀。

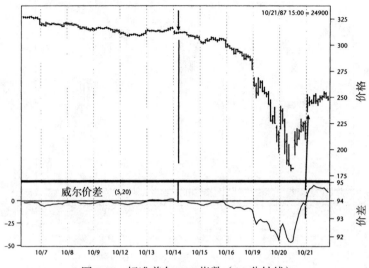

图 9-11　标准普尔 500 指数（30 分钟线）

资料来源：Graphed by the "Navigator"，Genesis Financial Data Services：800-808-3282.

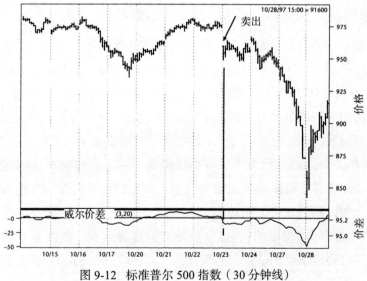

图 9-12　标准普尔 500 指数（30 分钟线）

资料来源：Graphed by the "Navigator"，Genesis Financial Data Services：800-808-3282.

㊀ 原文如此。

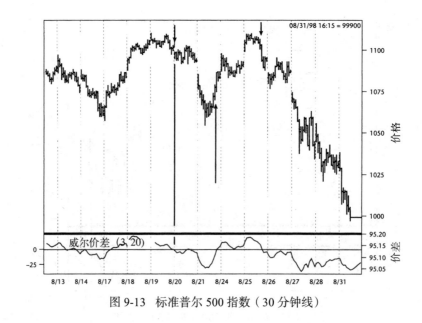

图 9-13 标准普尔 500 指数（30 分钟线）

资料来源：Graphed by the "Navigator", Genesis Financial Data Services：800-808-3282.

9.5.2 单独使用也可以，但我们还能做得更好

尽管威尔价差可以单独使用，但也可以与其他已知市场信息结合使用。比如，你一定听说过那个著名的论调，股市在每月月初，特别是在 2 月、3 月、5 月、7 月、9 月、10 月和 11 月的月初上涨。因此一个可行的短线交易策略就是，当以上月份的月初威尔价差出现正值的时候，便是买入的时机。以下是 1997 年所有信号的回顾，请跟我一起看一看你能够实实在在地运用这些机会做什么。

1997 年 1 月。威尔价差在 1 月 2 日穿越，并一直停留在正值区，进场点是 744.70 点；1 月 6 日威尔价差变为负值，而此时标准普尔 500 指数已上涨至 752.00 点，因此我们获得了 7.30 点的利润。

1997 年 2 月。1 月 29 日，威尔价差在标准普尔 500 指数为 774.60 点时穿越至正值区已经清晰预示了月初上涨行情，离场应该在 31 日收盘，因为威尔价差已经开始下跌。这里出现了一个 2～3 天的偏离，所以除非有非常明显的牛市迹象，否则我们应该带着 13.90 点的利润离场。

1997 年 3 月。直到 3 月 3 日标准普尔 500 指数为 792.90 点时，我们才获

得进场的机会。次日在 794.00 点，即威尔价差出现穿越迹象时我们获利 1.10 点离场。除此，这个月再没有出现什么交易机会。

1997 年 4 月。我真的很喜欢威尔价差。一个传统的月末交易者一般会机械地买入并等着赔钱。不过你我比他们聪明，我们不仅会用技术分析和周期性分析，还知道市场的内在关系会提供更有价值的信息，因此我们在本月不会进行交易。威尔价差直到 4 月 7 日才发出买入信号，但此时已经超出了"交易时段"。

1997 年 5 月。我们可以看到月末上涨行情的信号在 4 月 28 日 772.40 点时出现，到 5 月 1 日 800.50 点离场时，这一轮快速暴涨使我们获得了令人惊奇的 28.10 点利润！

1997 年 6 月。本月我们经历了第一笔亏损的交易：在 5 月 28 日威尔价差进入正值区时买进，然而威尔价差却在几根线后的 851.20 点跌入负值区。我们本该在当日 849.00 点时以 2.3 点止损了结。然而，月末和月初的"交易时段"仍然存在，而且威尔价差在 5 月 30 日转入正值，没有理由不进行交易；我们还在交易时段内。买进价格为 844.70 点，6 月 2 日我们在 848.00 点处离场，这一交易的盈利弥补了第一笔交易的亏损。

1997 年 7 月。我们再次因为自大而亏损，6 月 30 日在威尔价差为正值时的 896.00 点买入进场，在当日 890.00 点时离场，亏损 6.0 点。哦，这可是又快又难看。不过就像 6 月底那样，我们在 7 月 1 日再次看到威尔价差进入正值区，所以我们在 898.00 点时买进。我们的策略很简单，等待威尔价差出现负值或持有 2 个交易日后离场。我们等待。威尔价差在几个小时以后就进入负值区，标准普尔 500 指数为 897.80 点，亏损 0.20 点。另一次威尔价差进入正值区出现在 7 月 1 日，因此我们在 900.25 点再次买入并持有至 7 月 7 日，在 927.55 点卖出。7 月的净利润是 21.10 点。

1997 年 8 月。又到了月初，不过威尔价差一直在负值区，所以我们没有交易。过滤措施再一次使我们远离了图表上似乎是上涨的趋势。随着时间的推移，我们没有看到值得交易的机会，因此一直没有交易。

1997 年 9 月。必须再谦虚一点。8 月 29 日威尔价差出现了明显的穿越 0 轴的迹象，当日我们最终在 902.55 点迅速止损出场，这笔交易亏损了 3.20 点，这是本年度的最大亏损。

不过，我们仍然坚持使用该策略，在 9 月 2 日 912.50 点时买进，并抓住了一波强劲的上涨行情，一直到 9 月 3 日 928.90 点时离场，获利又一次弥补了前期的亏损。这波行情过去了，由于交易时段和市场内部关系的共同影响，我们获得了 15.50 点或 1295 美元的盈利。

1997 年 10 月。一直等到月初，威尔价差才穿越 0 轴，预示会出现上涨行情。但威尔价差只维持了一根棒线就跌入负值区，不过没有持续并给出卖出信号，而是马上反弹，返回正值区，在 10 月 2 日 965.30 点又出现了买入机会，直到当日收盘时才再次穿越 0 轴进入负值区。上涨趋势在 968.75 点结束，我们获利 3.45 点。

1997 年 11 月。这个月的交易太轻松了。威尔价差穿越 0 轴出现在 10 月 31 日，当时标准普尔 500 指数为 919.00 点，出场点在 947.00 点，也非常明确。我们轻松获利 28 点。我想，要是每个月都这样该多好呀！

1997 年 12 月。这是另一笔传奇般的交易，月初在 962.50 点入场，12 月 2 日 973.20 点出场。正如歌中所唱的："这是一个好年景。"全年总共交易 13 笔，其中 10 笔获利。更重要的是 99.70 点或 24 925 美元的净利润证明了基本面分析与时间因素相结合的有效性。尽管时间因素的影响总是存在的，但如果缺乏基本面分析的有力支持，谢谢，我只能放弃。市场上有那么多胜算很高的交易机会能让我们获利，我们没有必要像普通交易者那样频繁地交易，因为我们有一个"有效"的工具。

赚的钱越多越好，这就是我的信条。

图 9-14 是标准普尔 500 指数电子盘迷你合约当前的走势，同样也在日内交易的基础上使用了威尔价差。该图给出了一个跟踪止损的应用范例。很明显，这不完美，没什么是完美的，但在价格上涨时威尔指标依旧保持负值就很不寻常了。换句话说，我们有个可以告诉我们当前短线上涨的情况的指标。

从 1998 年至今，你经常会在我的著作里看到，威尔价差依然是先行指标，就像它在 2011 年 6 月 1 日崩盘前所表现的那样（见图 9-15）。价格在一个区域里上下反复震荡，但威尔价差转向下跌，穿过 0 轴，随后巨大的卖出压力充斥着整个市场。

巨量抛售是由一份不理想的失业报告导致的。在报告发布前，威尔价差显示出股票市场的走势明显弱于债券市场，因而交易者可以预测到即将发布的失业报告不理想。

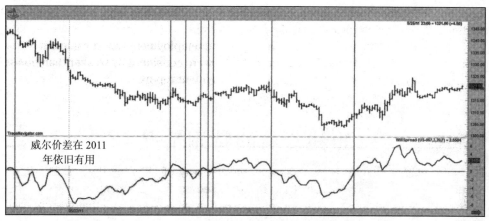

图9-14　威尔价差用于日内交易（2011年）

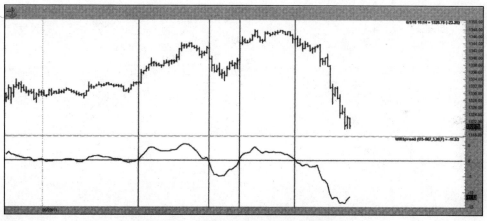

图9-15　威尔价差依然是先行指标

要点重述

　　本章向你介绍了更多的方法。市场与市场之间是相互关联的，一个市场的波动必然基于另一个市场的波动。这通常会向我们发出预警。更重要的是，这可以成为交易者所掌握的而他人不会用的工具，其效果超越了传统的技术分析。

|第 10 章|

短线交易的特别情况

历史的确会重演,只是不会很精确地重演。

在这一章里，你会见到在标准普尔 500 指数和债券期货上最成功也是最赚钱的一套交易策略。自本书第 1 版出版至今，这些特定的形态——月度季节性偏离，在两个市场里都惊人地保持了一致。如果你担心交易策略在未来能否继续奏效，那么再没有比这个策略更适合你的了。我在 20 世纪 60 年代开始接触这些策略，使用这个策略交易则是在八九十年代。现在，你可以看到，这些策略依旧表现很好。

现在，我们应该做一张表，把每个月可能的短线交易机会都记录下来（无论我们是否接受这些交易机会）。你也可以从我所列的交易机会之外收集你感兴趣的有关交易的资料。为了使你对以上所述有一个感性认识，本章将为你提供每个月你需要关注的交易方面的特殊知识。本章所说的交易指当月特定的日期和假日前后的交易。

每月最佳交易日并不是一个新概念。如前所述，这个概念在几年前就已经被人们所熟知。这里，我只是对"股价一般会在每个月的月初上涨"这个在股票市场上众所周知的观点做一些改进。我在这里要强调的是：债券的价格也遵循同样的在月初上涨的规律。我们会基于这些观点制定一个获利策略。

10.1 月末股票指数交易

有许多工具可以帮助投机者把握市场波动。此前，标准普尔 500 指数是股票市场走势的核心指标，然而最近，对保证金要求更低的标准普尔指数迷你合约已经吸引了小投资者的注意。另一个新的指数期货品种是模拟世界著名的道琼斯指数设计的道琼斯 30 指数期货。我想它在将来会成为一个非常重要的指数期货。

我们这里所探讨的投资策略是围绕标准普尔 500 指数的，原因很简单：我们拥有的标准普尔 500 指数的数据更多，因为这个指数在 1982 年就开始交易了，而道琼斯 30 指数是 1997 年才开始交易的。这个交易策略可以应用于任何股票指数的交易，只不过你需要根据目前的合约保证金和波动率的大小调整一下止损金额。

我用 1987 年至 1998 年的标准普尔 500 指数，模拟在每月的第一个交易日开盘时买入，在第一个获利的开盘价卖出。我选定的止损金额是 1500 美元，除了入场开始交易的那一天，这个金额一直都适用。回测的结果是：共 129 次交易，获利 73 438 美元，平均每年获利近 7000 美元。这套交易系统的成绩相当不错，交易的胜率达到 85%，单笔交易平均利润 569 美元（这里指净收益，即（获利 – 亏损）/ 总交易次数）。最大平仓亏损额只有 3325 美元，不到总获利的 5%。这是非常好的交易成绩（见图 10-1）。

```
数据：          标准普尔500指数  IND-9967   09/80
计算时间：      09/18/87～08/31/98
代码    转换系数    点值      佣金     滑点     保证金     格式      驱动器：\路径\文件名
149       2       2.500美元   0美元    0美元   3 000美元   CT/PC    C:\GD\BACK67MS\F59.DAT
////////////////////////////////所有交易-测试3\\\\\\\\\\\\\\\\\\\\\
```

总净利润	73 437.50美元		
毛利润	103 250.00美元	总亏损	-29 812.50美元
总交易次数	129	胜率	85%
盈利交易次数	110	亏损交易次数	19
最大单笔盈利	6 700.00美元	最大单笔亏损	-2 437.50美元
平均盈利	938.64美元	平均亏损	-1 569.08美元
平均盈利/平均亏损	0.59	平均交易盈亏	569.28
最多连续盈利次数	20	最多连续亏损次数	2
获利交易平均持仓天数	1	亏损交易平均持仓天数	1
最大平仓亏损	-3 325.00美元	最大单日亏损	-3 950.00美元
利润系数	3.46	最大合约持有数	1
账户额度下限	6 950.00	账户收益率	1 056%

图 10-1　标准普尔 500 指数每月第一个交易日买入

然而，在这个行业里会被反复问到的问题是："最近你为我做了些什么？"你的机遇好坏全看你最近的交易；这是真正的生意，你要是不够快就得死。牢记这一点，我们来看一下上面在每月第一个交易日买入的研究结果（见图10-2）。我敢打保票，时隔13年，这个系统还能保持85%的交易胜率，你肯定不信。

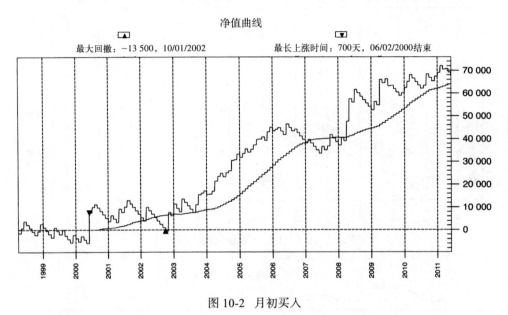

图10-2　月初买入

打开电脑让我们测测看。下面的交易回测与前述的一致。

回测结果显示利润非常多，从图上可以看到这个形态简单的净值曲线。从1998年到2011年6月，这款"秘密交易"系统获得了超过67 000美元的利润，单笔交易平均获利424美元，最大回撤降低到可以接受的13 000美元⊖。问题就出现在胜率上，降到了42%。你会问为什么？因为合约规模变了，波动率增加了，最佳止损金额变成了3500美元。

在图10-3中，你看到的是同样的交易回测。这一次交易盈利达到了106 000美元，66%的交易是赚钱的。然而在一个更小的迷你合约上，使用同样的止损单，交易胜率达到了81%。图10-4显示了这个系统的净值曲线。净利润达到29 650美元，单笔平均利润426美元。漂亮，非常漂亮！看看权益曲线就知道。

⊖　原文如此。

如果在周一不交易，在迷你合约上的止损金额也设置为 1600 美元，这个系统还可以改善。

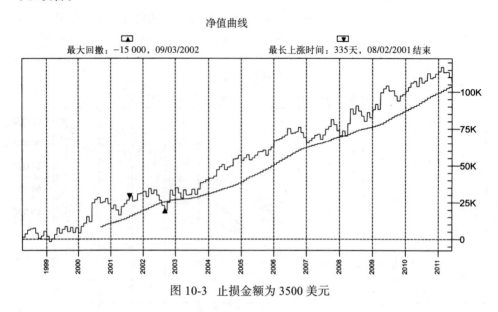

图 10-3　止损金额为 3500 美元

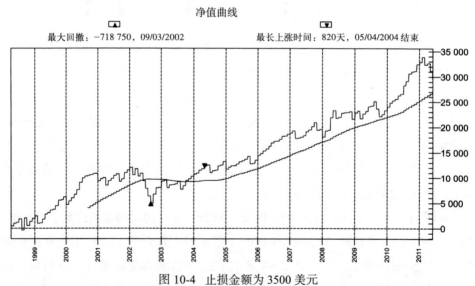

图 10-4　止损金额为 3500 美元

10.2 目标月份

如果已经了解了这个游戏的诀窍，你也许已经在思考是否有些月份的盈利会大于其他月份。回答是肯定的，正如表 10-1 所显示，在过去 16 年中，最糟糕的月份是 1 月、2 月和 10 月，这些都是你应该躲开或者在长期交易中要小心对待的月份。我建议你看着表 10-1，逐月地回顾一下。

表 10-1　标准普尔 500 指数每月交易的获利情况

月　份	净利润（美元）	盈利 / 亏损交易次数（+/-）
1 月	2 325	9/11
2 月	3 437	8/11
3 月	5 650	9/10
4 月	5 437	10/11
5 月	6 075	9/10
6 月	6 500	10/11
7 月	5 875	9/11
8 月	12 500	9/10
9 月	5 557	9/10
10 月	1 150	8/11
11 月	10 500	11/11
12 月	8 150	9/11

10.3 进一步的研究结果

正如图 10-5 显示的，从 1998 年以来，这种现象一直存在。而且我们看到 1 月和 3 月是不赚钱的，然而 2 月是赚钱的。看着这张图，我们自然会想，1 月和 3 月到底发生了什么？

如果只在每月第一个交易日进行交易（1 月和 3 月除外），想得到比图 10-6 中显示的更好的结果几乎是不可能的。在标准普尔 500 指数标准合约的交易中，一共有 270 笔交易，获利交易占比 80%，止损金额为 3500 美元。下面的净值曲线是该回测的结果。平均单笔盈利达到了 546 美元。

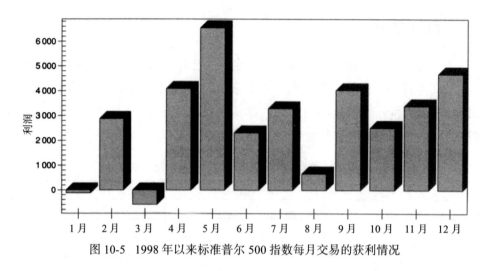

图 10-5 1998 年以来标准普尔 500 指数每月交易的获利情况

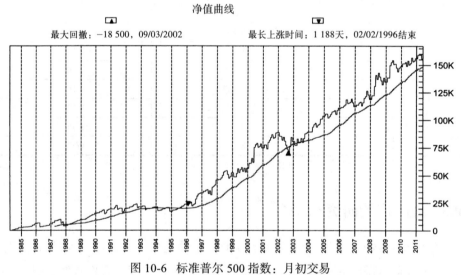

图 10-6 标准普尔 500 指数：月初交易

尽管我们的投机对手同样了解这一重复的模式，但他们中的大多数人并不能一如既往地利用这一规律或者避开其中的某些月份。我们能够做到这一点是一个巨大的进步，不过我们仍然可以做得更好。

怎么做呢？只需要在债券市场处于上升趋势时应用这一交易系统就行了。就像我在前面所展示的，债券市场的上涨与股票市场的上涨是有连带关系的。一个绝好的也非常简单易行的方法是：在任何一个月里，如果债券先于我们预期的入场日出现当日收盘价高于 30 天前收盘价的情形，我们就在该月的第一个交易日买入，因为这是债券市场会支持股票市场上涨的信号。

10.4 债券市场的月末交易

下一步，和我们在标准普尔 500 指数上的交易一样，让我们看一下在债券市场每月的第一个交易日买进的情况。使用 1100 美元止损金额并在第一个获利开盘价卖出的原则，交易的结果是非常可观的。这种交易方法的胜率将近 70%，考虑到平均每笔交易持仓不超过一天[⊖]，每笔交易的平均利润也是非常高的（见图 10-7）。

```
数据：            长期国债-9967  01/80
计算时间：         01/01/86~08/28/98

代码    转换系数    点值        佣金      滑点     保证金      格式      驱动器:\路径\文件名
44      -5         31.250美元  0美元    0美元   3 000美元   CT/PC    C:\GD\BACK67MS\F62.DAT
\\\\\\\\\\\\\\\\\\\\\\\\\\\\\\\\\\\所有交易-测试I\\\\\\\\\\\\\\\\\\\\\\\\\\\\\\\\\\\\

总净利润                32 593.75美元
毛利润                  83 531.25美元        总亏损              -50 937.50美元

总交易次数              149                  胜率                69%
盈利交易次数            104                  亏损交易次数         45

最大单笔盈利            2 593.75美元         最大单笔亏损         -1 375.00美元
平均盈利                803.19美元           平均亏损             -1 131.94美元
平均盈利/平均亏损       0.70                 平均交易盈亏         218.75

最多连续盈利次数        8                    最多连续亏损次数     6
获利交易平均持仓天数    2                    亏损交易平均持仓天数  1

最大平仓亏损            -6 812.50美元        最大单日亏损         -7 437.50美元
利润系数                1.63                 最大合约持有数       1
账户额度下限            10 437.50美元        账户收益率           312%
```

图 10-7 债券每月第一个交易日买入

通过避开一些表现明显较差的月份，我们能显著地改善交易结果，如表 10-2 所示，1 月、2 月、4 月和 10 月都是较差的月份，而我们在 12 月

⊖ 原文如此。

打了个问号。

表 10-2 债券每月获利交易

月 份	净利润	盈利 / 亏损交易次数（+/–）
1 月	−31	8/13
2 月	−1 718	7/13
3 月	2 781	9/12
4 月	−343	8/13
5 月	6 125	9/12
6 月	3 125	13/91
7 月	1 093	8/13
8 月	4 343	9/12
9 月	7 187	11/12
10 月	−218	12/72
11 月	8 150	12/12
12 月	1 500	7/12

正如前面提到的，关于股票市场月末上涨行情的报道已经写了很多年了；我所做的只是想办法优化，设计出适合这一区间的交易策略。直到现在，债券市场在每个月相同的时间段上涨的规律只有我的几个学生了解。我这些年的研究和实际交易都说明，这也是一个对短期债券和中长期债券的短期波动来讲都很适合的交易时间。

图 10-8 和图 10-9 可以向你全面展示这个交易策略的威力。图 10-8 显示的是一个在每月最后一个交易日前 3 天买进一份长期债券，持有 6 个交易时段后离场，或在债券市场上设置保护性止损，亏损金额达到 1500 美元离场的账户净值的变化情况⊖。这张表来自我最好的学生之一迈克·斯托克（Mike Stock），他为债券市场的这一现象提供了很有说服力的证明。同样的机会也出现在标准普尔 500 指数的交易中，如图 10-9 所示。

⊖ 原文如此。

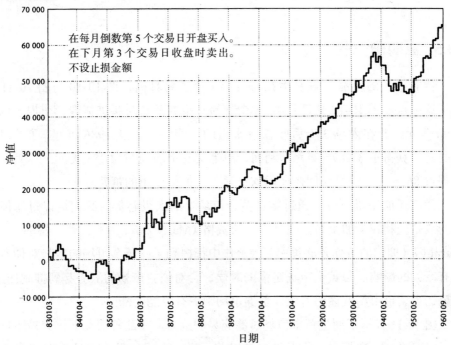

图 10-8 月底交易长期国债（美国政府长期国债 1983～1996 年）的净值曲线

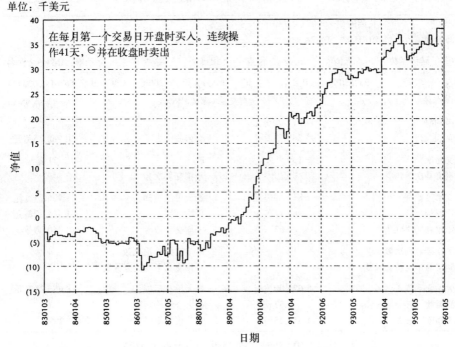

图 10-9 月底交易标准普尔 500 指数（1983～1996 年）的净值曲线

⊖ 原文如此。

10.5 更明确一些

债券市场的上涨一般发生在每月第 1 个交易日前,图 10-10 与图 10-11 说明了这一点。图 10-10 是每月第 18 个交易日指数开盘时买进债券,止损金额为 1500 美元,并在入场 3 天后收盘时卖出的回测结果。从 1986 年起,总共 139 笔交易,获得了 34 875 美元净利润,单笔交易平均利润为 251 美元。尽管期间出现过 8625 美元的最大回撤,但这还是一个值得使用的策略。

我们还能做得更好:通过结合黄金市场上的次级趋势,我们可以过滤掉失败的或是获利较少的交易。在马蒂·茨威格(Marty Zweig)和约翰·墨菲(John Murphy)(他们的著作是必读书)的著作中都提到了,黄金市场的走势对债券市场有巨大的影响。当黄金市场走强的时候,会对债券市场的涨势起到抑制作用;相反,当黄金市场低迷的时候,债券市场则更有可能上涨。

图 10-11 显示了通过黄金市场过滤交易的威力。在此种情况下,交易还是在同样时段进行,离场、止损条件也与以前一样,不同的是,交易只在黄金市场下跌的时候进行(例如,我们进场前黄金市场的收盘价低于 24 天前的收盘价)。

```
数据:          长期国债-9967   01/80
计算时间:       01/01/86~08/28/98
```

代码	转换系数	点值	佣金	滑点	保证金	格式	驱动器:\路径\文件名
44	−5	31.250美元	0美元	0美元	3 000美元	CT/PC	C:\GD\BACK67MS\F62.DAT

////////////////////////////////////所有交易-测试3\\\\\\\\\\\\\\\\\\\\\\\\\\

总净利润	34 875.00美元			
毛利润	95 843.75美元	总亏损	−60 968.75美元
总交易次数	139	胜率	71%
盈利交易次数	99	亏损交易次数	40
最大单笔盈利	2 812.50美元	最大单笔亏损	−1 906.25美元
平均盈利	968.12美元	平均亏损	−1 524.22美元
平均盈利/平均亏损	0.63	平均交易盈亏	250.90美元
最多连续盈利次数	17	最多连续亏损次数	4
获利交易平均持仓天数	3	亏损交易平均持仓天数	3
最大平仓亏损	−8 625.00美元	最大单日亏损	−8 656.25美元
利润系数	1.57	最大合约持有数	1
账户额度下限	11 656.25美元	账户收益率	299%

图 10-10 在每月第 18 个交易日买入债券

数据：		长期国债－9967	01/80				
计算时间：		01/01/86～08/28/98					
代码	转换系数	点值	佣金	滑点	保证金	格式	驱动器：\路径\文件名
44	－5	31.250美元	0美元	0美元	3 000美元	CT/PC	C:\GD\BACK67MS\F62.DAT

//所有交易-测试3\\\\\\\\\\\\\\\\\\\\\\\\

总净利润	32 062.50美元		
毛利润	65 093.75美元	总亏损	－33 031.25美元
总交易次数	90	胜率	75%
盈利交易次数	68	亏损交易次数	22
最大单笔盈利	2 812.50美元	最大单笔亏损	－1 531.25美元
平均盈利	957.26美元	平均亏损	－1 501.42美元
平均盈利/平均亏损	0.63	平均交易盈亏	356.25美元
最多连续盈利次数	11	最多连续亏损次数	3
获利交易平均持仓天数	3	亏损交易平均持仓天数	3
最大平仓亏损	－4 500.00美元	最大单日亏损	－4 500.00美元
利润系数	1.97	最大合约持有数	1
账户额度下限	7 500.00美元	账户收益率	427%

图 10-11 在黄金价格下跌时于每月第 18 个交易日买入债券

尽管总利润下降了超过 2000 美元，但交易的胜率有小幅上扬，因为我们最关注的单笔交易平均利润上升超过了 100 美元，而最大回撤大幅降低，降低到了将近原来的一半！

10.6 越来越好

我们通过将进场时间推迟到每月的第 22 个交易日还能让以上的回测结果变得更好。在图 10-12 中，我们看到交易明显减少，只有 50 笔交易，而胜率更高，达到 76%，并且获得了令人吃惊的 496 美元的单笔交易平均利润和可以接受的最大单日回测 4500 美元。

我知道，你一定想了解我们参照黄金走势来应用刚才的交易策略时的结果会是怎样的。图 10-13 会提供让你印象非常深刻的答案：20 156 美元的利润。再强调一下，趋势标准是当黄金当日收盘价低于 24 天前的收盘价，并遵循与之前的交易相同的止损金额和卖出点。应用这种策略，我们的单笔最大亏损额只有1500美元，交易准确率飙升至89%，单笔交易平均利润上涨至720美元。

数据：	长期国债-9967 01/80						
计算时间：	01/01/86～08/28/98						
代码	转换系数	点值	佣金	滑点	保证金	格式	驱动器：\路径\文件名
44	-5	31.250美元	0美元	0美元	3 000美元	CT/PC	C:\GD\BACK67MS\F62.DAT
\\\\\\\\\\\\\\\\\\\\\\\\\\\\\\\\\所有交易-测试3\\\\\\\\\\\\\\\\\\\\\\\\\\\\\\\							
总净利润		24 812.50美元					
毛利润		42 812.50美元		总亏损			-18 000.00美元
总交易次数		50		胜率			76%
盈利交易次数		38		亏损交易次数			12
最大单笔盈利		2 718.75美元		最大单笔亏损			-1 500.00美元
平均盈利		1 126.64美元		平均亏损			-1 500.00美元
平均盈利/平均亏损		0.75		平均交易盈亏			496.25美元
最多连续盈利次数		7		最多连续亏损次数			3
获利交易平均持仓天数		3		亏损交易平均持仓天数			2
最大平仓亏损		-4 500.00美元		最大单日亏损			-4 593.75美元
利润系数		2.37		最大合约持有数			1
账户额度下限		7 593.75美元		账户收益率			326%

图10-12 在每月第22个交易日买入债券

这是一个非常特殊的交易机会；问题在于并不是很多月份都有第22个交易日，但是只要存在第22个交易日，我们都会买进。查看一下将黄金趋势作为过滤手段的交易结果，我们获得了17笔交易连续获利的成绩，而在没有过滤手段的时候，只有5笔交易连续获利。

我再提供一张图作为补充，以说明债券市场真实交易中不可思议的持续力量。回测的结果是通过在每月月末前第5个交易日的开盘价买入得出的。我在前文提过，这通常是每月的第18个交易日。自从20世纪90年代开展这些早期回测以来，这个非常初级的交易方法共有119笔交易，盈利32 000美元。平均每笔交易获利275美元，同时最大回撤小于3700美元！

你可以从图10-14看到整个系统的表现。这次回测选择了自20世纪80年代直到2011年5月的数据。当我们谈到模式是否有效的时候，最好能把债券市场的这种现象也考虑进去：债券市场每月上涨的习惯性倾向。

数据：	长期国债-9967 01/80						
计算时间：	01/01/86~08/28/98						
代码	转换系数	点值	佣金	滑点	保证金	格式	驱动器：\路径\文件名
44	-5	31.250美元	0美元	0美元	3 000美元	CT/PC	C:\GD\BACK67MS\F62.DAT

////////////////////////////////////所有交易-测试2\\\\\\\\\\\\\\\\\\\\\\\\\\\\\\\\

总净利润	20 156.25美元		
毛利润	24 656.25美元	总亏损	-4 500.00美元
总交易次数	28	胜率	89%
盈利交易次数	25	亏损交易次数	3
最大单笔盈利	2 468.75美元	最大单笔亏损	-1 500.00美元
平均盈利	986.25美元	平均亏损	-1 500.00美元
平均盈利/平均亏损	0.65	平均交易盈亏	719.87美元
最多连续盈利次数	17	最多连续亏损次数	1
获利交易平均持仓天数	2	亏损交易平均持仓天数	1
最大平仓亏损	-1 500.00美元	最大单日亏损	-2 093.75美元
利润系数	5.47	最大合约持有数	1
账户额度下限	5 093.75美元	账户收益率	395%

图 10-13 在黄金价格下跌时于每月第 22 个交易日买入债券

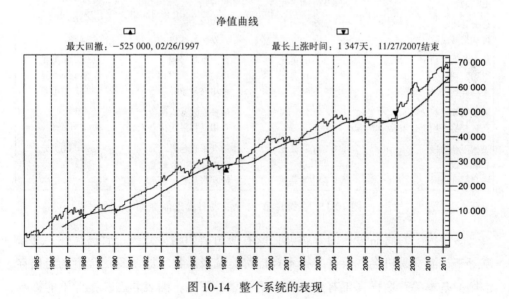

图 10-14 整个系统的表现

10.7 卖出的适当时机

债券一般会在每月中旬下跌,如图10-15所示。我们的交易策略是在每月的第12个交易日开盘时卖出,仍然维持以往的开仓3日后出场以及1400美元止损金额的惯例。从1986年至1998年,采用这种做空策略,我们获得76%的胜率和在152笔交易中单笔交易平均利润为133美元的成绩。最大回撤为6094美元,也在可以接受的范围之内,但比我们理想的获利–亏损比要高。理想中的最大回撤应该小于20 281美元总利润的15%。而在这个策略中,最大回撤占到了毛利润的20%⊖。所以尽管对目前的情形基本满意,但我们还想试着做一些改进。

```
数据:          长期国债-9967  01/80
计算时间:      01/01/86~08/28/98
代码    转换系数    点值       佣金     滑点     保证金     格式     驱动器:\路径\文件名
44      -5      31.250美元   0美元    0美元   3 000美元   CT/PC   C:\GD\BACK67MS\F62.DAT
/////////////////////////////所有交易-测试3\\\\\\\\\\\\\\\\\\\\\\\\\\\\\
总净利润                20 281.25美元
毛利润                  73 375.00美元        总亏损              -53 093.75美元
总交易次数                  152             胜率                    76%
盈利交易次数                117             亏损交易次数             35
最大单笔盈利            3 000.00美元         最大单笔亏损         -2 000.00美元
平均盈利                 627.14美元          平均亏损             -1 516.96美元
平均盈利/平均亏损           0.41             平均交易盈亏           133.43美元
最多连续盈利次数             13              最多连续亏损次数           3
获利交易平均持仓天数          2               亏损交易平均持仓天数        3
最大平仓亏损            -6 093.75美元        最大单日亏损         -6 250.00美元
利润系数                  1.38              最大合约持有数             1
账户额度下限             9 250.00美元         账户收益率              219%
```

图10-15 在每月第12个交易日卖出债券

尽管传统的商品市场的分析师会试着使用诸如趋势分析、震荡指标、动量流等来过滤交易机会,但这些技术指标都是垃圾。我宁愿回到黄金市场与债券市场的基本关系这样真正有意义的事情上来。毕竟,图表和震荡指标不能影响

⊖ 原文如此。

市场，而两个市场之间的内在关系则可以影响市场。

现在，除了拥有一种行之有效地把握行情的交易策略之外，我们还能在图 10-16 中看到基本面分析的强大力量。该回测的进场和出场规则与前例完全相同，唯一的区别也是产生差异的因素，就是债券卖出交易只在黄金市场收盘价高于 10 天前收盘价时展开。换言之，黄金市场处于涨势时，信号更加有效。单笔交易平均利润超过原来两倍多，净利润增加近 6000 美元，胜率从 76% 上升至 78%，这倒没有什么，但是最大回撤占毛利润的比例由 20.9% 降低到 11%⊖。可能最令人兴奋的还是平均每笔交易利润从 133 美元增加到 360 美元。

```
数据：         长期国债-9967   01/80
计算时间：     01/01/86～08/28/98
```

代码	转换系数	点值	佣金	滑点	保证金	格式	驱动器：\路径\文件名
44	-5	31.250美元	0美元	0美元	3 000美元	CT/PC	C:\GD\BACK67MS\F62.DAT

////////////////////////////////////所有交易-测试4\\\\\\\\\\\\\\\\\\\\\\\\\\\\\\\\

总净利润		26 250.00美元		
毛利润		50 250.00美元	总亏损	-24 000.00美元
总交易次数		73	胜率	78%
盈利交易次数		57	亏损交易次数	16
最大单笔盈利		2 656.25美元	最大单笔亏损	-1 500.00美元
平均盈利		881.58美元	平均亏损	-1 500.00美元
平均盈利/平均亏损		0.58	平均交易盈亏	359.59美元
最多连续盈利次数		14	最多连续亏损次数	3
获利交易平均持仓天数		3	亏损交易平均持仓天数	3
最大平仓亏损		-4 500.00美元	最大单日亏损	-4 593.75美元
利润系数		2.09	最大合约持有数	1
账户额度下限		7 593.75美元	账户收益率	345%

图 10-16 在黄金价格上涨时于每月最佳交易日卖出债券

这里，我们拥有很好交易的机会。你唯一需要做的就是耐心地等待每月中期的交易时段；黄金价格上涨，是我们这种投资策略取得上述业绩的基本条件。

⊖ 原文如此。

要点重述

耐心是交易者最需要的"商品"。我估计多数人都是抱着好玩的想法进行交易的，但我只有发现自己在游戏上优势显著时，才会下注或投机。如果没有优势，我会站在边线以外静静观望，那儿才是属于我的地方。我希望你也像我一样，站在场外。

本章的目的是让你对交易策略有更深入的认识，同时也介绍给你一些我使用的纯粹的交易方法。在月底/月初会出现明显的、强劲的、主导市场价格变化的价格形态，那么现在，你应该知道该怎么做了。

| 第 11 章 |

何时结束交易

想清楚结果是什么之前,永远不要采取行动。

结束交易时，应该遵守以下3个法则：

（1）对于所有的交易都设止损，这样即使所有的交易都失败了，也还能有所保护。

（2）采用Ralph Vince帮助我开发出来的"bailout"获利了结技术。基本规则是在第一个获利开盘价出场。即使获利只有一点点，也要退出交易。

这种做法非常适合标准普尔500指数。对于运行缓慢的市场，我会推迟一两天时间再退出，给市场上涨的时间，以增加每笔交易的平均利润。

（3）如果得到反向信号，则退出交易，并反向开仓。例如，在持有空头仓位时，如果得到多头信号，就要遵循当前的信号操作，不要按止损点或者"bailout"退出。

这是我想告诉你的所有的出场原则。不要贪心，要按照规则而不是情绪进行交易。

当然了，也有别的退出方式。好多人依旧根据斐波纳契数列进场，也根据它退出。我跟他们不一样，因为我并不觉得遵循斐波纳契数列是最理想的方式。

持仓一定天数之后就退出交易是个很有价值的思路。毕竟，如果在X天之内你没能获利的话，那么不管你当初交易的依据是什么，它们都已经不复存在了。

我注意到短线交易总在两难之间。市场超买的时候，存在巨大的获利诱惑，但你所做的是远离趋势运动，而且离开得非常早，非常频繁。这有法子吗？

也许有。如果你在进行短时间周期的交易——为避免争议，让我们假设这个时间周期就是 4 天。如果市场超买了，做多的你会把它当成很好的获利场所，但你退出趋势的时机也许太早了。所以，如果进场时也用超买指标，离场时为什么不用 2 倍的时间周期做参数呢？

换句话说，假设市场可能出现某种回调，你可以用时间参数为 8 天的超买指标来确定离场的位置。这真的是超买了。使用一个时间参数作为进场依据，选择另一个参数作为离场依据，这可以让你的持仓时间更长一些。

|第 12 章|

对投机的思考

投机没有什么不好,但是糟糕的投机足以酿成一场灾难。

能够正确地预知市场的转折点固然是好事，但这不是创造长期财富的方法，也不是从事投机事业所必备的充分条件。

成功完成一两笔交易并不意味着投机事业的成功。任何人在任何时刻都有可能做到这一点。这不是一个靠运气就能成就的事业。投机的精髓是持续地做正确的事情——不脱离正确的轨道，不因为最近的亏损而感到沮丧，也不因为连续两次交易盈利就感到飘飘然。我更感兴趣的是交易这门艺术的职业特点，而不是过去的一两笔交易。每个人都会在板子上钉钉子，但是这跟盖房子是两码事。要盖好一栋房子，不仅需要技巧，更需要制订计划，有实施计划、完成计划的意愿，有不论刮风下雨都不间断的毅力。

12.1　想好退路再进场

> 傻瓜都能打架，但取胜则是另外一回事。

我曾经是个傻瓜。

我小时候并不擅长打架，但擅长挑起事端，通常打到一半的时候就被揍扁了。

从学校回到家里，我常常是衣衫被撕破了、鼻孔流血，我爸爸经常看着我，摇着头说："拉里，任何傻瓜都会打架，但聪明人不会搞成这副模样。"

照我看来，如果有关交易的每本书或每个教程从一开头讲的都是进入策略而非退出策略，我们这些教别人投机的老师一定已经严重损害了这个行业。

参与一项交易很简单，傻瓜都会做，而如何退出交易才是获得利润的关键所在。下一章我会向大家展示我实际的账户清单，你就会明白我在实际交易中赚了数百万美元。我在本书中教给大家的不是虚假或夸张的东西，而是实实在在的东西。

正如我的一些追随者所知，20世纪90年代晚期我曾担任多名重量级拳击冠军的经纪人。如果你对拳击感兴趣，你肯定知道吉米·桑德、麦克·亨特、雷·默塞尔等拳手，我还参与了乔治·福尔曼在东京最后一战的宣传推广。

你可能觉得拳击与交易关系不太密切，但我可以明确地告诉你：你一生中所经历的任何战斗都不会比市场更加残酷。这个观点的灵感来自吉拉尔德·勒布（Gerald Loeb）撰写的可能是史上最畅销的股市投资书《投资生存之战》（2010年）。他说得准确无误：在投资中幸存下来是一场战斗。这场战斗就是你与市场的战斗，这场战斗就是你与其他参与者的战斗，这场战斗就是你与你自己的战斗。

正是基于这一点，我想大家可以通过与拳击的类比，学到很多有关成功交易的东西。

当时我们正在努力训练下一个重量级拳手，我遇到一个很有趣的人，他叫汤米·皮科克，是一名拳击训练师。我花了好几年时间才吸收了许多汤米所讲的道理，并将他的训练课程的精髓运用到交易中。

汤米反复训练拳手以使其掌握两个要点。第一个要点就是：你不想被击中。在投机行业中，我们称之为风险控制（资金管理）。

汤米对拳手实施了一些看上去很不寻常的训练。他会让拳手假装被击倒在护垫上，并练习从场上站起来。观察一位缺乏经验的拳手，你会发现他被击倒时会试图翻滚着先坐起来，然后再站起来；这样做会导致脑部的血液和氧气不足。而训练有素的拳手会俯卧在地，慢慢将自身撑起，低垂着头，等完全清醒后再站起来。

汤米训练初期的重点不在于打出一记重拳或是学习如何用刺拳击中对手面部。他的重点在于步法、脚与肩的相对位置、如何使右脚紧随左脚，以及保持双脚不交叉的重要性。

我读过的每一本有关交易的书一开头讲的都是如何加入战斗，如何使用这种移动平均线,或者那种技术或模式进入战斗,但没有一本书论及如何保持正确的姿态、如何罢手……以及最重要的一点:何时不加入战斗。

拳击比赛的一个不可告人的秘密是,培养拳手时要仔细地选择对手。你不想让你的拳手输掉比赛,在一开始的三到五场中你得有意地挑选那些他能够击败的拳手。如果你的拳手输掉其中任何一场比赛,他就完蛋了。如果不能击败那些对手,那么这位拳手毫无培养价值。

这里讲的是这样一个道理:你可以赢得任何战斗。我甚至可以在迈克·泰森的鼎盛时期打败他,嗯,当然得在适当的条件下,那就是:蒙起他的双眼,将其右手绑在其背后,最重要的是得把他的双腿缚住。迈克·泰森重拳的威力不是来自他的上半身,而是来自他双腿的难以置信的弹力。击倒对手的重拳始于脚部,那才是力量的源泉。

我在为拳手选择比赛时还没太搞清楚在进行交易时我同样需要精挑细选。其实原因很好理解:加入一场战斗或一笔交易实在太有趣了,大家都不会停下来想一想。我认为交易者都是天生喜欢行动和刺激的。旁观市场跌宕起伏意味着我们不能置身其中,这对交易者来说太难了。有时候道琼斯30指数交易者宁愿输掉交易,也不愿舒服地坐在场外观看。

我想更深入地讨论退出策略,讨论被击倒时如何从护垫上站起来,以及如何谨慎地选择交易。我想让你明白仅有买入或卖出信号是不够的:你首先需要学会保护自己,面对一笔盈利或赔本的交易时知道如何去做。

任何傻瓜都会参与一笔交易……开始探讨交易艺术之前,我想和大家分享一些有关如何处理交易的个人心得。我这样做是因为本书的目的是教你成为一名成功的交易者。要成为一名成功的交易者,你就得学会如何应对失败,而且失败是免不了会发生的。如果你没有学会如何从失败中恢复,你就不可能充分利用自身才能在市场上赚钱。

拳手以及许多其他职业运动员所做的另一件事是:观看录像,研究对手的情况,同时也观看自己在以往比赛中的表现。通过回顾自己所做的交易以及市场的历史表现,我们自然会大有收获。大多数人不愿这样做。那可能是由于追求刺激的欲望使然。我明确告诉你:我在交易中所获得的这些许成功都来自研究市场(如果愿意的话,就是回顾过去市况的"录像")以及分析自己的交易败笔。

关于这一点，有两本书非常不错。一本是山姆·谢里顿所著的《拳手的心态》（*The Fighter's Mind*）（2010 年），另一本是乔希·维茨金所著的《学习的艺术：追求卓越之旅》（*The Art of Learning: A Journey in the Pursuit of Excellence*）（2008 年）。你可能看过有关乔希的童年生活的影片《寻找鲍比·费舍尔》。这两本书不仅读起来令人愉快，而且为交易者提供了很多可供借鉴的忠告。以下便是我从中选取的要点，可帮助你我成为更好的交易者。

在拳击、小提琴或钢琴演奏方面，有个东西可用来比较准确地预测成功。你知道是什么吗？不是天赋，而是学生所投入的练习时间。除此之外没有别的东西能更好地预测未来的成功。在拳击界，这个道理显而易见，总是状态最好的拳手赢得比赛。在《异类》（2008 年）中，马尔科姆·格拉德威尔写道："心理学家在研究小提琴手时发现了一个非常简单的规律，那就是熟能生巧。那些练琴时间比其他人更长的学生在班上的表现最好。那些最终成为世界级演奏家或'天才'的琴手每周练习 30 个小时，而那些每周练习 8 个小时的琴手注定成为音乐老师。"

那我们呢？我们怎么练习交易？我们怎样才能保持良好的状态？

保持身体健康需要每天去健身房，每周跑若干英里⊖；在很大程度上，你得不断地反复锻炼以增强体力、耐力从而打败对手。我曾是一名马拉松选手，深知要想成功，我就得忍受长时间的不适感。这对交易者来说是一项宝贵的精神财富，因为在这一行业中没有瞬间致富的捷径。

我认为每天交易结束后都需要去"交易者健身房"锻炼，即每天都做市场分析。我发现在这个方面我比其他人投入了更多的时间与精力。交易者经常由于其他事分心而无暇做市场分析，或者害怕面对市场而放弃做市场分析。

"如果练习就是赢家的秘诀，那么我们怎么练习呢？"很显然，大家会这么问。

答案就摆在我们面前。你想在本书里了解我是如何形成自己的交易风格、技巧及策略的吗？答案很简单：我研究了成千上万个交易日的图表及数据，从中发现了交易模式、关系及所有与交易有关的规律。实际上，我是运用历史数据进行练习的，即模拟交易。

在我看来，这正是我们需要多做的：研究历史交易、分析图表。如果做不

⊖ 1 英里 =1.6093 千米。

到这一点，你就没有做足成功交易者所必做的功课。

我还是个傻瓜，我还在做赔本的交易，在交易的时候还会犯傻，但我学会了如何应对这些情况。我知道退出比进入更重要。如果我参加了一场战斗，也就是说参与一笔交易，我肯定知道如何才能退出交易而不至于全军覆没。

让我们走入拳击场。我还会告诉你更多的东西。

12.2 什么是投机

投机的艺术是发现将来最可能的发展方向。对于未来的某个价位或者事件很难精确地预测，但是所有的投资预期都包含 3 个要素：选择、时机以及管理。只掌握其中一个要素是片面的，你必须同时了解这 3 个要素，下面让我们逐个研究一下这 3 个要素。

选择包括两个方面：一个是选择准备启动的市场；另一个是选择能够关注的市场。不要仅仅因为在某个市场中做交易，就期望你所喜爱的商品能够急剧上涨赚大钱。对于股票或者商品的历史图表研究，将揭示出一个惊人的、能够区分出投机者和普通人的秘密：价格通常在某个区间上下波动，没有明显的趋势。一年当中交易者只有三四次机会来利用瞬间爆发的巨幅价格波动获利。如果你查看图表就会知道，巨幅的价格波动不是每天都能遇到的。实际上，价格的巨幅波动很少发生，它们是例外，不是常态。

这就是选择交易如此重要的原因。没有人愿意陷入变化多端、没有方向感的市场中，这样的市场会把你累死或者让你彻底出局。一旦遇到这两种情况中的任何一种，你就输了，输的要么是时间，要么是金钱。因此了解市场何时开始飙升非常重要。

我已经在本书中给出了许多关于市场构成的观察结论，包括每月最佳交易日、每周最佳交易日、假日以及市场间的关联性等。另外还有一些因素能够改变市场行为，比如成交量最大的交易员的净多头或者净空头头寸、公众保持不变的错误头寸，以及其他影响市场活动的重大新闻。一个成功的投机者懂得耐心等待时机。很多人都没有这么大的耐心，宁愿进去赌一把，越快越好。投机高手会耐心等待，直到时机到来时再采取行动，因为他们明白这个时候利润最大。

还有另外一个原因来解释为什么选择对于利润很重要。当我只在一两个市场上进行交易时，总能做得最好。通过排除其他分心的因素，我能够专心研究我所选择的市场是怎么运作的，什么因素驱动这个市场，或者最重要的是，什么因素不会影响这个市场。如果对事业不投入技能、热情与行动，就不会取得重大成就。对市场也是一样。你越关注自己做的事情，就越容易取得成功。

这种观点非常符合事业发展的方式。全心工作的专家会比一般人赚到更多的钱。在现今复杂的年代，专业化会得到更大的回报。几年前，我听说过一位聪明的交易员在股票市场中赚到了数百万美元。他居住在 Sierra 高山上，每年只给他的经纪人打 3 次电话，并且只买入或者卖出同样的股票。他的经纪人告诉我，这个人仅仅靠一只股票就积累了巨大的财富。

12.3 时机的选择

如果你关注一个特定的商品市场，而你的新工具及技术显示将出现一个值得交易的波动，那么现在还不是进场的最好时机。"选择"告诉你什么会发生变化，而投机的另外一个因素——时间会精确地预测何时会发生变化。你可以使用简单的趋势线、波动率突破、形态等。选择时机的精髓是让市场证明它将在你所选择的方向上进行突破。

这到底是什么意思呢？在做多的情况下，可以这样理解：价格下跌并不意味着已经开始向上突破。恰恰相反，价格下跌意味着可能出现另一波的跌势，这就是牛顿定律所提到的"惯性"。交易员一直都处于冲突之中，他们想买进，但是一方面传统逻辑认为要在最低价买进，而另一方面趋势分析称不要买正在下跌的股票！我的建议是不要总是想在最低价买进，而要在突破开始的时候买进。你可能会错过最低点，但是这比在低位套牢要好得多。

交易管理

投机的第三个方面是如何管理交易本身，以及如何管理交易的资金。传统的理念告诉我们，要在自己能接受的亏损范围内投资。

也许是这样。

考虑一下如下情况：如果这是游戏币，你当然可以拿去玩，并且可能会输。但是如果这是真正的金钱，并且你不能承受输掉这些金钱，则你会更加小心，盈利的机会更大。你所必需的是交易动机，并且控制投机。

交易管理比资金管理更重要，因为它关系到交易时间的长短，以及能够获得多少利润。它与你的情绪息息相关：这意味着不要恣意妄为；不要过度交易；做正确的事情，在交易中管理好自己的情绪。

知道怎么交易并不等于知道怎样去赚钱。交易的艺术将市场选择、进场时机以及现金管理结合起来。这是需要掌握的精髓，但是顶级交易员明白，要靠管理（控制或运用这些技巧）才能将获利最大化。

12.4 投机的几个要点

12.4.1 富人不下大赌注

富人通常很聪明，他们懂得：不要在一次赌博中或一笔投资交易上孤注一掷。投机"菜鸟"总希望突然赚一大笔钱，这实在是痴心妄想。在交易过程中他们逐渐变得滥赌，所以免不了成为倒霉蛋。是的，你在一生中可以冒险赌一两次。但是你一直滥赌，总有一次会输掉赌注。既然总是孤注一掷，就免不了血本无归。这就是有钱人不下大赌注的原因。

富人太精明，不会在某项投资上倾其所有去赌，他们知道投资决定可能是随机的。他们知道未来是不可预测的，因此他们在投资时不会孤注一掷。多年前，我是蒙大拿州一家小银行的董事会成员，由于职务关系，审核了许多贷款申请。那些贷款申请总是包含一份财务预测报告，对业务运营及偿还贷款的方式进行预测。

我从来没看到哪份财务预测报告中所述的业务预测成为现实。这些报告总是偏离目标，正如你所设想的，这些业务实际上并不像财务预测报告所描述的那样顺利。有位银行家说得好："挂号邮件中所述的好前景从未实现过，而财务预测报告从来都不正确。"

富人赚更多钱的秘诀是：找到一两个好的投资目标，随后投入适量的资金。

没有必要冒血本无归的风险来换取滥赌带来的刺激，这样做不值得。

12.4.2 要赚 1000 美元，就得押 1000 美元

上面是拉斯维加斯赌场庄家最爱说的一句话，也是对有钱人不下大赌注的一种解释。

但是这句话绝对大错特错了。以下才是赚 1000 美元的正确做法。

赌博跟投机没有太大的差别。最大的区别是赌徒无法影响赌局，一直处于下风（除非他们会算牌）。我一直不理解为什么在不利的赌局中赌徒仍然乐此不疲。

拉斯维加斯赌场一天 24 小时都开业的原因很简单。赌徒不愿意停下来，他们一直想找到对自己有利的赌局，哪怕是小额的盈利，他们认为玩的时间越长，赢的机会越大。因此赌徒永远都不会停下来。对赌场而言，赌徒就是每时每刻都流入的银行存款。

赌场格言的缺陷。 赌场老板被看成赌博的权威，毕竟，他们见识过所有的赌博。但是用 1000 美元去博取 1000 美元的"经验之谈"会让你陷入巨大的麻烦。

去年，我女儿进行交易，她的 1 万美元变成了 11 万美元，而我的一个账户中的资金从 5 万美元变成了 100 多万美元。我们决不会进行"大赌"。相反，我们的规模很小，所冒的风险从来不会超过所有本金的 20%，而回报却远大于应该获得的。

如同投机者在决定参与游戏前必须具备优势一样，如果在游戏中你占有优势，那就按照真正的让拉斯维加斯变成奢侈的金钱圣地的游戏规则来进行：冒小的风险，并且不停地玩下去。

用 1000 美元去博取 1000 美元的问题在于，你会在一眨眼的时间内失去所有的钱。既然这样，为什么不按照游戏的自然规则，制定一个获取 1000 美元的策略，而不是指望在下一场交易中运气的光临呢？交易中有大量的钱可以赚，游戏也不会在某个时间立刻终止，因此，要学会随着时间的推移不断积累盈利，而不仅仅是靠掷一次骰子获利。

我在自己 36 年的交易生涯中，见到的亏损者要远多于盈利者。亏损者（所

有亏损的人）与盈利者相反，他们赌自己能在一两笔交易中赚到一大笔钱。赢家则是通过持续地做正确的事情来获得利润。当你开始准备赚大钱的时候，你被毙掉的可能性要远大于幸存的可能性。

富人不参与豪赌。真正富有且聪明的人不参与豪赌。首先，他们不想证明什么，他们只是想挣更多的钱；其次，他们知道，风险控制和投机的另外两个支柱——选择与时机同样重要。以下是商品期货交易必须认真考虑的所有因素：选择、时机和风险控制。

12.4.3 投机适合过山车爱好者

关于这一点，请相信我。如果你不喜欢刺激和过山车上下盘旋的感觉，请放下本书，拿回你的钱，继续你单调的生活。投机者的生活就是一个接一个过山车刺激的写照，充斥着一系列的上上下下、高高低低。投机者总是希望低点能持续走高，但现实是，低点经常走得更低。更糟糕的是，高点也会这样。

虽然很多人被刺激所吸引而开始投机生涯，但他们没有想象到起伏的高低，他们认为投机是能够赚取劳斯莱斯豪华轿车的稳定方式。但实际上不是的，它是由未知的、经常无方向的自由形态组成的。在这个行业中，刺激是会杀人的。

你必须是一个真正的刺激追求者，但是不能让这种心态控制你的交易风格，的确，如果不学着控制或者约束寻找刺激的本性，那你就永远不会成为一个合格的投机者。也许这就是这个行业比较难从事的原因；它让一个刺激的寻求者参与投机，让一个风险厌恶者在投机之外谋求事业发展。要在这个行业中获得成功，你必须学会规范和控制。过山车必须严加控制，否则会飞出轨道。这就是我关于在投机游戏中成为一个长期赢家的建议：控制寻求刺激的心态。

12.4.4 如果不耐心等待，就什么也等不到

这是你必须学会的控制寻求刺激的因素之一。寻求刺激者，如同你和我（算上你，是因为你并没有放下本书，而是仍然在读），非常享受从交易中获得的快感，希望它能常伴左右，因此新的投机者会立刻开始交易。一旦拿定主意，他就会掏出钱来，不管输赢，他真正在乎的回报只是——快感。

新的期货交易员所面临的核心问题是我们所谓的"过度交易"。当交易员

盲目寻求刺激的快感而置市场利润于不顾时，就会出现这个问题。他们通过两种方式"过度交易"：①交易频率过高；②交易的合约数量过多。

这其实是一个关于刺激强度的问题：你拥有的交易合约越多，所体验到的刺激快感就越强烈。交易越频繁，大脑中所接受的内啡肽刺激就越多。是的，频繁交易或者过多的合约，都是你致命的敌人。富有的人不参与豪赌，并且他们不是每天都赌。

耐心意味着你有一个交易的理由，它超过了快感，超过了我们脑海中对一个投机者行为的虚拟想象。在我的投机世界中，频率和强度，不等于更大和更好。我要有选择地等待最佳一击的理想时机。这当然不是机关枪射击的游戏。我们就像在树丛中等待的猎手，直到猎物完全出现并且仅距咫尺之遥，直到这个时候，我们才开火！

没有耐心的交易员会耗尽他们所有的弹药、资金和热情，当出击时机到来时，他们已经没有子弹了。

12.4.5 如果不能遵照执行，交易系统或策略有什么用

技术分析师或类似的人永远在开发交易系统，试图击败市场。他们花费了无数的时间和金钱去追逐利润，那是好的。在我的生命中，几乎每一天也在做同样的事情，希望能更多地了解市场。

区别在于，一旦找到了"大师级交易系统"，他们进行一两笔交易后，就开始修补系统或者不听从系统的提示。多年前，我的老朋友 Lin Eldridge 说得很好："既然你不准备遵照执行，那还要交易系统干什么？"

诚实地对待你自己。如果你不准备遵守你制定的规则，为什么还要制定规则？你应该花时间去做其他的事情。说到投机，规则是必须遵守的，除非你想以破产来结束交易。尽管投机规则的存在是为了提示进出市场的理想时机，但更重要的，是为了保护我们自己。

也许你认为这不是你的问题，认为遵守系统规则是一件容易的事情，其实不然。

2011 年，美国有大约 52 000 人死于交通事故（大约每周 1000 人），因为他们违反了最简单的规则：不超速或者不酒后驾车。这些都是简单的规则，不复

杂，不像投机的规则一般充斥着情绪波动。然而，由于不遵守这样简单的规则所造成的意外灾难，却让家人陷入巨大的混乱和悲伤中。你愿意选择以一种虚张声势的方式进行投机吗？相信我，财务状况也会是一样的。你的投机之路上肯定会有一场屠杀和毁灭。

万有引力定律始终有效，你必须遵守事业上的万有引力定律。

12.4.6 圣诞节不会在 12 月到来

作为一个商品期货交易员或投机者，这个行业真正让人恼火的是：我们从来不曾也永远不会知道今年什么时候能赚到钱。

珠宝商人知道他们大部分的收入来自节日或圣诞节。对于大多数零售商店，这是实情，它们知道何时会财源滚滚，并提前做好准备。

我们不能。这是我写本书和出版"时事通讯"的原因，我希望生活中能有一些持续的收入，并且是能带来利润的！我也许会连续 12 个月毫不费力地赚钱或根本赚不到钱，事实上可能在一年的前 6～7 个月亏钱，然后中大奖。谁都永远不可能知道在过山车游戏中会发生什么事情。

这就是商品期货的基金经理会从所管理的资产中抽取固定比例佣金的原因。尽管他们收取了利润的至少 20%，但只有通过这种方式，他们才会有持续的收入来补偿他们的成本。他们和其他人一样，需要有固定的现金流。

在我看来，你们中的大多数人不应该辞去工作来做一个交易员。你的工作，即使再糟糕，也是你的保障，是收入的来源，是过圣诞节的保证。是的，我知道你不喜欢你的工作，但是你知道吗，我也不喜欢我的每一天。市场中赚钱的机会不可能持续两三个月。而且，在时事通讯中出现一系列错误的买入建议是很糟糕的事情，因为每个人都能看到我的错误——我的对手会有意去放大它，我最好的朋友会笑话我。

但是，无所谓。在我的世界里，我知道你不需要喜欢，你只需要去实施。那就意味着我必须持续地服从一个系统，即使最终的结果是亏损。当我不喜欢这个系统的时候，我必须使用止损，同时不断告诫自己今年的圣诞节要推迟了。更有甚者，我有较好的预算并相应地规划个人生活；我必须有足够的现金让自己度过一个姗姗来迟的圣诞节。最终，如果交了好运，我会发现圣诞节在当年的 1 月或 2 月来临，当然我不会奢望一直到 12 月 25 日，天天都是圣诞节。通往天堂的道路是曲折的。我的账户资产也不是一条向上的直线，而是一条蜿蜒的路，其中布满了高峰和低谷。这就是我从来不知道圣诞节何时会来临的原因，我只知道如果做了正确的事情，圣诞老人最终一定会找到我的烟囱。

12.4.7 如果你在游戏中占有优势，你参与的时间越长，获胜的概率就越高

如果你知道自己在游戏中有优势，你就可以在某些点位收集筹码，那圣诞节就将来临了。

对于所有的投机者而言，这是个很重要的概念，这是建立一个主要信念系统的概念，但是概念本身不能建立在信念之上。赌场不是靠信念来经营的。它的经营、业务运作，靠的是纯粹的数学。他们知道赌轮盘或骰子的必然结果，因此他们让轮盘不停地转，不介意等待，但不会停止。连续 24 小时运作是有原因的：对于这种你不占有任何概率优势的游戏，你玩儿的时间越长，他们就能从你口袋中赢走越多的钱。

我想这是我觉得去拉斯维加斯赌博的人可笑的地方，他们认为自己可以从赌场赢钱。赌场把你我看成其银行账户的资金来源，这一点既可以从赌场酒店的规模和股价的表现看出来，也可以从财务报表右侧的项目中看出来。

作为交易员，我们必须认识到时间是我们的朋友。在法定的合同中，时间是必不可少的要素，在履约时更是如此，但是在交易中时间不是决定性因素，因为如果在游戏中占有概率优势，你花费的时间越久，最终获胜的概率就越高。

赌场不会关闭的另一个原因是：赌徒不会罢手。用行话说，就是赌徒会过度交易。

我们不是赌徒，但是我们能从中学到很多。我们必须确切知道我们的方法有统计上的优势。我们需要去回测，去证明我们的策略。不能只是因为我们很聪明或英俊，就假设能从当前的交易中赚钱。一旦我们通过调查证明我们的方法可行，那就只剩下一个问题了——服从交易系统来支持我们的信念。

12.4.8 抓紧盈利而不是亏损

这是投机原则中最重要的。输家会有相反的做法：他们在亏损时增持筹码，而在盈利时减持筹码！输家看到一个人在老虎机前输完所有的钱时，会冲过去取代他的位置。

赢家会寻找有利的机会并抓紧盈利。我清楚地记得自己曾经在标准普尔500指数交易中连续盈利18次。一般来说，在连续盈利3次以后，75%的交易者都不会继续交易；在连续盈利6次后，没有人会再继续交易。

这说明人类的思维不能承受胜利而更偏爱失败。人们害怕胜利会变成失败，但是明显地更希望转败为胜，因此在失败后更愿意投资或投机。

事实上，胜利是一系列盈利交易的结果，要获胜，你就不能因为已经获得的盈利而停止。抓紧盈利。失败是一系列亏损交易的结果，一个交易系统失败的最明显的提示，就是它的失败次数前所未有的多。不可否认，容忍短期的失误，开始进行长期投资是一种聪明的做法，但是因为某些投资"太成功"了而停止，则不是一种明智的操作。

抓紧盈利，而不是亏损。

12.4.9 成就会杀人：财富是危险的

虽然我们必须而且愿意抓紧盈利，但不能让成功冲昏了头脑，因为不断获利导致过分自信，这会使我们不能遵循获得成功的规则。

从使用我的交易方法并运作得很好的交易员那里，我听说过无数的案例，其中有些人盈利超过10万美元，但是最终都吐了出来。究竟发生了什么？原因都是一样的，投机者弄不清楚自己获利靠的是运气还是遵循了有效的规则，他们越来越自负。

自负告诉他们，自己已经做得足够好了，他们有足够的钱去碰运气，不再需要遵循基本规则，觉得事情已经尽在掌控之内，因此他们进入一种"全速前进"的状态。他们觉得止损点不再重要，而且，因为他们现在持有过重的仓位，或在过多的市场上进行交易，所以当遇到打击时后果很严重，太严重了——这是毁灭的时刻。

如何挽救这个局面呢？我一直告诉自己，这是个简单的概念：只和自己带到舞场的舞伴跳舞。不要因为看到其他美丽的系统或交易方法就更换舞伴。如果你正在赚钱，坚持使用同样的规则、同样的逻辑，别修改。我从来不是靠我自己赚钱，我靠的是遵从一些经过回测并被证实有效的交易系统或方法。单靠你我自己，无系统地进行交易，终会粉身碎骨。你越自负，离投机的操作规则越远，毁灭得越快，也越惨烈。

12.4.10　恐惧/贪婪困境

让我们现在就面对这个两难困境吧……恐惧和贪婪以及情绪上的挣扎将时刻都伴随着我们。

克服这种两难境地，你的盈利将直线上升。

对许多交易员来说，贪婪是比恐惧还要强烈的一种情绪。我相信交易员都是一群贪婪的人（这也是我们进入交易场而别人避开的原因）。因此，一个人需要知道在他的日常生活中（在市场上或工作中）自己哪种情绪会占上风。

现在我逐渐了解到，贪婪会导致我们做那些不应该做的事情。贪婪使得我们进入投机交易的世界，导致我们抢跑，持有时间过长，或者买入太多。如果你觉得自身的贪婪在逐渐增加，我建议你直接面对贪婪，看看它给你带来的麻烦是否多于收益。

而恐惧则不同。恐惧会使我们不去做应该做的事情。对于恐惧，罗斯福总统给出了史上最"糟糕"的评论，那就是："……唯一能令我们恐惧的东西，就是恐惧本身。"

恐惧是具有抑制作用的，它能给你来个急刹车。恐惧还具有预防作用，非常原始，与生存的关系更加密切。实际上，我们需要适量的恐惧来维持生存。但是对生活或对事件的恐惧不同于对市场的恐惧。由于某种难以解释的原因，纯粹出于冲动的恐惧使我们错过了最好或最大的盈利交易。由于害怕被扫地出局，所以我们不设止损点。我的建议是：在投机方面，当恐惧告诉你不要做某事的时候，要像耐克的广告语所说的一样，"放手去做"。这听起来有点可怕，但这就是顶级交易员成功的秘诀。他们总是**放手去做**。

恐惧有两个重要部分：一个是恐惧产生的原因，另一个是恐惧导致何种行为。

恐惧是无知的产物。我有一位朋友是海豹突击队队员,他曾说:"每次我们执行特殊作战任务时,我的心都怦怦跳。这不是出于恐惧。我们都是训练有素、配备精良的战士,任何未知的东西我们都熟悉。我们知道该做什么,以及如何应对任何突发事件。"

交易员可没有做好如此充分的准备。他们没有细心考虑未来,交易时不考虑止损点(保护),也不知道从何处或者如何盈利。因此他们对未来一无所知。未来是个黑洞,而他们害怕黑夜。

控制好你的恐惧,为未来做好准备并将所有基地都隐蔽好,你就可以面对而不是应对市场突发事件。

另外,是恐惧导致我们说谎。交易员谎报交易结果,比如盈利或失利,尤其是面对他们的配偶时,因而他们处于一种不断否认与虚构的状态,即某种梦想世界。他们不能很好地处理现实,这就不足为奇了。

我希望我对投机生涯、恐惧与贪婪的领悟能帮助你更好地认识你的恐惧与贪婪。

12.4.11 进入点、退出点:趋势变化信号

有多少位交易员可能就有多少种判断趋势变化的方法!在如今的电脑时代,数学天才运用其数学知识建立了趋势变化机制。很大程度上,趋势变化是个尚无定论的概念,因为它告诉我们发生了某种变化,但并不保证这种变化将来还会继续。

以下就是我对这个概念的主要看法:

条件变化导致行情出现明显的上下波动,即趋势变化。如果相应的条件不存在,趋势变化也就没有什么有效性。用条件变化来印证趋势变化,就能抓住爆发性的牛市/熊市行情。

我想你现在应该能够理解其中的一些条件,比如说商业条件。让我给你一个分析趋势变化的工具吧。图12-1~图12-6中所示的工具是收盘价的18日移动平均线(以下简称均线)。就是这个工具,不是什么花哨的东西。注意那些圆点,看看它们如何出现在重要的趋势变化点上。

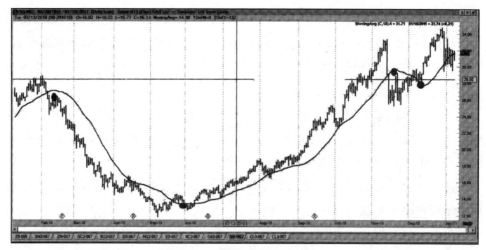

图 12-1 重要的趋势变化点

在这些图中,当价格有两天完全处于均线之上(即买点)或有两天完全位于均线以下(即卖点)时,就会出现圆点。这是变化的预兆。随后,其中某些精选的短期买入/卖出信号会提示你可以进场。

在我的"期货交易十拿九稳"在线课程中,我讲授了更具体的进场技巧,但是正如你所看到的,这些圆点也很有效。

举例来说,我曾经跟踪过 3 个市场的趋势性行情(见图 12-2 ~ 图 12-4):长期国债市场的上涨行情、木材市场的下跌行情以及黄金市场的上涨和下跌行情。

你将会注意到,出现圆点通常表明重要趋势变化的开始。对于一年的开头来说,这是好消息,我们可以确定趋势变化。这不是一个新现象(见图 12-5 ~ 图 12-6)。(同时注意从 2000 年起图上出现的变化!!)当时我就是用这些图来说明如今我在 2011 年所阐述的同样的观点。

这里有很多要学习的东西:如果某一天价格刚刚超过均线或者虽触及均线但波动并未进一步延伸,均不足以导致趋势变化。

在我看来,均线可以作为支撑位和阻力位。产生长期趋势变化的条件是,一旦价格运行到均线附近,就出现强劲的短线行情。

虽然有些东西是不言自明的,但考虑到还有很多的技术分析师,我还是有必要说一下：不要孤立地看待这些信号。这些信号只是满足牛市/熊市基本条件的一个征兆。

你的功课就是打开你以前的图表分析书或启动电脑研究一下价格、18日均线及趋势变化的关系。所有的图表分析书及软件都会谈及均线，所以你没有借口。

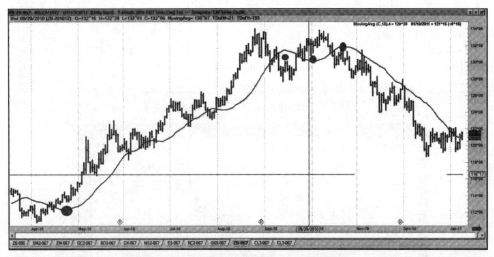

图 12-2　价格连续 2 日位于 18 日均线之上

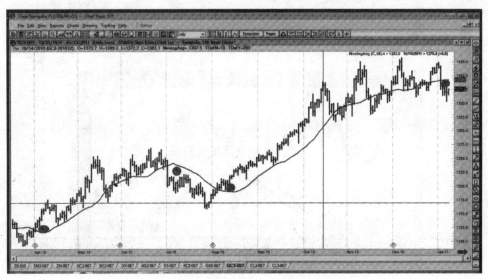

图 12-3　价格连续 2 日位于 18 日均线之上

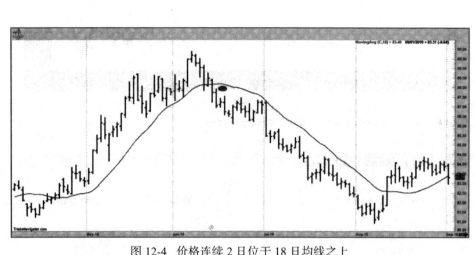

图 12-4 价格连续 2 日位于 18 日均线之上

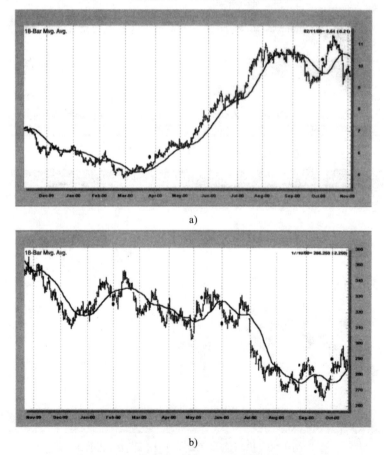

a)

b)

图 12-5 价格连续 2 日位于 18 日均线之上

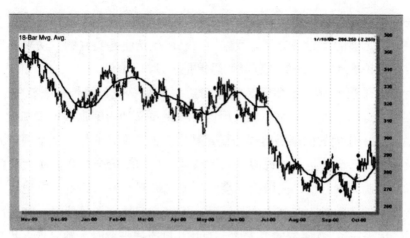

图 12-6　价格连续 2 日位于 18 日均线之上

12.4.12　自信、恐惧和积极

温顺的人永远不会成为投机者，因此他们最好能继承一份遗产。

关于自我管理，投机者必须学习的 3 点：自信、恐惧和积极。我会依次讨论它们。

自信。你需要自信，但不能过度。自信来自你对市场的研究，而不是来自对自己的信心。彻底忘掉那些与自信心有关的、充满温馨及模糊的、与生俱来的好感吧，你需要的是基于经验和调查的自信，当交易时机来临时，它允许你采取正确的行动，而不会窒息。失败者会窒息。赢家为交易紧张，但是他们的信心来自其所采用的方法，而不是来自他们自身。

没有自信心，你就不会扣下扳机开始你的交易，特别是在喧嚣的交易时间，这时最佳的交易时机突然会冒出来。

温顺的人可能真的继承了土地，因为他们自己肯定不会像投机者那样赚钱。我在一流的商品期货交易员身上看到的内在自信是令人鼓舞的。它的本质不是勇气或自负，也不是沉着冷静。他们自信的核心来自对将进行的交易的信任与信念。

成功的交易员能预见或相信未来，到了充满信念的地步。相信"上帝"，好的事物会占据主导地位，所有的事情会让我们顺利。如果我不想让"上帝"失望，我就不会让自己失望。我相信"上帝"让我对未来充满信任，在其他人裹足不前时有足够的信心去交易。我知道自己的生活将是美好的，从来都深信不疑。根据交易员对未来的信任程度，恐惧是可以控制的。

我们要恐惧的事情远多于恐惧本身。罗斯福总统对恐惧的看法完全是错误的。这一点也不奇怪，他一个人用他的自由主义和国家福利政策新政（New Deal），把这个伟大的国家搞得很糟糕，其严重程度是其他任何一个领导人都望尘莫及的。更糟糕的是，他说服公众和媒体，他的政策会把我们从大萧条中解救出来。的确，没有他，美国会不会复苏或崛起呢？我永远不会忘记我在参加美国参议员的选举时，在民主党重镇区一家家敲门拉选票的情形。有一次，敲开门后，出来一位80多岁的老太太，当我让她投我一票时，她只告诉我她不投票。我问她原因，她说："我一生只投过一次票，给了罗斯福，在看到他的所作所为后，我告诉自己，如果我笨到会给那个混蛋投票，我永远都不应该再投票了。"

恐惧是帮助投机者到达他们业绩巅峰的强大力量。我所知道的利用恐惧的最好案例来自罗伊斯·格雷西。你可能还不知道格雷西是何方神圣，让我先来介绍一下他。

格雷西是一位世界级的运动员，是那些付费的超级拳赛（Ultimate Fight）之类的电视节目的明星。如果你还没有看过，我告诉你，他们是真打的，没有拳击手套，使用法律范围内的任何手段都可以，从拳打到脚踢。这是真正的暴力。让人感兴趣的是，格雷西在超过100场的比赛中，从来没有被打倒过。过去从来都没有。不管是谁，拳击手、跆拳道选手、相扑选手、泰式拳击手，都一样，没有人能击倒他。

考虑到大多数强劲选手的体重界于225～300磅，当你知道格雷西的体重是180磅时，看到他穿着自己的毛衣比穿拳击服看起来更舒服时，就会对他获得的胜利更敬畏。你根本看不出来他是个"大杀手"。因为我对拳击者和胜利者着迷（他们和投机者有太多的相似点），我一直关注他的职业发展并且专心聆听他的金玉良言。

在一次采访中，这些电视明星被问及是否为参加比赛而有丝毫恐惧，毕竟，这是真的——他们会被打成残疾，失去视力，骨折，遭受严重的脑震荡，而且至少有一个选手当场死亡。所有的明星都像配备了机关枪的男子汉一样回答，不害怕任何人或事情。

所有的人都这样说，除了格雷西。他很轻松地承认他每次进入赛场时都害怕得要死。他说他用恐惧作为他的优势，因为恐惧使得他尊重对手，不采取不计后果的行动或偏离他个人的战斗风格。"如果没有恐惧，"他说，"你就不会赢，因为它让人兴奋，但是它也保证你不会失控。我们从事的事情是很危险的；我最好的保护是恐惧，我会用所有的方式来保护自己。"

跟格雷西一样，我对交易也有很大的恐惧，我看到过有人被淘汰出局，因为错误的投机而倾家荡产；有些人破产，有些人疯掉，更有甚者自杀。我怀疑他们所有人有个共同点：他们对市场无所畏惧。

我认为你应该对市场和自己有所畏惧。

虽然市场是可怕的，但是真正让人恐惧的是你我在交易中投入的情绪。没有恐惧，就不存在尊重；如果你不尊重市场，不害怕自己，就会在商品期货市场横尸遍野的长廊上，新增一缕冤魂。

适度的恐惧和自信会创造积极的心态。在每个交易员的交易生涯中，实际上大约是每周一次，不论是保护自己还是坚持你的市场预期，都有一个可以让你积极表现的时间点。这个行业对于那些消极的人是不适合的，那些人看起来不在意输赢，缺乏面对并接受挑战的勇气。

我无意把多数人眼中的积极进取看成有敌意的。成功的交易员在交易时难免有一些大胆的行动，这个胆识是自信、恐惧和积极心态的结合。在这场利益的角逐中，一个设计缜密的、富有胆识的计划将引导我们走向胜利。

要点重述

本章的要点是：我们在研究经过电脑处理的图表和数据时，所有数据最终都需要应用到交易策略或统一的交易方式中。

我的经验是受过良好教育的数学家常常在交易中铩羽而归。为什么呢？他们只见树木（数据、公式），不见森林（策略、概念）。交易中会涉及多种情绪，你对情绪控制得越好，你的交易业绩就越好。

| 第 13 章 |

资金管理：成功之匙

投机者创造的财富来源于他们如何管理资金，而不是一些神奇的、神秘的系统或者炼金术。成功的交易能够赚钱，适当的资金管理方法加上成功的交易能够带来巨大的财富。

这一章是本书最重要的章节，也是我生命中最重要的一章，我希望能够把最有价值的想法传授给你们。我能够给你们的，没有什么东西比这一章更有价值了。这一点也没有夸大其词。

接下来我要解释如何使用像 2000 美元这样的小钱赚取超过 40 000 美元，用 10 000 美元赚取 110 000 美元的方法。这些不是假想出来的，我们不是在谈论周一早上的橄榄球赛，我们讨论的是真正的时间、金钱和盈利，用这些你可以买到生命中所有的奢侈品。

在学会使用资金管理方法之前，你只不过是一名微不足道的投机者，在这儿赚点钱，在那儿亏点钱，永远都不会赚大钱。你永远都抓不住商品交易的魔戒，只是在交易中游走，捡到一点小钱，抓不住大钱。

关于资金管理，最令人惊讶的事情是，很少有人愿意听或者学习正确的方法。当我在餐桌上或者鸡尾酒会上时，大家的话题总会转到市场上来。人们喜欢谈论热门话题，或者想了解我没有工作是怎么养活自己的。他们想了解我的秘密，就好像我真的有秘密一样！

公众或者没有受过教育的投机者认为交易需要魔术。在某个时间、某个地方，有人持有一只魔戒，正确地指引市场方向。

但是真理超过一切。在这个行业里的赚钱之道，是在游戏中获取优势，保持这个优势，再强化优势，检查银行存款，看是否能支持每一笔交易。

13.1 大多数交易者使用误打误撞的方法

大多数交易者都有信心，拿着一大笔钱去冒险，并且有能够预知未来的足够的信心。这导致了两个问题。

第一，我们认为自己的系统或者方法能够将盈利的交易和亏损的交易区分开；第二，更糟糕的是，我们认为自己足够聪明能够做到这一点，因此，在各种交易中积累了数量不等的合约或者股票。

就像我们必须持续服从作战计划才能获胜一样，我们必须维持足够的现金，作为每笔交易的后盾。一旦你认为自己能够"确切"地捕捉赚大钱的机会，然后交易更多的合约，麻烦就会找上门来。

偶尔，你可能会蒙对，赚一大笔钱，但是最终你会由于持仓过重而亏损。亏损本身已经够糟了，但是由于你没有好的资金管理方法，你会变得情绪化，可能持有这个头寸太长时间，梦想会再有一次大的赚钱机会。这样的话，事情不但不会好转，反而会更糟糕！

让我们再用老掉牙的拉斯维加斯赌场的例子来说明一下。全世界的赌场都会限制其亏损，每一局都会限定每个赌徒的最大赌注。一个好的商品交易员也应该使用同样的方法限制亏损。你能够想象仅仅因为庄家"感觉"顾客在下一轮将会亏损，而允许赌徒下注超过赌场的限制吗？当然不行；这样庄家当场就会被解雇，因为他们违反了资金管理最重要的原则：避免过度冒险。

过度交易，过度下注，都会使你付出的代价远远高于在错误的市场中交易。

13.2 资金管理的方法：总有一种适合你

资金管理有很多方法，也有很多公式。但是所有的管理投资资金的超级系统都有一个共同的原则：盈利的时候可以增加交易单位、合约及股份数量；亏损的时候要减少头寸数量。这是正确管理资金的科学方法的精髓。这个基本的真理有几种运作方式。

接下来我会向你展示主要的方法，希望你能发现适合自己的方法。在这里如果不提到拉尔夫·文斯这个名字，讨论就是不完整的。1986年，我在玩21

点的时候，所用的资金管理方法的公式出自 1956 年发表的一篇名为《信息比率新解》（*A New Interpretation of Information Rate*）的论文，这篇论文是有关信息流动的，我当时所用的公式现在被商品交易者称为凯利（Kelly）公式。

我的数学程度，基本上可以用你的大拇指和食指数出来，但是我知道"数学很有用"，因此我开始用凯利公式交易商品。下面的 F 代表了每一笔交易的账户金额：

$$F = ((R+1) \times P - 1) / R$$

式中　P——系统盈利的概率；

　　　R——盈利交易对亏损交易的比率。

在上面的例子中，系统盈利的概率为 65%，交易的平均盈利是平均亏损的 1.3 倍。也就是说，数学公式里面的 P 为 0.65，R 为 1.3：

$$((1.3 + 1) \times 0.65 - 1) / 1.3 = 0.38$$

即用于交易的资金比率为 38%。

在这个例子中，每一笔交易投入的资金占总资金的比率为 38%；如果你一共有 100 000 美元，那么在这个交易中可以使用 38 000 美元，用它除以保证金，得出应交易的合约数量。如果保证金是 2000 美元，你就可以交易 19 手合约。

13.3　资金管理的好的一面、坏的一面和丑陋面

这个公式的使用对于我的交易结果作用显著。在很短的时间内，我以少许的资金获得了暴利，因而我成了现实生活中的传奇人物。我的方法是依据"凯利公式"，将账户里一定百分比的资金除以保证金。所得到的结果好得令人质疑，以至于在一次交易竞赛中，主办方无法相信如果不是使用了欺骗的手段，怎么也不可能取得这么好的成绩，于是取消了我的比赛资格。直到现在，人们仍然在网络上声称我同时操作了两个账户，一个是为成功的交易准备的，另一个则是为失败的交易准备的。他们似乎忘记了，或者根本不知道，除了这样的行为完全不合法以外，在所有的交易下单之前，必须先输入账户号码，因此作为一个经纪人，或者我自己来讲，怎么能知道哪个账号是为成功交易准备的呢？

但是，据我所知，还从来没有人取得过这样的交易成绩。更"糟糕"的是，我不止成功过一次。如果不是侥幸成功或者幸运的话，那一定是偷偷加了某些数字或交易。

我所做的资金管理是革命性的。正如所有好的革命都伴随着血洒街头一样，我首先接受的考验来自全美期货业协会，接踵而来的是商品期货交易委员会彻查了我所有的交易记录，查找任何可能涉嫌作弊欺诈的迹象！

商品期货交易委员会用放大镜查看了我在经纪公司的所有交易记录，并且扣押了一年多之后才归还。大约在收回这些交易记录一年之后，你猜发生了什么？他们居然再次要求我提交这些交易记录，因为我的成功令人难以置信。

这些都归结于前所未闻的投资业绩。用这种现金管理方式，我操作的一个账户在18个月内由6万美元增长至50万美元。可是随后，客户将我告上了法庭，律师声称，她的当事人认为我应该创造5400万美元的利润，而不仅仅是50万美元。现在，相信我的人愿意将我供奉起来，只要能让他们赚到钱。这种革命已经远远超过了任何人可以驾驭的范围。

这个故事令人震惊吧！

但是这把资金管理的宝剑还有另外一面利刃。

我特别的成绩为我吸引了很多资金来管理，而随后引发了下面的故事：宝剑的另一面在阳光下闪出了寒光。在我努力成为一个投资经理时（也就是说运作一家资产管理公司），我一直以来视如珍宝的市场操作系统突然失灵了，眼睁睁地看着我的资产以同样惊人的速度连连亏损。虽然我曾经闪电般地赚到这些钱，但是现在赔得一样快。

经纪商和客户都被吓得惊慌失措，他们当中的大多数人纷纷撤资，因为他们无法接受账户里的资金会经历如此大的波动。就连我自己的账户，由年初的1万美元（是的，没错，是1万美元整），增长至210万美元……接着就和其他人一样遭到重创……账户里的资金就像掉进了旋涡一样，飞速减少至70万美元。

这个时候，所有的人都跳海逃生去了，只剩下我一个人还在坚持。但是，我是一名商品期货交易者，我喜欢坐过山车的感觉，除此之外，还有其他生活方式供我选择吗？至少我不知道，所以我留在了战场上，至1987年年末，我的账户又重新回到了110万美元。

这是怎样的一年啊！

拉尔夫·文斯在我身旁目睹了全部过程，当时我们正在一起开发系统和资金管理。远在我意识到凯利公式存在致命错误之前，他就已经看到了。我简直是瞎了眼，还一直使用凯利公式进行交易。而数学天才拉尔夫已经开始重点研究资金管理，并先后出版了3本这方面的优秀书。他出版的第一本书，名为《资金管理的数学》(*The Mathematics of Money Management*)，接着出版了《投资组合管理公式》(*Portfolio Management Formulas*)，以及我最欣赏的《资金管理新论》(*The New Money Management*)。这些书都是由纽约John Wiley and Sons公司出版的，是任何一位认真的交易员或基金经理的必读书。

拉尔夫注意到凯利公式中的错误。凯利公式原本是为了计算电子比特流量所设计的，之后被用于赌21点。问题就在于赌21点并不同于商品期货或者股票的交易。在赌21点时，可能产生的损失仅限于你所放进去的筹码，而可能产生的盈利，也只限于其他人所押的筹码。

作为投机者，日子可就没那么轻松了。我们的交易所产生的利润和亏损程度不是固定的。有时可能大赚一笔，有时也可能只有蝇头小利。同时，亏损也是一样的，亏损的多少难以预测。

当拉尔夫意识到这一点时，便可以解释我的资产为什么会出现那么大的波动，其原因就是我们用了错误的公式。在我们进入新世纪之际，这看起来可能只是个基本常识，但当我们正处于资金管理的革命时期时，这并非显而易见。据我所知，我们是在一个未知领域中追踪市场，并从事交易。我们看到的交易业绩是令人震惊的，因此并不希望对当时的交易方式做太多的改变。

13.3.1 在尽头处壮士断腕

"最佳F"或是账户余额的固定百分比这种方法的问题是，一旦你这样做了，就会"越转越快"。让我来证明我的说法，假设每笔交易的平均输赢金额为200美元，你每月交易10笔，每赚1万美元就会增加一份新的合约，那么你要做到50笔交易，或用5个月的时间才能增加一份新的合约。此后，只需要两个半月就可以将合约数量由2份增加到3份。大约再过7周，就可以增加到4份合约；再过5周增加至5份合约；再过1个月达到6份合约；再过25天，达到

7份合约；再过21天，达到8份合约；再过18天增加到9份合约；再过16.5天，你就可以做10份合约的交易。

这样做的结果，必然会引祸上身。现在你已经爬到了树梢，坐拥着一大堆合约。当你在一大笔交易上出现亏损的时候，树梢就会吱嘎作响（以每份合约平均200美元的3倍，即600美元，乘以10，那么你损失了6000美元），但你还没有输掉1万美元。所以下一次交易，你继续交易10份合约，并再次输掉6000美元。仅仅两次交易，你的资产就已经从最高额100 000美元减少了12 000美元。

下一笔交易仍然是亏损的，连续3次亏损。以每份合约平均亏损200美元来计算，乘以你目前的成交量9份合约，得出你的亏损为1800美元（让我们以2000美元来计算吧）。这时，你的亏损金额已经增至14 000美元。

然而，机灵的交易者缩减头寸要比你快。当亏损达到5000美元时，他就砍掉2份合约。因此第一笔亏损产生之后，他就减至8份合约，只损失2400美元，躲过了另一次6000美元的重挫，并且在市场中可以继续生存下去。

13.3.2 但它会变得更糟……

让我们来看一种获利的交易系统。它的胜率为55%，而你决定把仓位控制在账户资金的25%以内，每笔交易额25 000美元，每笔赢亏相等，都是每笔1000美元。表13-1给出了使用这种方式交易的结果。

表 13-1 有 55% 的机会盈利

1	-6 000	15 000
2	-3 000	12 000
3	-3 000	9 000
4	+2 000	11 000
5	-2 000	9 000
6	-2 000	7 000
7	+2 000	9 000
8	+2 000	11 000
9	+3 000	14 000
10	+3 000	17 000
11	+4 000	21 000

虽然你赚了 1000 美元，但是回撤比例达到了 65%，而用这个系统交易 1 份合约的交易者即使回撤比例达到了 20% 也才损失了 16 000 美元。

让我们来看看另一种情况，一开始我们就在 8 笔交易中赚了 5 笔（见表 13-2），听起来很不错，不是吗？

表 13-2　一个获利组合

1	＋5 000	25 000
2	＋6 000	31 000
3	＋7 000	38 000
4	＋9 000	47 000
5	＋11 000	58 000（哇？！）
6	－14 000	44 000
7	－11 000	33 000
8	－16 000	17 000（什么？！）

看看这个……5 笔赢，3 笔输，但是最后亏损了。这怎么可能呢？其实，这是由两个原因造成的：其一就是让你赚 58 000 美元的资金管理方法也能让你亏下来，另外，我存心放进了一笔"捣蛋"的交易，最后一笔交易就像我们在市场上经常会遇到的那种典型交易，一次亏损的金额超过平均亏损金额的两倍。假如最后那笔亏损跟以前的一样，你的账户里应该还有 26 000 美元。而机灵的交易者在第一次产生亏损之后，就会将仓位减半，在第 7 笔交易中仅损失 5000 美元，剩余 39 000 美元，并且在第 8 笔"连击"交易中亏损 8000 美元，账户余额为 31 000 美元。⊖

13.4　展望新方向，把亏损视为资产

当我们继续改进，寻找任何可能驯服市场这只野兽的方法时，我的交易生涯就在投机式的摇摆震荡中，跌跌撞撞地前进。在这个过程中，我们形成一些基本概念，我们需要一个公式可以告诉我们下一笔交易应该买卖多少张合约。

其中一个概念就是把我们的账户余额除以每张合约所需保证金与这个系统出现过的最大回撤金额之和。这个方法非常靠谱。你在未来的交易中，一定会

⊖　本段原文如此。

遭遇到类似或者更大金额的回撤，所以最好准备出足够的钱以应对这种情况和保证金的需要。事实上，当我发现需准备相当于保证金加上最大回撤金额的 1.5 倍的资金才算安全时，也吓了一跳。

因此，如果保证金是 3000 美元，而在系统中见到的最大回撤金额是 5000 美元，那么你需要准备 10 500 美元才能进行 1 份合约的交易（3000 美元 +5000 美元 ×1.5）。这是一个不错的公式，但是也存在问题。

现在，我将把几个资金管理模式应用到同一套系统上。这套系统是我拥有的、最好的系统之一，所以它的业绩看起来会好得有点令人不敢相信。同时，你应该也注意到了这套系统所产生的令人难以置信的盈利，上百万的利润。事实上，这套系统在未来的交易中并不一定会表现得和现在一样。大多数人并不希望像这个回测一样，一次交易 5000 张债券，这意味着如果债券价格波动 1 个最小单位，即 1 点，如果是反向波动，会令你损失 16.25 万美元。补充一点，对于债券市场来说，任何一个清晨开盘，都很可能已经给你造成 10 点的亏损，那就是 162.5 万美元！所以，不要仅仅沉醉于利润中，一定要关注资金管理对你的业绩产生的影响。

你应该注意的是，不同的资金管理方式会产生不同的效果。这套系统针对债券进行交易，保证金为 3000 美元。图 13-1 显示了没有采用资金管理所产生的结果，它体现了从 1990 年 1 月至 1998 年 7 月的完整交易记录，账户初始资金为 20 000 美元。

现在，我们将不同的资金管理策略用在同一个系统上，以便从中找出哪种管理策略能产生最好的绩效。为了得到原始参数，我在最初 7 年的数据上只运行了原始的交易系统，在其后的时段上加入了资金管理策略，因而回撤金额、胜率、风险回报率等指标是通过样本内数据得出来并在样本外数据上回测过的。我设定这套系统的最高成交量为 5000 张债券，这个成交量可不是一般的大。

13.4.1 瑞恩·琼斯和固定比例交易

我的另外一个朋友瑞恩·琼斯对资金管理着了魔。我在一次研讨会上遇到了他。后来，我参加了他主办的研讨会，其主题是资金管理，是我最感兴趣的主题。瑞恩对于资金管理的问题有着深入的研究，并且花费了上千美元来研究解决问题的方法，最后形成了他的固定比例交易（Fixed Fractional Trading）策略。

系统报告			9/11/1998 11:54:44 AM	
系统编号：387		描述：债券7/1998无委托保管		
系统规则：				
市场：		回测区间：1/1/1990至7/16/1998		

总结			
交易次数	310	期初余额	20 000美元
盈亏次数比	1.4	期末余额	251 813美元
最大回撤金额	−3 988美元	资产最高点	251 813美元
最大回撤比例	−18.3%	收益率	1 159.1%

盈利的交易		亏损的交易	
盈利次数	230	亏损次数	80
盈利交易占比	74.2%	亏损交易占比	25.8%
平均每笔盈利金额	1 350.68美元	平均每笔亏损金额	−985.55美元
最大单笔盈利金额	10 137.50美元	最大单笔亏损金额	−1 956.25美元
连续获利次数最大值	31	连续亏损最高次数最大值	6
连续获利天数平均值	4.11	连续亏损天数平均值	1.45
达成最大交易单位所需交易次数			43
达成最大交易单位所需天数			370

基本单位计算规则
仅一张合约

图 13-1　无资金管理的债券交易系统

像我和拉尔夫一样，瑞恩也想避开凯利公式中存在的致命问题。他的解决方法是不采用根据账户余额 Y 美元进行 X 份合约交易的固定比例方式。

这主要源于他不喜欢所持有合约的数量增长太快。假设有一个初始资金为10万美元的账户，每1万美元买卖1张合约，就是说此账户将从10张合约或单位开始交易。再假设平均每笔交易获利250美元，意味着我们将赚2500美元（10张合约乘以250美元），这就需要5笔交易才能将合约数量增至11张。如果一切顺利，我们持续盈利至5万美元，总资产增至15万美元，此时合约数量为15张，乘以250美元之后，每次获利为3750美元。因此，现在我们只要交易3笔就可以增加1张合约。当盈利扩大到20万美元时，每笔交易就可以赚到5000美元，因此只需要两笔成功交易就可以增加1张合约。

瑞恩的方法需要赚取一个固定比例的资金来增加合约的数量。如果需要

5000美元的盈利才能从1张合约增至2张的话,那么对于一个10万美元的账户,需要5万美元的盈利,才能将合约数量由10张增至11张。固定比率的意思就是,如果平均来说,合约数量由1张变成2张需要15笔交易的话,那么升高一级交易就需要15笔交易。这和拉尔夫用较少的交易次数就可升至高一级交易的固定比例方法不同。

瑞恩使用了一个变量(你可以根据个人情况修改这个数值)作为乘以最大回撤的参数。他似乎喜欢将最大回撤金额乘以2。我们将在同一债券交易系统中套用瑞恩·琼斯的公式。

正如你在图13-2中所看到的,这个方法同样可以赚大钱,它使你的账户资金呈几何级数增长,在本例中,账户余额为18 107 546美元!然而,想取得与

系统报告			9/11/1998 3:06:15 PM
系统编号:387		描述:债券7/1998无委托保管	
系统规则:			
市场:		回测区间:1/1/1990至7/16/1998	
总结			
交易次数	310	期初余额	30 000美元
盈亏次数比	1.4	期末余额	18 107 546美元
最大回撤金额	−3 988美元	资产最高点	18 107 546美元
最大回撤比例	−61.3%	收益率	60 258.5%
盈利的交易		**亏损的交易**	
盈利次数	230	亏损次数	80
盈利交易占比	74.2%	亏损交易占比	25.8%
平均每笔盈利金额	1 350.68美元	平均每笔亏损金额	−985.55美元
最大单笔盈利金额	10 137.50美元	最大单笔亏损金额	−1 956.25美元
连续获利次数最大值	31	连续亏损次数最大值	6
连续获利天数平均值	4.11	连续亏损天数平均值	1.45
达成最大交易单位所需交易次数			310
达成最大交易单位所需天数			0
基本单位计算规则			
基本单位=账户资金/(最大回撤金额×2)			
根据上一笔交易的数量,如果账户余额随之增加,则			
第二个交易日增加交易单位:1			
根据上一笔交易的数量,如果账户余额随之减少,则			
第二个交易日减少交易单位:1			

图13-2 使用账户资金风险比例回测的结果

别的公式同样的效果，你需要大大提高每一注赌注占总资金的比例。除非你只动用了资产中非常小的比例，不然这样做很可能产生毁灭性的结果。相应地，使用小比例资金所产生的盈利肯定不会让你的账户资金飞速增长。

13.4.2　现在轮到我来解决问题了

与拉尔夫和瑞恩的交谈，使我逐渐意识到造成资产剧烈波动的原因并不是交易系统的胜率，也不是盈亏次数比或者最大回撤金额。波动的原因来自亏损最大的那笔交易，这引出了一个非常关键的概念。

在开发系统时，我们很容易被蒙骗，认为只要开发出胜率高达90%的系统，就可以赚到大钱，但我们最终毁在了这个系统上。这听起来很不可思议，不是吗？但这是事实，让我们来看看为什么会这样。胜率高达90%的系统每次交易盈利1000美元，并且连续9次盈利，这使我们的账户以9000美元盈利领先。紧接着的一次亏损让我们损失了2000美元，盈利还剩7000美元，这也不错。然后我们又连赢9次，此时盈利已高达16 000美元，而又一笔亏损出现了，而且亏损数目不小，是系统允许的最高值10 000美元。我们被重重地摔在地上，口袋里只剩下6000美元盈利。

但是，由于我们的游戏规则是在赚到钱之后就相应地增加合约数量，因此我们已经将合约数增至2张，也就是说实际上我们的亏损已达20 000美元！尽管系统的胜率是90%，但我们亏了4000美元！我告诉过你，资金管理这玩意儿是很重要的。

吞噬我们的主要就是那笔最大的亏损。这是我们要防御的恶魔，并且要把它纳入资金管理系统中。

我采取的方法是，首先决定我打算花多少钱来赌一笔交易。为了解释及示范起见，假设我是一个爱冒险的人，愿意用40%的资金来赌一笔交易。

如果我们账户资金是10万美元，就是说我准备用4万美元去冒险，并且知道在每份合约上最多能输5000美元，用4万美元除以5000美元，发现我可以买卖8张合约。问题是如果连续两次重大亏损，会使我的资金减少80%，所以我知道40%的比例实在是太冒险了。

一般来说，你会愿意拿出资金的10%～15%，用它除以系统的最大回撤金额，或是除以你愿意承担的最大亏损金额，计算出你想交易的合约数量。一个非常爱冒险的交易员会拿出资金的 20% 来赌一笔交易。但是请记住，连续 3 次重大亏损之后，你的账户资金就会减少 60%！

上述资金管理方法的回测结果如图 13-3 所示。582 930 624 美元的"利润"来自以 15% 作为风险比例，使用这个比例的账户存款，除以系统中最大平仓亏损金额，作为交易策略的基础依据。

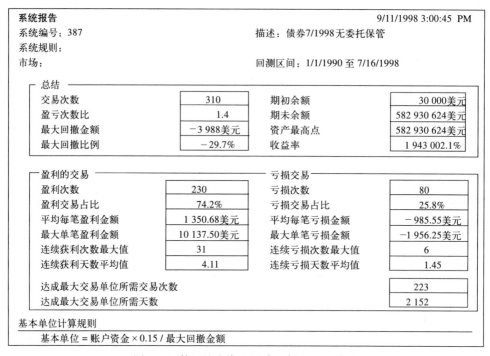

图 13-3　使用账户资金风险比例回测的结果

当账户里的资金增加时，你就交易更多的合约；反之，当资金减少时，你的成交量就得减少。这就是我所做的，也是我愿意承担的风险。这种程度的风险，无关紧要。10% 的风险敞口是比较低的，也比较安全，而且它还能让你赚到数百万美元。

有意思的是，瑞恩·琼斯的方法虽然很好，但只能赚到 18 107 546 美元，而且只交易 1 张合约的话，只能赚到区区 251 813 美元。而我所采取的方法，最起码从理论上能赚到 582 930 624 美元，非常惊人。很显然，怎么玩这个游戏很重要，而且非常重要。

表 13-3 列出了交易系统在各种风险比例下的表现。图 13-4 中的柱状图显示，随着账户资产净值的增加，风险也随之增加。你可以从图中看出有这样一个分界点，在分界点左边利润上升的速度超过了风险增加的速度，在分界点右边风险增加的速度超过了利润上升的速度。这个点通常出现在 14% 到 21% 的风险比例之间；在大多数的交易系统里，风险比例超过 25% 可以赚更多的钱，但同时意味着风险急剧增加。

表 13-3　10 佳结果

系统								
期初余额　0.00 美元								
期末余额（美元）	最大回撤比例（%）	风险比例（%）	最大交易单位	重新开始比例（%）	最小利润（美元）	交易类型	损失弥补	保证金（美元）
845 429 594	−66.9	40	5 000	100	0.00	全部交易	无	3 000.00
844 881 388	−77.1	50	5 000	100	0.00	全部交易	无	3 000.00
842 428 863	−72.2	45	5 000	100	0.00	全部交易	无	3 000.00
835 954 544	−61.5	35	5 000	100	0.00	全部交易	无	3 000.00
802 829 038	−54.4	30	5 000	100	0.00	全部交易	无	3 000.00
759 721 131	−46.6	25	5 000	100	0.00	全部交易	无	3 000.00
686 869 688	−38.2	20	5 000	100	0.00	全部交易	无	3 000.00
560 344 731	−28.4	15	5 000	100	0.00	全部交易	无	3 000.00
18 606	−7.0	10	5 000	100	0.00	全部交易	无	3 000.00

因此，我有一个资金管理公式：（账户资金 × 风险比例）/ 最大亏损 = 交易的合约或股票数。

或许还有其他更好、更先进的资金管理方法，但对于我们这些普普通通的、不停交易的、没有深厚数学功底的交易者来说，这是我所知道的最好的管理系统。它的魅力就在于你可以根据自己的风险/收益特征来调整。如果你是胆小鬼，就用账户资金的 5%；如果你是一般人，就用 10% ~ 12%；如果你喜欢杠杆交易，就用 15% ~ 18%；如果你喜欢冒险或者根本就是激进分子，那就用 20% 以上好了，不过别忘了时常去教堂祈祷"上帝"保佑。

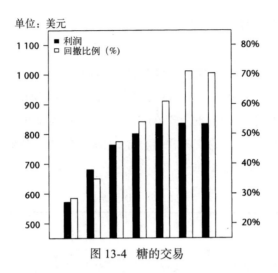

图 13-4 糖的交易

我用这种方法赚了数百万美元,我还能告诉你什么呢——你已经掌握了打开通向投机财富王国的钥匙。

13.5 回到拉尔夫:2011 年资金管理的突破

如果你交易过商品期货,那你大半是爆过仓的。我们大都一样,拿些钱开户,该说的也说了,该做的也都做了,到时候还是差不多把钱都输了。我觉得交易期货的人,应该没有人没经历过这些。

那我们又如何不让这一幕再发生呢?

首先,显而易见,你使用的交易系统至关重要。但我想,当你发现找到赚钱的交易系统有多难,特别是这个难度与你的交易能力和市场都无关,它只跟数学有关时,你会被吓一跳的。

如果有人告诉你:"我有个交易系统,一半时间对,一半时间错,平均盈利等于平均亏损,而且它们会交替出现,一笔盈利跟着一笔亏损。你会用这个系统交易吗?"你觉得你赚钱、赔钱、持平的机会都有多大呢?

正确的答案是:你会赔钱。只要你交易的时间足够久,你会赔得干干净净。

你会问:怎么会这样呢?这是真的。你一开始有 1000 美元,然后开始一连串交易，每笔交易的亏损（或盈利）是 10%，如果第一笔亏损了，你的账户里就剩 900 美元了。颇为讽刺的是：用 900 美元赚 10% 只有 90 美元，于是你账户里只有 990 美元了。因此在最初两笔交易以后，尽管风险/回报相同，胜率 50%，你已经身处困境了。下一笔交易是亏损的，现在你账户里就剩下 890 美元了。当然，接下来的一笔是盈利的，但账户里现在也只有 980 美元了。你亏钱了，这是没法改变的……就算是一个 50 对 50 的概率，而且在风险/回报也相等的情况下，即便不把交易佣金算进来，结果也一样。

下面是从互联网上摘来的一个关于外汇交易的广告片段，括号里是我的评语。你觉得当你把你的账户放大 500 倍时还能持续盈利的机会有多大呢？

交易者为什么会选择 FXpro

- 独具竞争力的低点差，低至 0.5 点（耶，是吧）
- 费用透明，绝无额外收取（本就没必要收）
- 灵活的杠杆比例，高至 1∶500 倍（就没必要评论了吧）
- 交易开户只需 500 美元（严肃点儿）
- 超过 140 个交易品种（只需要一个）
- 独一无二的市场即时新闻（这还有点儿用）

我们来看看，你第一笔交易使用了相当于账户余额 5% 的止损，我们就说 5000 美元的账户或是 250 美元的止损吧。但像你这么精明的交易者，你使用了 250 倍的杠杆来放大你的交易；毕竟你还是有所保留的。你猜怎么着？这能造成一个 62 500 美元的亏损，所以就不太靠谱了。哦，那你还是把止损点挪得再近一点儿，比如二三个点以外。

我不是有史以来最棒的交易者，但我在这方面也不差，然而进场后价格向不利方向运动少于 2~3 个点的情形，常见吗？以过去这些年的交易经历，我对此表示怀疑。

现在你该明白为什么我会觉得，比起那帮把你的交易问题放大 500 倍的"外汇游戏币"贩子，纯粹的可卡因贩子的诚实反倒更值得尊敬了吧。

13.6 凯利比例的幻想

1987年，我赢得罗宾斯世界杯交易大赛时用的就是凯利公式这类东西。除了幸运，我不知道我在做什么。因为当时我在相当一大部分的交易上都做对了方向，所以我活下来了。但我现在的认识是，凯利公式或是别的跟它类似的东西只会害你输光。这只是个数学上的幻想。

现在我不用凯利公式了，也不推荐它了。然而很多人还是不了解我从血的教训中学到的东西。出于这个目的，我在本章里对这个比例大书特书：从历史的角度，解释清楚过去我做了什么，原因是什么，现在为什么又不用它了。

这个比率考虑的是交易系统中的胜率和平均风险回报率。问题是这种考虑是纯理论的，与实际交易无关。我没听说过任何交易系统或交易者总能取得持续一致的结果。凯利比例讨论的是持续性，这在现实投机中不存在。

在实际投机中，在某个具有较好的风险回报率及较高胜率的交易系统上连续做了三四笔赔本交易，这种情况很常见。这种交易方法的凯利比例将是每笔交易投入账户资金的25%左右。

采用上述比例，做了4笔糟糕交易后，1000美元的账户余额最终变为105美元。这给人的印象并不是很深刻，尤其是在投机行业中连续做三四笔赔本交易的概率很高。我用自己开发的一个胜率高达86%的系统，曾经5次连续做了至少4笔赔本的交易。4次赔本，你差不多就出局了。所以，对这种幻景小心点。

当然你可以后退一步，别像凯利那样大胆激进。你可以采用10%的风险比例，然后进行交易，那么4次交易后你的账户资金的34%就会赔掉。到那时候，大多数交易者或者客户将逼着你离场。

在2002年举办的一次研讨会上，拉尔夫·文斯声称运用他的最佳F值理论可以找到资金管理的最佳比例。凯利比例、最佳F值等均呈现为一条钟形曲线，如果采用峰值左侧的某个数值，得到的结果与采用峰值右侧的某个数值所得的结果相同；然而，采用曲线右侧数值的结果是你会更快地濒临破产。换句话说，可以采用不太激进的数值来获得相同的结果。

在那次研讨会期间，我想到在我的交易生涯中**重要的是我的下一笔交易**。

我的交易系统胜率是否为 90%,或者我的系统是否具有 6:1 的风险回报率,这都不重要,重要的是我的下一笔交易。我想,应该发生的事情、可能发生的事情以及过去发生过的事情均与我目前所做的交易无关。"一次只做一笔交易"是我的新座右铭!

这促使我思考……我的资金管理方法是否应该充分考虑我目前正在做的交易呢?

我想是的。不仅如此,我还知道连续做出三四笔赔本交易的概率非常高,所以:

基于连续做出 4 笔赔本交易的可能性建立我的资金管理策略比其他东西来说更重要。

之前你已经了解了采用凯利比例,只做 4 笔赔本交易就可以把你的账户资金耗尽。

我此时所做的交易盈利或赔本的可能性均为 50%,因此系统胜率与这笔交易无关,因为只需要一笔大的赔本交易或连续 4 笔小的赔本交易,就可以将你的账户资金一扫而光。

因此,对于我的资金管理策略,我打算假设系统的胜率为 50%(很有可能会更高,但我不能依赖于此)。

下一个问题是我的风险回报率是多少?对此我们可以讨论一整天,但根据我近 50 年的交易生涯所知,我想平均风险回报率在 1.5 ~ 2.0。凯利认为每次交易可以投入账户资金的 25%。我们认为这是行不通的。对于 1.5 的风险回报率,凯利要求你投入账户资金的 16.6%。这对于一个商品期货交易者来说不是个好兆头。如果你一开始就赔了一笔,你的账户资金就变为 834 美元。随后你赚了一笔,账户资金变为 972 美元……继续交易下去,你就知道有问题了,明白吗?

如果你碰巧一连赔了 4 笔交易,那会怎么样呢?不管这 4 笔赔本交易是从何时开始的,你将会赔掉你账户资金最高值的 48%。赔得这么惨,只需 4 笔交易,你的处境就很艰难了。

我不是数学家,我只是简单地计算一下各种风险比例,看看哪个数值最有利于生存，能保证我们连赔 4 笔后仍能继续参与交易。以下就是我的计算结果，还是很有启发意义的：

每笔交易的风险比例（%）	4 笔赔本交易后账户资金下降比例（%）
10	34
5	19
4	15
3	11.5
2	8.0

在投机行业中，34% 的资金损失难以承受。如果你是资金经理，你的客户会流失。如果你连赔 5 笔，会如何呢？再见了，我的朋友⊖。

很显然，10% 的风险比例太高了。那么我们考虑一下另一个极端——2% 的风险比例。这当然很诱人，你赔了 4 笔交易，账户资金金额只降了 8%。但是有一个大问题是："用这么少的资金进行交易有优势吗"？

当然数学家会给你答案的，不过，我还是来谈谈我实际交易的经历吧。2007 年我在澳大利亚开了一个账户做交易，账户的初始金额约为 10 万美元。

这个账户的资产在 2010 年达到最高值，超过 120 万美元，涨了 11 倍，回报率为 12 000%，或者说每年回报率大约为 400%。这次澳大利亚的投机经历告诉我们：2% 的风险比例可以赚很多钱。

上述利润是采用平均 2% 的风险比例赚来的。偶尔，我的风险比例是 3%，但在多数情况下低于 1%。我对每次交易所买卖的合约数量有非常严格的限制。和你一样，我从未在盈利交易上下个大赌注。我所做的风险比例达到 2% 的交易好像总是赔本的。

尽管如此，我的账户一直持续、稳定地增值。交易有起有落，有时一连做了 4 笔赔本买卖，有时一连做了 4 笔赚钱买卖。我在实际交易中所经历的盈利或赔本从来没有大幅度地影响账户净值。

⊖ 当然，所有这些推论假设一次只处理一笔交易，但实际情况并不是这样的。我们通常做好多笔交易，平均一次至少笔 3 笔。使用凯利公式，每笔交易损失 25%。如果这些交易全赔本了，那么你赔掉了 75% 的账户资金。有些人建议采用凯利比例的一半，这样每笔交易损失 12.5%，最终赔掉 37.5% 的账户资金。的确很有可能一天就赔掉这些钱。采用 3% 的风险系数，一次赔掉 3 笔交易，这样只赔掉 9% 的账户资金。

你可能想了解一下那个账户究竟经历了哪些变化。我在澳大利亚交割了活牛期货，对于经纪人和我本人来说这可是个会涨价的上等货。对于上等货，我交割过的还有黄金期货。全拜那些先进的电子交易平台所赐，它们可以让你知道今天就是交割日，也可以不让你知道。

每个单子我都是通过一个交易平台下的，随后我就不管它了。我既没有观察市场，也没有与市场进行互动，但我还是取得了自认为不错的收益率，从这些交易中我得出结论：2%的风险比例行得通。如果你需要一个最佳的或理想的风险比例，确保资金安全，不会危及账户资金而又积极进取，实际上可设为4%。4%的风险比例意味着连做4笔赔本交易后资金减少15%。

我想我愿意承受这样的损失，因为一旦盈利，数额同样可观：1000美元将涨至1169美元，收益率约为17%（在这一点上数学对我们有利，4笔盈利交易产生的利润高于4笔赔本交易所产生的损失）。对于普通交易者而言，我觉得3%的风险比例足以保证账户资金的飙升，同时确保账户资金不会大幅下降从而导致你出局。

这个建议同样假定你和我一样曾经连续4次交易失利，并且预计这种事情将来还会发生。如果这种假设不适合你，那就忘记我在这里所说的一切，继续采用凯利公式进行交易，然后祈祷好运吧。

假如你在这个问题及其解决方案上与我看法一致，你可能会问："拉里，那么我如何在实际交易中运用这个方法呢？"

让我告诉你该怎么办吧。

如果你打算采用3%的风险比例，实际上，它会告诉你应买卖的合约数量。比如说，我有个10万美元的账户，那么3%就是3000美元。在交易中我最多只能赔这么多钱，这就是问题的关键。

我需要确定的是这笔交易的止损点设在何处。那就是说，我需要在图表上确定我的止损点的位置，然后确定根据止损点与进入点折算出的风险金额。换句话说，我要搞清楚在这笔交易中的每一张合约上我愿意接受多少钱的损失。

假设我在交易中将损失3000美元……我的止损点还远着呢。因为我采用的是3%的风险比例，我只能买卖一张合约。但如果我买卖两份合约而我又赌输了，那么我将损失6000美元，这就大大超过了我所设定的风险比例。如果每张合约的止损金额是 1000 美元，我可以交易 3 张合约。其余的依此类推。我先确定在交易中可接受的损失金额，然后再用根据选定的风险比例算出的交易中可投入的总金额除以上述金额，即可得出可买卖的合约数量。

如果我设定的每张合约的止损金额是 2000 美元，我的交易账户中的资金为 60 万美元，采用 3% 的风险比例，我在一笔错误的交易中最多接受 18 000 美元的损失。当然，下一步就是用 18 000 美元除以 2000 美元，因此在这笔交易中我可以买卖 9 张合约。

对此拉尔夫是这么说的：

重要的不是数学期望值，重要的是看我们是否期望自己能在可接受的风险水平上进行交易并退出来获利，以及当最坏的情况出现时，我们能否做到这一点。

这是判断所有交易的两个标准。如果某个交易系统回测的胜率大于 50%，且收益的期望值为正，一般来说，不论在任何给定的风险水平上，我们都可以预期这个交易系统是能够获利的，但我们还必须考虑上述标准的另一部分，即我们能够应对最坏的情况吗？

现在你明白了，这就是我所认为的确定每次交易中应持有的合约数量的最安全、最务实的方法。我们见过最坏的情况，并且建造了坚固的防御工事，而不是"外汇草棚"。

要点重述

本章的要点是资金管理方式会影响投机成败的概率，甚至比交易方式的影响还要大。一个好的交易者如果没有好的资金管理方法，他将以失败收场。

一个差的交易者如果有好的资金管理方法，他也可以在市场中生存。

| 第 14 章 |

从肯尼迪到奥巴马，50 年交易生涯的思考

成功的交易来自对市场的充分了解及对自己更深刻的认识。

如果说成功的交易来自对市场及自身的了解这句话是对的，而我 50 年来都是这么做的，那么我应该是个相当成功的交易者。实际上我的确做到了，对此我颇为自豪。我很自豪通过交易赚了数百万美元。但是我告诉你我也做过不少赔本的交易。我在交易中也会泄气，有时候屡战屡败，但有的时候又会屡战屡胜。

这些年来我通过日线图（很多时候也用小时线图）跟踪市场，而在这期间市场在 9 任总统和 6 位美联储主席的影响下起起落落。

每位总统、每位美联储主席处理市场和经济的方法都不同。他们很少有共同之处，唯一例外的是美联储在经济不景气时坚持增加货币供应，而在经济繁荣时则坚持提高利率。

那么交易者或投资者应该怎么做呢？

有些核心理念是我们今天仍然可以遵循的，它们在 50 年前奏效，在今后 50 年仍将奏效。紧紧盯住那些在商品期货及股票市场收集并派发筹码的人，100 年前这么做就有效，在接下来的 100 年中也仍将同样有效。价值在过去一直发挥作用，在未来也一直会。价值的作用的确会体现出来，只是有时被推迟了。

刚入行的新手似乎总希望获得一种不但现在能用而且能一直用下去的特定公式或指标。很显然，有些关于市场的指标和信息是很有价值的。但是老实说，如果用它们能换来智慧，我宁愿把所有这一切都扔出窗外。

智慧胜过任何指标。别人失败了，而你还能继续参与游戏，靠的就是智慧。

的确，成功需要智力，需要一点天不怕地不怕的勇气以及小心谨慎，但最终获胜的关键还是智慧。

智慧可帮助我们正确、全面地看待一切事物，这样比普通交易者的微观视角要好，这些交易者不知道角色应与事物的格局相适应。

智慧的问题在于无公式可遵循。智慧很难获得，除非通过经验积累。经过这么多年积累的经验，我不确定我是否拥有足够的智慧。但我确实知道智慧可以传授给其他人。我的父亲教给我很多智慧。有些智慧是在蒙大拿州刘易斯敦市春天小溪中钓鱼时他传授给我的。我们在蒙大拿州比灵斯市康纳科炼油厂共事时，我爸爸也向我传授了一些很好的智慧。

父亲的智慧大多包含在我做了错事后对我的严厉训斥中。当时我不能领悟其中的深意……我后来用了很长时间才"理解"其中的智慧。

但很显然，他的确传授了智慧，现在我愿意用同样的语气向你传授我从交易中学到的一点智慧。因此，我从我所写的投资通讯《商品期货时机》当中，挑出了我认为最有用的部分。因为它们曾帮助过我，我希望它们也能帮助你在交易中做到心态更平和，更能掌控自己。

本书第2版还增加了我最近写的一些文章，这些文章阐释了我的一些观点和交易哲学。

14.1 交易与采蜜

我小的时候，爸爸兼职养蜂，把蜂蜜卖给蒙大拿州路易斯敦市的当地商店以维持生计。我们配备了养蜂人所用的一切保护装置，不过，你可能从没见过蜂胶过滤器、花粉过滤器及分离器。那真是一份复杂的工作。

妈妈要洗蜂蜜罐，我们需要装蜂蜜。不像你从商店里买来放在碗橱里的那种，我们的蜂蜜从来没加过热。如果将蜂蜜加热，它冷却下来后将保持液态，不会再变为固态。然而，加热的蜂蜜尽管看上去不错，但高温杀死了蜂蜜中的好东西，把蜂蜜变成了只是味道还可以的惰性葡萄糖。

不管怎样，我总是害怕蜜蜂。这很好理解，我被蜜蜂蜇过好多次，每次都很难受。爸爸也被蜇过好几次，但他好像不太在乎。

有一天我们正从蜂巢中取蜂蜜，我和爸爸谈起了被蜜蜂蜇的话题。他说："儿子，我用各种方法防止被蜇。我穿着合适的衣服，戴着合适的防蜂帽，我还抽雪茄……但我还是时不时被蜇，就像你一样。如果想得到蜂蜜，就要做很多工作，有时还会被蜜蜂蜇。你也明白这事儿就是这样。

"我还要告诉你一点：我知道被蜜蜂蜇的痛苦，对你而言远比对我的大，那是因为你以前没被蜇过那么多次，所以对你来说有一种冲击效应，但你会逐渐习惯的。学会忍受痛苦也是成长的一部分。

"还有一件事。当我被蜇时，我想到的是卖蜂蜜能挣到的钱。这样想能让我把痛苦都忘掉。"

采蜜和交易有那么多地方是相通的。

14.2 容易实现的目标

正如有的日子比其他日子更美好一样，有些交易比其他交易好得多。大多数交易者都期待一笔赚大钱的交易，来一个本垒打。

我想每个人都知道本垒打球手三振出局的次数比本垒打的次数要多得多。在棒球运动中这个不要紧，因为损失与获益程度相当。然而，在交易行业中一笔大的赔本买卖足以使你倾家荡产。巴里·邦兹或贝比·鲁斯可能遭遇一两次甚至好多次的三振出局，但还可以继续参赛，但在交易中情况是完全不同的。

因此，为何不做点简单的交易呢？

大多数交易者总想着做一笔令人叹为观止的大交易。他们就像投资行业中的高空秋千演员，或飞车英雄埃维尔·克尼维尔。他们想低价买入高价卖出，认为这样就能赚大钱。如果你研究图表，这个想法看起来确实挺不错。

在我看来，困难的交易就是趋势直线上升时你努力把它说成是顶部。是的，我们知道市场会在某处达到顶点，但这并不表明现在就是顶点，或者你我能够正确预测退出的时间。

为什么在现实交易中取得成功如此困难呢？很简单：聚会没有结束前你没法知道它何时会结束。

因此，为什么不等到我们搞清楚多头市场已结束或很有可能结束后，再跳到看空的一边呢？为什么我们这么喜欢在飞驰而过的货运列车前走过？我真是不明白。

在一个处于下降趋势的市场里卖出，难道不比在一个处于上升趋势的市场里卖出更明智吗？我认为是的，而且更重要的是，我的经验证明这确实是最明智的选择。换句话说，还是这句投资名言说得好：趋势是你的朋友。

那就是葡萄藤上离你最近的果实……那就是随时可以摘下来的果实。你可以花最少的力气把它摘下来，而且它也应该是最甜的。比起尽力去够高挂在脆弱枝干上的果实，摘取容易摘的果实更容易成功。

发现市场趋势并顺势而为要比别的方法容易得多。

对于我的资金，我更喜欢摘容易摘的果实，而且我更喜欢骑着马顺着它的意思跑。

14.3　三思而后行

"三思而后行"是我们小时候最早学到的一句格言。这也是交易者首先应该学到的格言。

我确信是由于我过早而不是过晚进入投机行业，才在交易中损失了更多的钱，做过更多的赔本买卖。我本应该三思而后行。

这是我身上真实存在的问题，因此我确信你可能也会有这个问题（即便你还没有有此类经历）。对于像我们这样的人，赚钱的诱惑力比潜在的风险要大。我们更多的是被贪婪而不是恐惧驱动。

我们已经学会从本质上去理解市场的未来趋势。我们学会了预测，学会了往前看。因此，我们害怕失去我们"可能赚到的"钱甚于害怕失去口袋里的钱。这是交易者在情绪上的致命弱点。克服这一点，你就会成功。

那么，我们怎样才能避免这个弱点？我们怎样做才能解决这个困局？

对我来说，我做过的最有效的事情就是制定一个检查表，确保每笔盈利交易应至少满足三到四个条件。不符合条件？那我就不做这笔交易。我需要用检查表来确保我不是头脑发热的神风特攻队员，这样能迫使我克制自己的冲动而运用我的策略。

这有点像狩猎。一旦猎物进入视野，你有 3 件事要做：首先是调整呼吸，其次是瞄准，最后是扣动扳机。你不能操之过急，交易中同样如此。

我已经学会待机而动、深思熟虑，并且认识到我一辈子所做的交易几乎都不利于我，这意味着我做过的交易中至少有 98% 的交易有更好的介入机会。而且确定无疑的是，我对某笔交易越是感到激动，我的介入时机实际上越糟糕。正确行动之路不是那么好走的。

实际上是赔钱的恐惧促使我们过快行动、未能三思而后行，所以要牢记：在交易中有很多钱可以赚，而且马上会出现很多交易机会。并不是好的交易，而是过早介入的坏交易，导致你出局。要想赚得多，先得学会拖。

14.4 记住那个叫"挑竹签"的游戏

我打小就爱玩"挑竹签"游戏。大多数游戏我玩一段时间就厌倦了，比如说大富翁甚至是中国跳棋，但是只要玩挑竹签，我就会高兴得不得了。

我喜欢这个游戏并不是因为我一开始玩就很擅长。但从一开始我就很享受这个游戏，尽管我的哥哥鲍勃总是把我和我们认识的其他小朋友打得落花流水。在这个游戏中，鲍勃是不可战胜的。我总是被他打败，这促使我努力思考究竟我败在哪里，而鲍勃胜在哪里。

每次我玩的时候，我的双眼紧盯着鲍勃，看他是如何玩这个游戏的，不久我就发现他采取的策略与我的不同。我的做法是先拿走一些竹签，从而使得随后我可以挑走尽可能多的竹签。而他的做法是取走最容易挑掉的竹签，让其他人挑那些很难挑的竹签，这样其他人很容易就搞砸了……这样整个场子就成了他的了。鲍勃寻找容易实现的目标，而我们甚至不明白是怎么回事。

鲍勃的另一个技巧是，轮到他从一堆乱竹签中挑出一根的时候，他并不会仓促行动。他总是从容不迫，从各个角度思考，只有当他胸有成竹后才行动。

另外，跟别人不一样的是，他能独自一人玩那个游戏。

我觉得这很无聊。毕竟，一个人玩，你想打败谁呀？有一天我问他和自己玩有什么意思。

我一直记得他的回答："我现在玩不是为了打败自己，我现在玩是为了打败你。"

我哥哥开始玩的时候总是很慢很慢，而且非常专注。我们其他人挑竹签时总是说说笑笑，鲍勃不是这个样子，从来不，他总是一本正经，全神贯注于眼前的游戏。

后来我玩这个游戏的时候，也和我哥哥一样，这样我打败了其他孩子，甚至包括我姐姐帕姆，但从未打败过鲍勃。但我确实从他身上以及从这个简单的小游戏中学到了交易的成功之道。

14.5 事情会变得非常糟糕……

我想给你举个例子，说明下注方式与下哪个注同样重要。很多人惊讶地发现胜率50%的交易实际上会导致赔本。比如说，假定你有个10万美元的账户，你是个大胆进取的交易者，愿意在每笔交易上投入25%的资金。

为简便起见，我们每次损失都是1000美元，每次盈利也都是1000美元，而且有50%的交易是盈利的交易。10万美元的25%是25 000美元，所以开始交易时我可以买卖25张合约。我赚了更多的钱，我就可以增加合约数量；如果赔本了，我就会减少合约的数量。看看会发生什么事。

第一笔交易我赔了，每张合约我赔了1000美元。

第二笔交易我也赔了，由于我的账户余额为75 000美元（第一次交易赔本导致余额减少），我只交易了18张合约，赔了18 000美元，现在我的账户余额为57 000美元。因此，下一笔交易我只能买卖14张合约。

很不幸，我又赔了，我的账户少了14 000美元，余额变为43 000美元。

第四笔交易我终于没犯错，盈利了，但由于我只买卖了10张合约（43 000美元的25%为10 750美元，只能交易10张合约），我的账户余额现在是53 000美元。

既然账户余额增加了，我投入了25%的资金，又一次盈利了，赚了13 000美元，账户余额增至66 000美元。

下一笔交易对我不利，所以赔了16 000美元（66 000美元的25%为16 500美元，只能交易16张合约），账户余额变为50 000美元。

最后，我连赢了 3 笔交易；50 000 美元的账户资金，可购得 12 张合约，所以账户余额增至 62 000 美元。下一笔交易是 15 张合约，我又赚了，账户余额变为 77 000 美元。这样就可以买卖 19 张合约，我再一次赢了，账户余额变成 96 000 美元。问题是我有同样多数量的盈利交易与赔本交易，如果我每次交易都买卖同样数量的合约，我会不赚也不赔。

资金管理的道理如此重要，你现在明白了吗？

14.6 自我封闭的时候

1995 年 10 月（第 32 卷，第 10 期）

本期着重讨论交易者为何会高度紧张、惊慌失措或自我封闭，以至于不敢做交易；或者更糟糕的是，非要放弃获利的交易去做注定亏损的交易。

我一周至少有一次会接到交易者打来的电话，告诉我他们明知在市场里该怎么做，可是却不敢进场交易。他们不敢轻举妄动。奇怪的是，本金减少的交易者更是如此。与资金实力雄厚的交易者相比，资金规模 1 万美元以下的交易者在这个方面最为明显。

让我们正视恐惧本身

我们害怕的事情有两类：一类是我们不了解的事情，因为不了解，所以我们无法理性地应对；另一类是与我们过去所受到的伤害相似的事情。

无疑，市场会让人心生恐惧。没有人能真的完全了解市场……而且我们一再被市场大鳄咬伤。如何消除这种自残式的紧张症呢？

由于恐惧大多是情绪性的，因此你需要用有效的数据重建信心，以消除这种恐惧。以下就是一些有效的数据：

首先，如果你使用止损点，就不会被打击得太惨，永远不会。当然，你还是会有亏损的交易，但是绝不可能出现赔光、出局的情况。其次，如果你每一次都只用账户资金的 30% 进行交易，你永远不会输得精光。我再次强调，绝对不会，永远不会。实现理性交易的最快方式，就是使用止损点和只动用固定比例的资金。

这样，你就会充分理解，自己是在一张巨大的安全网的保护下进行交易。你会幸存下来，因为你已经控制了这个看似无法控制的游戏。

广义而言，你必须审视一下在生活中自己手里的牌是不是一把会爆掉的烂牌，是不是一把会害你破财的牌；连续的成功之后只会出现连续的失败。当你了解到你"爆掉"不是你的错，也不是神的旨意，那么就可以做交易了（当然，设定止损与用固定比例的账户资金交易是前提）。谈到神，我坚信神不会让我失望。这样的理念会带给我足够的勇气……有时还会超过我的预期……去交易，去扣下扳机。

14.7 对于贪婪，已经谈得够多了……现在我们来谈谈恐惧

1995 年 6 月（第 32 卷第 6 期）

关于贪心这种具有支配性而且是最难应付的情绪，我已经做了很多描述。现在是好好谈谈恐惧的时候了。

交易的赢家与输家之间存在着几点差异，也许最少被人讨论的，就是我所谓的"自我封闭"的态度。我在数不清的交易者身上看到过这种情况，我自己也曾经历过好几次。

自我封闭造成的影响是数不清的，而且完全是负面的。一位自我封闭的交易者已经放弃成为赢家或输家……他已经被"冻住"，动弹不得。或者，自我封闭会让你无法扣下扳机进场建立仓位，这是最糟糕的问题……交易者无法进行交易！当发生这种情况时，你要知道这是恐惧在操纵你。幸好你还能采取若干措施，化解你的恐惧心理。

要恐惧的事情比恐惧本身还多

罗斯福对情绪的无知，就和他不知道如何当总统一样。你可曾注意到，有时候你似乎无法做任何事，甚至可能是生理活动，像如何采取行动、急刹车或者脱离险境等。你可能因为恐惧而自我封闭，你只注意到恐惧，以至于无法考虑采取正确的行动。是的，恐惧是叫人动弹不得的最大元凶。

要证明吗？好，你记不记得最近才看过的真正可怕的人，一位很丑、很壮、很危险的人，而且你感觉他就是个杀手？很好，想起这一点，然后再回想你是怎么做的……你一定会转过头来，不愿意注视这个让人恐惧的家伙。你僵在那里的原因并不是受到了伤害，而是因为将会受到伤害！

当你感到恐惧时，一定要正视这张可怕的脸孔，才能让恐惧消失。交易者（在市场上）所害怕见到的大恶魔，就是受到伤害。受伤对我们来说，代表了金钱与自尊的损失。在这行里，除了自尊和金钱，再没有其他东西能够伤害你了，因为这是唯一可能输掉的东西。而你害怕的是哪一种呢？

你越是留意失败，就越会变得富有。胜利者会预先计划好在交易失利时该怎么办，失败者却不会对灾难早做安排，一旦发生灾难，他们就束手无策……因而受制于恐惧。

好好想一想。只有你才能够完全掌握和控制损失，以及损失的程度有多少。你能控制交易多少合约，设定止损点或止损金额（也就是设定你的恐惧水准）。

了解这些之后，还有什么可怕的呢？难道你害怕可能会再输一笔交易吗？

让我告诉你——我忠实的追随者，我老是在做赔钱的交易。几年前我曾经一连输掉了 20 笔交易…… 正如呼吸是生命的一部分，交易失败是这个行业的一部分。它一定会发生，过去如此，将来亦然。一旦你完全了解（并正视）这个内在的本质，然后学会在你的"恐惧水准"范围内投入资金，将可永远脱离恐惧的魔掌。

14.8 长跑、交易与亏损

1996 年 5 月（第 33 卷第 5 期）

胜利容易应付，但当一切都进展得不顺时该如何处理？

我对亏损略知一二。我想，我了解的会比大多数人多，理由是，虽然我因为几笔辉煌的交易记录而财源广进，但是很公平，我也被修理过几回。事实上，上个月我家里的气氛就不太妙。本来找到的成功的交易就比给拳王迈克·泰森找品德证人还难。

我的情况比你更严重……我应该算是专家，不应该发生这种情况，而且背后还有几千双眼睛盯着我（一向如此），看我会做得多糟糕。光凭这一点，就叫人不想出版这份投资通讯了。

一个人要怎么应付这一连串似乎被诅咒了的失败呢？

跑马拉松的经验也许最能帮助我回答这个问题。在每一场我跑过的马拉松比赛中，算起来是 17 场，我总会在某一点上跑得比预期的好，而且跑得快；同样地，在每一场比赛里，我也会遇上某个低潮，就像股票下跌一样，似乎永远不会回头、无力反弹。我不是在开玩笑。有一次跑过了 23 英里时，我真的躺下来达 5 分钟之久，此前在比赛中被我超过的选手（在我跑得顺的一段里）则轻松地从我身旁跑过去。

我从赛跑中学到的是：迅速摆脱这种糟糕状况的唯一方法就是把速度放慢……走一段路，甚至躺在大街上。简言之，就是停下脚步、保持镇定，这样我才能够恢复原先的速度继续参赛。结果你猜会怎样？对付一连串的亏损也是同样的。但是当你被击倒时（这种情况肯定会发生），退开一点，慢下来，甚至可以停止交易，但留在比赛里。

14.9 做错事……这太容易了，不是吗

1995 年 11 月（第 33 卷第 11 期）

商品期货交易这一行也可以变得很有趣。

这一行也很难做。举一个例子，我认为所有交易者会犯的头号错误就是喜欢辩论。

看上去，我们是，或者我们愿意自认为是个聪明的家伙，总以为"我比较懂"，所以老是在政治立场、宗教信仰以及市场（这可能是最糟的话题）等方面争论不休。因此当我们很清楚地看到市场处于下跌趋势时，我们就会变成准备逢低买进的人，一心想要和市场辩论。

即使我们相信世界上有某种全能的力量，我们还是集结了所有力量与冰冷的事实争辩。

但这还仅仅是问题的一小部分……更大的问题是我们想击败系统或群体。我们企图以抢跑的方式来做到这一点……抢在时间之前，因为我们"了解"市场、指标，或任何可以提供未来趋势信号的东西，而且想成为第一个进场的人，以证明我们比其他人都聪明。

如何避免抢跑

我们不只是喜爱展示战果的人，更是一群莫名其妙爱表现的人。在这个行业里，这是要付出相当大的代价的。过早行动、与市场对抗（即不去做你知道应该做的事）只是一种想证明我们高人一等的不成熟行为，其实有其他更好、更省钱的方式可以做到这一点。交易不是赛跑，抢跑得不到好处。如果方向不对，速度再快也永远无法赢得比赛。

最根本的问题也许是我们对智慧做了错误的定义。我们这些聪明的家伙把智慧看成我们和他们之间的竞赛，在这个过程中，我们用自以为比较高明的智慧来证明：我们有多伟大，或者他们是多渺小。

智慧不是这样的，智慧和智商一点关系也没有。智慧是解决问题的能力。成功的交易才是市场方向的解决方案。你越是专注这一点，很少想要证明某些事情（或任何事情），那么年底的账户资金就会越多。你采取某个行动是因为这是正确的决定，而不是因为它能让你抢跑，或证明你是一位伟大的交易者。这就是这个行业的致富之道。

14.10 这不是交易，这是战役

1996 年 7 月（第 33 卷第 7 期）

写给自己，关于输赢的理解。

交易者就像杀手，好坏都只看最近一次的交易业绩。或者说，我们总是这样告诉自己，因此让自己在这场游戏中保持了一种极为错误的心态。真实的情况是，我们当前的或上一次的交易与我们整体的交易操作几乎没什么关系。杰克·史威格指出，基金的最佳管理方式就是把一部分资金交给账户刚刚遭受重大亏损的交易者操作。

我们也不例外。

但是，我们总认为一场战斗（我们目前的或上一次的交易）就是整个战争。如果这样看问题，我们就会变得很失望或过度兴奋，而没注意到交易其实是一场永无休止的战争，它绝对不会停止。我会一直交易到咽气的那一天，这是确定的。所以，我需要在乎目前交易的结果吗？

骄傲的小马综合征还是衰弱的老马综合征

当然，在某种程度上，并不是某笔至关重要的交易决定了我的事业的成败。我们要么像骄傲的小马昂首阔步，要么像衰弱的老马无精打采。这就是我不会孤注一掷进行一笔交易的理由……我还有大好的前程等待开拓，不是只剩下最后一次转轮盘的机会。我之所以选择当短线交易者，是因为我没有长线的眼光，或是不相信长线的观点。而没有领悟到交易是一个不会停下、永无休止的过程，这正是我最大的敌人。正因为如此，我们更需要谨慎地集中精力及资本，而不要把天赋浪费在布满各种小点的图表上。

我的作战计划是发动一场战争，而不是一场战斗。

14.11 再谈假蝇钓鱼的艺术

1996年8月（第33卷第8期）

用假蝇作饵钓鱼和现在的期货交易有诸多类似之处，值得我们从中学习。

当我和一位在东岸最佳的溪流垂钓区域内拥有一间汽车旅馆的读者聊天时，我无意间发现了一个有趣的类比，在此和大家分享。在假蝇钓鱼成为风尚以前，我父亲曾经教过我钓鳟鱼的艺术。他绝对不是那种追随假蝇钓鱼风潮的钓客，但也懂得怎样适当打扮，会仔细挑选男式披肩，也知道不同领结的打法。

但他不会经常使用这类东西……事实上他非常不屑于成为宾恩式"打扮漂亮的渔夫"，因为他们反对使用他最爱用的蠕虫、蛆虫或蚱蜢作为钓饵。你绝对不会看到我爸爸出现在鳟鱼无界保护组织的大会上……但是你会发现他在天黑以后，借着手电筒的灯光追逐那些昆虫。

我有一次问他为什么不喜欢假蝇钓鱼的风格，他回答道："儿子，我跑到这里钓鱼是为了带回家吃。蛆虫及蚱蜢是我所知道的最好的钓饵。我相信，假如用那些可爱的小虫子能钓到很多鱼，我倒是愿意用假蝇……但我铁定不会盛装打扮，穿着漂亮背心和长筒防水靴下水。这项运动的目的是钓鱼，而不是打扮。"

也许这就是我的办公室里没有即时报价系统，我对电脑几乎一无所知，不读《华尔街日报》，也不喜欢穿着布克兄弟牌西服出席期货业界会议的缘故。许多成功的交易者总是告诉我，当他们不再记录一大堆指标、同时看三四台终端机、每晚追踪 5 部热线电话之后，反而成为赢家。"简单的东西才有用"，这是成功交易者共同的结论。

当然，你可以带着所有没用的东西去交易，但事实上，你把虫子和蚱蜢挂在一根折弯的针上所钓到的鱼，要比用任何一种假蝇饵钓到的多。

14.12 再一次直面恐惧与贪婪

1996 年 11 月（第 33 卷第 11 期）

鉴于它们是摧毁交易者心智的最强烈的情绪，我知道花再多时间去对付这些情绪恶魔也不过分。

14.12.1 要恐惧的事情比恐惧本身还多

显而易见，罗斯福总统不仅不是一位资本主义者，他也从来不是一位交易者。我们对恐惧本身感到十分害怕。总而言之，恐惧是让我们远离麻烦的一道门槛、一种自卫装置。

因为恐惧，你不敢在深夜里走进暗巷，这是明智之举，但是怕到不敢交易，那就不大聪明了。

根据我个人的经验以及和数千位交易者交流得出的结论是：我们最害怕的交易往往是最好的交易。害怕的程度越高，交易获利的机会就越大。

反过来，这个道理也讲得通，我们最不害怕的交易往往是最危险的。为什么呢？因为在投机的世界里，投资获利的规律刚好相反：看起来不错的，结果却很糟；看起来不怎么样的，结果却很好。那些看起来"肯定能成"的交易却很少做成，这也就是交易如此困难的原因。

那些让你怕到半夜还在发抖的交易，你一定要进场；但你就是不敢，这可就大错特错了！假如你了解到所有交易的风险（你设定的止损金额）其实都是一样大的时候，你就敢做这些交易了。一个看起来像是由史蒂芬·金（美国畅销悬疑恐怖小说作家）所设计的交易，并不见得比罗杰斯先生设计的交易有更高的风险。只要你确定了止损点，一定可以轰掉这个看似高风险交易的潜在风险。简而言之，止损点让聪明的交易者敢于进场，做那些旁人避之唯恐不及的交易。

14.12.2 控制贪婪

贪婪是另一种毛病。贪婪的目的在于激励我们，使我们表现杰出，并且追求完美……但是由于这个行业过去不曾、未来也不可能完美……因此贪婪就会导致我们持有获利或亏损的仓位过久。

此外，我曾经付出相当大的代价学到一个教训，贪婪是这两种毛病之中最强烈的一种。持有时间过久的仓位（因为贪婪）比害怕亏损而离场的仓位，让我们输掉更多的钱。当我们失控时，贪婪就像超速驾车一样致命。那该怎么办呢？

系统化的离场点。

系统化交易的目的，是控制贪婪和恐惧的情绪，这就是我们需要系统的真正原因……便于我们控制这些情绪。如果你知道应该在哪里获利，只要按系统规则操作，就能够抗拒贪婪用以控制你的那股力量。掌握了恐惧（用止损点）和贪婪（用已知的离场点或离场规则），我们就可以毫无心理负担地进行交易了。

14.13 为什么大多数交易者会错过大部分时机

1997年4月（第34卷第4期）

多年以来我一直感到奇怪，为什么我们未能在交易上更成功，我想我知道答案了……真相是市场变化莫测，但是大多数交易者不会随机应变。

这就是许多人在这个看似简单的游戏上失败的原因。

假定你得到一个做多的信号。一旦你开始做多，你（以及所有的）普通人（以及所有的）就会一直认为市场将要、应该而且必须往上涨。管它什么地雷、炸弹，全速向前冲！

但是路上发生了怪事：一向反复无常的市场决定向南走了，在这个过程中，你的技术锦囊很清楚地发出了全部卖出或是警告的信号，你瞧……技术分析还是"很灵"的。

问题是，你那贪婪的脑袋可不这么认为。你心里依然希望买入信号是正确的，所以告诉自己要坚持住；过去也曾出现过这样的情况，现在不一定会发生。同时，现实告诉你过去发生的事已经是过去式了。你用自我的想象，或是积极思考课堂上学来的东西，或是高中教练教导你的"坚持下去"的理念，进一步加重了错误的程度，所以你一意孤行……直到你的自我想象幻灭为止。

我们渴望自己是正确的，所以当一个观点形成后（市场会反弹），只有跌入地狱或洪水压顶（可理解为接到补交保证金通知）时，我们才肯面对现实。

让我进一步阐释这个观点。有个银行劫匪（他进行盗窃的心理与交易者交易的心理类似），把风的人跟他说，现在有足够时间去抢金库，所以他开始抢，高兴地把他一直期待的钱装进口袋里。但是突然间，把风的人吹哨子警告，"警察来了"，这时劫匪就会逃走，会改变计划。这就是交易者和劫匪的不同之处……交易者会希望"警察来了"是个假信号，而继续留在银行里。

你必须追随的，就是你在交易中看到的最后一个信号或最后一个指标，而不是你希望能一直有效的上上一次的信号或指标。"希望"在这一行里是不管用的，追随市场才有效，这是事实。一旦你学到了依据现实而非希望去交易，就会突破界限成为成功的交易者。加油吧！

14.14 亏本交易的启示

1997 年 5 月（第 34 卷第 5 期）

投资通讯的订阅者把他们的交易摘要寄给我，我发现他们差不多都在做同样的事情。

14.14.1 交易新手的共同之处

今年我在失败的交易上耗费了不少时间,这并不是因为我们太缺乏经验,相反,我认为,如果你交易却没有亏损,那么在这场游戏中你应该表现得相当不错。

我仔细研究了几个订阅者的交易记录,发现了一些问题,我想和大家分享一下。

14.14.2 交易中证据的多少并不足以证明什么

我注意到的第一件事情是,这些人(指我们所有人)几乎都是在行情接近尾声时才买进。为什么会这样?我猜这是因为交易新手一直在等,一直等到看起来或感觉上所有证据都齐全了,然后才开始行动,于是,买在最高点或卖出最低点。

这让我意识到,我们的问题是买得太早了,我们害怕错失这次行情的良机;或是买得太迟了,我们要证实这次的行情确实已经开始了。

我认为折中的做法是,在价格停止下滑前不要买进,当情绪上觉得价格会大涨时也不能买进。你需要在市场上看到某些指标表明行情会涨时行动;但指标也不要太多,你不能一直等到所有的绿灯都亮了,才开始行动。市场总会想办法把你吓得跑进跑出,或是让你进进出出疲于奔命,对这两种极端的情况务必要敬而远之。如果你因为害怕抓不住这轮大行情而匆忙去做,事实上已经太迟了。

此外,一旦建立某个仓位之后,我们要给市场一些时间朝对我们有利的方向运动,这是第二个最明显的错误。这些交易者注意到,如果他们没有设定止损点的话,很多交易都会是正确的。但是我们的确需要使用止损点,问题只出在他们设定的止损点太近了。他们不想损失太多,所以设定很近的止损点……结果只会亏损得更频繁。在我所认识的人当中,到目前为止仍没有人能精准地指出正确的时机。假如我们想要交易成功,止损点就必须放在离市价适当距离的地方。

14.15 交易赔本的第一大原因

1997年8月（第34卷第8期）

让其他人谈谈他们赚了多少钱，我只想谈谈如何少赔钱。

尽管每个交易者在交易中赔大钱的方式各不相同，但是我所有的亏本交易都有一个明显的共同特征。

如果我能避免这一点，很多与这一行有关的痛苦我就能够躲开。

以下就是我们遭受重大亏损的最大原因：

我们任由信念系统凌驾于现实之上时，就会发生重大亏损。

我的意思是说我们注重顾问、偏见、希望及渴望，更甚于实际发生的事实，这样就导致我们抓住亏本交易不肯撒手。在投机行业中盈利的秘诀是尽快从亏本交易中脱身而抓住盈利交易。

尽管我坚信我会在交易中赚钱，但我同样坚信我介入的每一笔交易都有可能将我的账户资金赔光。

我以前的信念是认为每一笔交易都可能成功，结果我的账户净值有几次急速减少。我曾继续持有本该抛出的仓位，导致我抛出本该继续持有的仓位。我对生活的积极态度即我的信念系统差点将我摧垮，因为我没有接受现实：石头是硬的、水是湿的、坏事情会发生、商品期货是有风险的。相信事实，你肯定会保护好自己的辛苦钱。我信任我的系统及交易技巧，但我从不相信这些系统和交易技巧会在下一笔交易中起作用。这种态度是健康的、能够带来盈利的。

这是个普遍真理。在你的生活中有多少人是你本应该早就与之结束关系的呢？我知道，当我远离那些实际上令我心力交瘁的所谓朋友而接近那些帮助我享受生活乐趣的朋友时，我的生活更美好。如果这个道理在生活中行得通，那么在交易中同样有效。

14.16 最重要的交易信念

1997年9月（第34卷第9期）

在这个行业中积极的心态与断言能够摧垮你。不信的话，就试试吧。

14.16.1 信念系统

尽管信念越强你的能力就越强这一说法是对的，但信念系统所赋予你的真正优势是它会给予你采取行动所需的确定性。

交易者很难采取正确的行动，因为我们缺乏确定性。因此，研究我们的信念对成功至关重要。

如果你对在市场上成功抱有积极的信念，那么你会过于相信自己会成功，以至于你不能正确处理亏本交易。毕竟，假如你的信念是目前的交易将会盈利，而实际正好相反，那么这种信念的确定性会使得你继续持有赔本仓位，而这是成功的交易者不会做的事情。他们从不这样做。对成功（特指一两笔交易，而非整个交易生涯）的过度自信会导致你仓促行动，而智者却会小心行事。

我与众不同的信念系统是：我正在处理的交易将是一笔赔本买卖，而且是一笔赔大钱的买卖！

这句话听起来消极，但实际上很积极。如果那就是我的信念，我在处理交易时肯定会很小心而且"按常规"处理这笔交易：也就是说我会一直设定止损，当我的方法体系（而不是我的冲动、老婆或经纪人）做出离场的判断时我会及时离场。每一次我在交易中遭受严重损失，其根源就是我总是认为当前的交易将是一笔赚大钱的交易，结果我没有遵守游戏规则。

采用我的信念系统，相信这笔交易很可能是个赔本买卖，这样你肯定能保护好自己。

14.16.2 关于恐惧和贪婪的注解

几年前我曾断言贪婪是一种比恐惧更强的驱动因子。最近一个学生（他是心理学家）对此表示质疑，并提供了令人信服的证据，声称大多数人失败是因为（对失败或损失的）恐惧阻止他们采取行动。

我的回答是：决定从事交易行业的人都不是"大多数人"。我们已经打破了恐惧的桎梏，而我们在从事交易这一事实就是明证。上述那位博士继续做他的研究并发现在动物身上也存在这种情况。饥饿的老鼠（受"贪婪"的驱使）将采取冒险行为获取食物，而这些食物是它们不饿时不会去吃的。我们交易者就像受贪婪驱使的饥饿的老鼠。

14.17 我养过的最糟糕却又最昂贵的狗

1998 年 5 月（第 35 卷第 5 期）

它是你能想象到的最暴躁、最好斗、最不驯服的混蛋狗，但由于它是经历几百年的精心配种所生出来的最完美的狗，所以也是最昂贵的。可是，它实在是个大麻烦。

商品期货交易系统很像这只该死的狗。你越是调教、修理它，越想要让它做出完美的交易，这个系统就会像那只狗一样，表现得越来越差。

从 2012 年截至目前，我个人的交易绩效很差。我曾经赚到 30%，后来又吐了回去，今年的利润到现在已降到 10% 左右。如果考虑到风险和辛苦的话，这样的利润实在不多。我必须问自己，为什么会变成这样？

答案很快就找出来了。2011 年是很好的一年，我的交易账户从 5 万美元增到 100 多万美元。而你猜怎么样……我还嫌不够好，所以我继续改良那个交易系统，修修补补，自以为是地修正它。好一个修正！交易系统不可能完美，但我们全力以赴想让它完美，而我又过度追求完美了。

让系统有效运作的秘诀是力求简单。要知道在这一行里，完美或接近完美是不可能的。简而言之，放弃不可能的假象。放弃明星狗，找一只杂种狗并好好照顾它。

再谈有效方法

好啦，最新一期《大宗商品交易者与消费者报告》刚刚出版，这本杂志让我们洞悉如何在商品期货交易上赚钱。让我解释一下，这本杂志是由布鲁斯·巴考克创办的，现在的经营者是康特尼·史密斯（顺便一提，此人实际上也进场交易），他负责监控26家最受欢迎的投资顾问的实际绩效。这是一项很烦琐的工作，至少在过去12个月中，他们必须追踪3590笔我们这类投资顾问所促成的交易的绩效。

而且，我对那些能够提出获利建议的投资顾问也做了一些观察。首先，交易笔数最多的投资顾问经常是输家。你猜怎么着？我们对过度交易的看法是完全正确的。同样的道理，不那么频繁进行交易的投资顾问似乎成了常胜将军。但是胜率最高的则是那些在12个月中只进行了200～300笔交易的投资顾问公司，超过这个数目的投资顾问的业绩就很差。目前绩效最好的投资顾问是"期货因子"，在过去12个月中交易252笔，增值了92 761美元；"金牛座"在过去12个月交易了355笔，增值了94 307美元；"商品期货时机"在过去的3个月交易了290笔，增值了119 716美元。交易笔数最多的高达655笔，资产却下跌将近5万美元。

我们也可以把投资顾问服务按交易类型进行区分，一般而言，可分为周期型、趋势追踪、图表分析，以及江恩、艾略特、亚坎等类型。以下就是它们的差异。

这些绩效数字显示得再清晰不过了。我从过去3年的数字中发现，1995～1997年业绩最差的是运用江恩/艾略特/亚坎策略的那群人，整体来看，他们每年平均损失将近100%。这就是一群宣传无所不知、可以低买高卖的人所做出的成绩。

另一件有趣的事情是，收费最高的投资顾问在过去3年的平均亏损最大（他们1年索价5000美元），收费最低的投资顾问则是1年收费45美元，然而却是不折不扣的赢家。

周期性投资通讯在几年前表现不错，但在过去12～18个月中，表现就不是那么好了。而长期趋势的追随者"商品研究所"及"商品趋势服务"却一直保持盈利。在过去3年中，没有任何一家投资顾问的绩效可以每年都保持在前5名以内。但以下公司在过去3年内有两年绩效都排进了最佳绩效组："商品趋势服务""商品期货时机"和"期货代理商"。希望这些信息能帮助你掌握这些公司的绩效表现，并了解这个行业是如何有效运作的。

14.18 运动与交易如此相似

1998年6月（第35卷第6期）

运动员最重要的能力是后来居上的天赋。——哈蒙·吉尔布鲁

这么说或许是由于我个人的运动背景，但我认为应该不是。多年来我一直在写有关球场、田径场与芝加哥期货交易所之间的相似之处的文章。全美的高中橄榄球明星及最好的拳击手保罗·都铎·琼斯以及杰出的职业棒球选手法兰基·乔，他们同时也是历史上最成功的债券交易者，我并不认为这是偶然现象。

因此，当我听到哈蒙·吉尔布鲁的这句话时，我十分震撼。吉尔布鲁、曼陀、乔丹、纳马斯、阿里这些人天生具有并发展了他们伟大的运动天赋。但其他许多人也具有这样的天赋，为什么他们无法成为超级明星呢？

我一直想知道超级明星和其他人的区别在哪里。从前我以为这是媒体宣传所致，但后来我注意到像布莱恩·博斯沃斯、迪恩·山德斯甚至博·杰克逊等人，虽然也具备所有成为超级明星的天赋，但永远达不到这样的程度。

有许多杰出的市场学讲师、作家、分析师及交易者，但真正伟大的人物会具有和威尔特·张伯伦一样的独特能力……也就是当团队开始节节败退、情况十分不妙的时候，他能够保持冷静并启动得分模式。这才是成为冠军的条件。

不论先天能力、后天学习还是运气，都能赢得一些比赛，但绝对无法缔造传奇式的冠军。幸运的事不会经常发生，而且它发生时也很容易被人忽略。

重点是，交易者要投入许多时间、精力，思考如何面对"落后"的状况，以及我们应做出的反应。我们应该承认失败、退出比赛、大发脾气，还是应该将愤怒或沮丧的情绪转变为得分，并且最终赢得比赛呢？

如果我们打算赢得比赛，我们必须培养落后时得分的能力。这是你在心智上需要加强的关键之处。

14.19 股票与期货市场趋势的起因

1991 年 6 月（第 28 卷第 6 期）

14.19.1 货运列车理论

在我开始做市场研究的前 17 年中，我主要关注趋势即将在何时开始、何时已经形成以及何时逆转。

我拜读了许多深奥的数学书，研究从江恩趋势线到 Z 线图等各种图表系统，结果我被这些角度及指数问题弄得晕头转向。当时我几乎认定那些博士、专家所做的"股票或商品期货的趋势是无法预测的"这一假设是对的。

14.19.2 一个重要的类比

他们说，问题在于市场并不像火箭那样，是一种拥有有限能源的交通工具。火箭靠一定的推力升空并遇到一定的阻力，因此我们可以计算其速度，预测其运行轨迹，并判断其能源何时会耗尽。

但是，市场像海中的一条船……我们观察它的尾流……也就是价格走势图……尽量通过尾流来判断其航行方向。如果船一直没有偏离航向，这倒是个不错的办法。

我们的问题是：船不会总是按照目前的航向行进，因为新船长（即外部能量流）总是试图亲自掌舵并且改变航向。

因此，当我们测量尾流时，我们所了解的不过是船已经航行过的水域。但是那位新船长甚至是那位老船长，能够并且一定会随意改变航向……而且看上去毫无预兆。

14.19.3 从轮船到火车

在 1983 年，其后是 1985 年，我取得了个人最大的研究突破，即我简单称之为"货运火车理论"的发现。我的理论是：一旦一列火车达到一定的速度时，让它立刻停下来几乎是不可能的。

当然，你可以启动紧急刹车，但是火车还是要花点时间才能克服其向前冲的惯性慢慢停下来。

猪腩、债券、标准普尔指数或大豆市场，与此同理。一旦某个市场开始加速，它将会继续运行，而在这个过程中可以确立趋势。

14.19.4 临界质量

上一段解释了所有的一切……

我以前一直认为（那些专家也这样认为），趋势是有关斜率、角度、斜面等的函数。这种认识是错误的。

趋势开始于价格的激增。新形成的趋势将继续保持，直至在相反方向形成一个新的价格激增。

激增点之间所发生的情况就是确立或定义趋势，而不是产生趋势。趋势始于一个大的逆转，并且继续保持，直到出现新的逆转。

这意味着我们应考虑的是抓住激增点，然后让随后的趋势引导我们抓住这波行情。

14.20 如何辨别公众交易者与专业交易者

1991 年 10 月（第 28 卷第 10 期）

"公众"交易者与"专业"交易者的情绪状态存在很大的区别，我觉得可以通过观察其惯常的进场、离场风格将他们区别开来。

我想解释一下这个能帮助你发现专业交易者与业余交易者在态度上的重大区别的有趣的技巧。

14.20.1 我们开始吧

让我们先了解一下什么是典型的"公众"交易者。很可能他因为账户资金不多而缺少可用资金，或者即使拥有一大笔账户资金但由于所持有的合约太多而陷入与小规模交易者同样的困境。

通常交易者会因为这种自我导致的压力而变得情绪化，容易受如下因素的影响：经纪人、《华尔街日报》、占星术或天知道是什么东西，甚至可能是K线图。

想一想，如果缺少可用资金，你会有什么样的自然反应？难道不是战战兢兢……很快（过快）脱手以减少损失并迎头赶上……匆忙抓住可能赚钱的好办法以弥补你的损失吗？

这就是我曾经的交易风格，我猜你也差不多。

14.20.2 这一切意味着什么

这就表明"公众"交易者的交易风格是情绪化或非理性的。事实上，压力摧毁风格，因此他们不遵从任何风格或系统。这变成了一场你追我赶的无序游戏，而交易者随着最近的风向（即使是微风）摇摆不定。

主要的区别在于（几乎总是出错的）公众交易者看来似乎过于受开盘价格的影响。实际上，从我1969年以来一直提倡使用开盘价格作为所有市场的估价标准以来，这种关系始终未变。近年来，许多分析师终于领会了我的意图。22年来，这种强大的关系在所有市场包括股票及期货上都得到了验证。

14.20.3 关键

你需要了解的关键是通过分析昨夜的收盘价与今晨的开盘价之间的价差来衡量公众行为。

相反地，通过分析同一天开盘价与收盘价之间的价差，可以最清晰地看出专业交易者的行为或真正的价格走向。

14.21 朋友，不能这样做

1992年8月（第29卷第8期）

不可否认，我们上一期的行情通讯清楚地解释并展示了预期中的市场大涨，并建议大家"关注8月14～17日，市场高点将出现"。我们现在都知道，自17日开始股市转为熊市。

如果我们像其他投资顾问公司一样，我们可能会花钱在《投资者日报》上刊登大幅广告，宣扬我们公司是（曾是）如何料事如神的。

但是，朋友们，27年的交易生涯告诉我，要想准确预测价格、政治及你我的生活，几乎是不可能的，并且也是相当困难的。请让我解释一下……因为一旦你明白了这一点，你将成为一名成功的交易者。

14.21.1　天哪，好乱的抽屉

过去18个月，我用书桌右手边最上面一层抽屉存放各种投资顾问公司的预测（股票和期货）以及对未来的其他预测。

昨晚，我打开抽屉翻找昨天的新闻及对可能发生的事情的预测。我的发现是令人兴奋的、发人深省的，也是非常有益的。

辛苦劳动及对未来多方面的预测清楚地表明：准确预测是不可能做到的。让我想想，该怎么向你证明呢？我是不是应该向你展示一家领先的基于电脑决策的投资顾问公司提供的走势图，该图采用神经网络模型预测债券市场在2月将有一波大的牛市反弹行情？不行，可能我应该引用《投资者日报》对专家伊莱恩·葛莎莉所做的一次访谈，在那次访谈中她预计（从2012年3月起）"下一个6～12个月内股市能提供20%的回报"。葛莎莉跟踪基本面指标，其他人跟踪占星术。老实说，与优秀的基本面分析师相比，他们干得还不错。我的意思是说他们并不比受过更高教育的沃顿或哈佛预测专家更差。

我可以喋喋不休地论证我的观点，向你展示美国一位重要的预测大师所做的走势图表，该图表预计债券的熊市将一直持续至2012年12月才达到最低点。但是，那又怎么样呢？这样做能更好地证明我刚才所下的结论吗？如果不能，做我做过的事情吧：收集书桌上的预测。将这些预测存放一年，让这个观点不言自明。

我年轻的时候，曾傻傻地认为：运用通灵的方法可以占卜出我个人的未来。于是，我把各种方法试了个遍，包括看手相、占星术和塔罗牌。方法不重要，结果才重要。我学到了很多，最终归结为一点："钱花在这上面真是不值。"

毕竟，我刚上大学时读的是艺术专业，随后转到新闻系，而现在我又运用数学知识在市场上做交易。所有预测未来的方法没有一个能稍微准确地预测到

我的未来。

14.21.2 政治也难测

听说过"狡猾的威利"声称最近的道指下跌就是华尔街对布什关于竞选成功的演讲的反应吗？

这是个糟糕的言论，正如我们声称 8 月的高点预示着布什的糟糕演说，并最终导致惨败一样。说到政治，当时有些公关顾问大胆预测跟布什竞选总统是一桩蠢事，因为他是不可战胜的。这些人现在在哪里高就呢？

14.21.3 让我们总结一下

总结如下：在 27 年的交易生涯中我从未见过一个人能够不断准确预测到任何将来的事情。每隔数年会出现一个如格兰维尔、普莱切特、英格尔、威廉姆斯的预言家，他们的预言有一段时间很灵验，但是不能长久。

是的，整整 27 年，没有人能够长时间预言准确。所以本月的格言是："不要相信"任何声称拥有预测能力的人。看来"上帝"没有赋予我们这一能力。但是"上帝"给了我们深入理解事物的能力，这样我们才有可能逐渐形成驾驶、飞行、生活甚至商品期货交易的系统化方法。

14.21.4 总结性的话

为了在交易中赚钱，你不必知道整个世界的未来情况（你也从未有过这样的想法吧）。你所需要的是在这个游戏中拥有一贯的优势。不多也不少。这就是商品期货交易系统能够起作用的前提条件。这些系统或任何一贯的方法可以给你提供投机的优势。朋友，这就是你所需要的。

14.22 交易的狂喜

1992 年 9 月（第 29 卷第 9 期）

俄罗斯作家陀思妥耶夫斯基说过，生活中最刺激的事情就是赌博赢钱。

第二大刺激的事情是输钱。可能这就是他写出其著名小说《地下室手记》的原因。这一点很好理解。挣钱是很快乐的事情，而奇怪的是摆脱亏损也很快乐。很少有什么事情能比摆脱这种极度的痛苦更让人感到愉快。

14.22.1 两难困境

这就造成了心理冲突。消极行为、亏损会导致我们产生一种我们的大脑所追求的兴奋的感觉。可能的原因是像我们这样的人都喜欢那种狂喜、刺激和兴奋，以至于我们会为此体验付出代价，包括收到补充保证金通知。

你以为我在开玩笑吗？在与近600位交易者进行的书面采访中，当要求他们列出从事交易的三大原因时，受访者无一将赚钱列为第一大原因。确实如此。他们列举的原因包括刺激、挑战及兴奋，但无一将"赚钱"列为首要原因。

我要说的另一点是：当人们打电话要求学习某个系统或订阅这份投资通讯时，他们很少询问我们是否能赚钱……

相反，他们想知道我们每周做多少笔交易以及是否交易他们目前所爱的XYZ商品。许多打电话的人得知我们不交易XYZ后就失去了兴趣，因为这正是他们想要交易的东西。就是这样。即使他们交易XYZ一直赔钱。

14.22.2 这导致心理呓语

最近几年有很多书和研讨会宣称，想要赚钱的话，你需要做的只是"保持头脑清醒"，从心理层面上获得某种对个人与市场的"领悟"。人们花了成千上万美元以获得这种"领悟"。现在我碰巧对此有所了解。

首先，对于我接下来要谈的问题，我先向大家透露一下我的资格。我曾辅修过心理学，所以我不仅可以轻松阅读关于趋势的图书，同样也可以轻松地在斯金纳箱前做心理学试验。我对这个话题可以说有比较深入的理解。

但是，更重要的是过去有一段时间我确实认为正是我们的心智搞乱了生活，导致我们无法获得市场提供的"无限"财富。既然满脑子都是这样的信念，所以，我对上述修炼心智的方法均有所涉猎也就不足为奇了。我以前从来不承认这一点，现在（我写这些东西的时候）已经快50岁了，忏悔起来也就容易多了。

我尝试过信仰疗法、再生疗法、阿里卡、电休克疗法、罗尔夫按摩疗法、赖克式疗法，我曾在一家靠近大苏尔的禅宗冥想中心静坐了无数个小时，听潜意识音乐磁带试图寻找我听不到的讯息，与苏菲派教徒一起诵经、吐气、祈祷、行进，期望"保持头脑清醒"并从市场中获利。简而言之，我经历过的心理过程比凉拌卷心菜在奎茨那特食品加工器中经历的过程还要多。

这些课程很有趣，我从中学到了关于自己、身体以及其他人（包括你）在内的许多知识。但是你猜怎么着？就做交易赚钱而言，这些东西一点用处都没有。

我的经验曾经是：要赚大钱（我是说，很多很多钱），你得后退一步，先玩一会游戏，然后回来再搏一把。看上去我干得不错，但总是靠运气。

14.22.3 未经掩饰的事实

后来我忽然意识到，我所投入的时间和金钱全都浪费了。

我的交易成功与我的情绪状态毫无关系。我宁愿喝醋也不愿吻我妈妈，市场毫不关心这一点。我对她的态度、墨迹测验，或者我对我的一年级老师甚至是"上帝"的看法，对我赚钱没有什么影响。

我赔钱不是因为我想赔钱，或者因为我具有便秘型性格、占有欲强等。不，我赔钱是因为我做错了事情，而赔钱才是我形成这种心态或思维方式的原因。

用其他的方式无法解释这个问题。

因此，既然赔钱才是原因，那就忘记上面我所述的种种心理呓语吧。你不需要在悬浮罐里待6个小时，也不需要迷幻药或催眠。你所需要的只是……

14.22.4 一套制胜的交易系统和耐心

老实说，我不知道一套制胜的系统或耐心究竟哪个更重要。成功需要二者兼备。为什么呢？因为即使最好的系统也不可能每天都赚钱。当你种庄稼时，你不会每周都把庄稼挖出来看看长得怎么样。系统、投资顾问公司、投资专家等同理。赚钱总是要花时间的。赚钱关乎时间，而时间关乎耐心。我给你的忠告是：忘记弗洛伊德，关掉你的"原始呐喊"的音乐，激活你的反应性心灵（如果你愿意的话）。这些都无关紧要。只要找到一个可靠的交易方法并坚持使用即可。而在《大宗商品交易者与消费者报告》监测的 25 家投资顾问公司中，就年度利润而言，我们位于前 5 名左右，而且是 1991 年少数几家赚了钱的投资顾问公司之一。

14.23 打得他们原形毕露

1992 年 12 月（第 29 卷第 12 期）

过不了几天，专家就会向大家预测 1993 年的行情。你会听到各种各样的预言以及基于这些预言给出的睿智的建议。这些预言和建议会管用吗？

14.23.1 有时候研究过去，可以预测未来

大家听好了，人们（分析师）总是说你可以通过研究过去的事件来预测未来。这没错，但结果并不总是像你想的那样正确。如果这种说法完全正确，那我们这些市场占卜者都成千万富翁了。你在 CNBC 电视台上所看到的那些受访专家根据过去预测未来，但他们所获得的报酬很少会超过他们打出租车到电视台的车费。

但是你可以从过去获得一些认识，其中一个就是过去的预测。我已经准备好了在 12 月拿出去年预言家对今年的预测，以证明预言者预测未来的能力并不比你好，甚至可能比你还差。

14.23.2 这意味着数百万美元

无论怎么说，《国家询问报》是一个估值数百万美元的机构，总是爱把信口开河的权利当成预测未来的能力，每年都请他们的通灵师为大众预测未来。如果他们的预言是正确的，《国家询问报》肯定会满世界嚷嚷并且赚得盆满钵满。所有的投资咨询公司也是如此。你猜怎么着？我偷偷地保留了《国家询问报》对 1992 年的预测以及那些做出年度预测的投资咨询公司的预测报告，看看它们对 1992 年的预言是否应验。以下就是分析结果：

《国家询问报》。这些新闻记者付费获得了前 10 名通灵师的预言，并于

1991 年 1 月发表了这些预言。以下便是计分卡：

对 1992 年的 41 个预言中，没有一个预言是正确的。最接近事实的一个是"艾滋病的蔓延将摧毁旅游胜地"。艾滋病的确摧毁了魔术师约翰逊，但没有蔓延。芝加哥通灵师艾琳·休斯（此人预测市场索价颇高，我发现她的预言数度失灵）预言：维娜·怀特在主持《幸运轮盘》节目时将由于休克而"差点送命"……60 岁的安吉·迪金森将在《花花公子》杂志中全裸出镜，而斯碧尔·谢波德将退出影坛并开办医疗诊所为穷人治病。这些高人一个也没有预测到比尔·克林顿的胜利，几乎所有人都预计布什将竞选成功。

来看看市场预言家的表现。 阅读《国家询问报》的预测使人远离现实……唐纳德·特朗普将会输光财产，转变为一名成功的晚间脱口秀节目主持人……迈克尔·杰克逊将失声……伊丽莎白·泰勒即将怀孕……也许人们会想市场预言家总该更好地掌握现实吧。

事实是他们也不行。有几位受人尊敬的市场预言家预计 1992 年 12 月（就是现在）道琼斯工业平均指数将大跌 1000 点。另一位宣称乔治·布什的世界新秩序军队将在 12 月 19 日接管美国，而那一天是银行的休息日！

有些市场分析师认为我们处在爆发性的牛市，而其他分析师则认为我们处在毁灭性的熊市。那位预言 1992 年经济萧条的畅销书作者情况怎么样？他的有关萧条及股市崩盘的预言应验了吗？我手里有一本 10 月 19 日的节选本，上面写道："毫无疑问，股市崩盘即将发生……有机会快速致富……2000 美元将变成 20 000 美元……暴跌马上开始。"当然你有机会拿着信用卡获取该书最近的更新版。问题是没发生崩盘。

同《国家询问报》找的预言家一样，我密切关注的市场专家也有着完美记录，嗯，是预言不准的完美记录。他们"所预计的主要转折点"没有一个正好出现在恰当的地方。他们中有几位预计最高点出现在 3 月，而 10 月将创一年中的新低。实际上，10 月是买入的最佳时间（通常如此）。

14.23.3　金玉良言

避免过于看重任何人对未来的预测。未来的发展受特定规律的支配，但事实是良好的思维与推理比占卜管用得多。如果你在生活、交易或投资中采取正确的措施，你将取得成功。追随专家预测并不是正确的行为。来证明我的观点吧，你花 30 分钟明智地预测一下 1993 年将发生什么事情。一年后的今天再读一读你的预言，看看你的准确率如何，并与报纸头版上的所谓预言比较一下。考虑并采取正确的行动，你总会打败那些占卜者。当然，你要花点工夫，但这样做蛮有效的。

在我 30 年的从业生涯中，我曾听过上百个"神奇的"预测。我曾经相信过，但是现实给了我一个沉重的教训，而我愿意告诉你们——别让预测妨碍你做应该做的事情。你懂了吗？

14.24　对我来说太难了

对我而言也是如此。

上周我接到很多电话，收到好多来信，我觉得其中的内容对于如你我这样的人及市场而言极具启发意义。

电话或来信通常是这样的："哎呀，拉里，期货交易这样的东西太难了，我搞不懂了，头都大了。你能否将我的订阅费还给我呀？"

我们的确会退款。

但是我不想（退款）……我想抓住他们的衣领，告诉他们这不是一个好做的行业。如果任何人告诉你这一行好挣钱，那是严重的误导。我从事交易将近 30 年了，大多数市场我还是搞不定。尽管听起来都是老生常谈，但我还是在不断积累知识，心里明白我对市场知之甚少。我的感觉是总有很多东西要学，而且有些东西我还得重新学习，一遍又一遍。

尽管如此，我还是在交易中赚了数百万美元，这不是所有人都能做到的。如果我让"这玩意儿太难了"这个念头压倒了我赚钱的意图，我绝不可能挣到这么多辛苦钱。这就是我的第一反应。但是经过一阵反思，我想说的是：

"在这个或那个行业赚钱很容易，这样的想法你是在哪里获得的？在你的行业中赚钱很容易吗？如果是的，那就继续做你的老本行，别考虑做交易啦。

"在任何行当中，挣钱的途径都是用一种有价值的东西来交换另一种有价值的东西。在投机行业中，一个成功的交易者所做的就是用他的资金和智慧来交换收益。为了获得收益,他还要花费数小时进行研究。

"你绝对不可能盲目地跟随某个市场专家,一天又一天、一年又一年幸福地赚钱。到了某个时候你必须去努力,自己搞懂市场,独立操作。我会帮助你,但要记住这不是个轻松的行业。从任何地方挣钱都需要花费精力。在这个行业中没有福佑或极乐世界。"

正像我的爸爸曾对我说过的(现在我也同样教导我的孩子):"没有免费的午餐,任何东西都不是我们应得的。我们的东西都是辛苦挣来的。"

14.25 我正视恐惧和贪婪

以下就是我的发现:

交易者最厉害的敌人就是他的情绪,这不是什么秘密。有些人甚至进一步确认:摧毁我们的实际上是相互缠绕的两种情绪——恐惧与贪婪。

但是你会问,那又怎么样呢?这样的认识足以帮助交易者吗?满口艰涩词句的专家告诉我们:在此基础上,我们可以处理所发现的问题。

但实际上根本不可能。多年来我知道关于类似双子座的情绪力,但是直到最近(我认为)我才真正了解避免这种消极情绪的方法。

首先,让我声明(只此一次):贪婪是上述两种情绪中最强的。

实际上,贪婪是我们人类所具有的仅次于性驱力的驱动因子。

我是通过观察自己的交易而得知这一点的,就像你们一样,我也希望挽回损失。我们采取多种手段挽回损失。为什么不用止损点?贪婪,纯粹是因为贪婪。你想要赚钱,所以你持有时间过长。亚历山大·蒲柏说得好:"希望在人们心中无限滋生。"我们都希望赚钱,希望摆脱补充保证金通知或糟糕的婚姻。我们如此想挣钱,以致我们中有些人开始欺骗、偷窃、撒谎,甚至抢劫当地的便利店。为什么,因为我们的贪婪——想拥有更多。

成功交易者的秘诀比大多数人想的要简单。运行法则是,如果你主动认赔或控制你的亏损,你将可能成为赢家。

导致亏损的是贪婪。我们变得如此贪婪、只想着赚钱,要么在资金管理上变得随意,要么由于我们对于每笔交易将在某个时间点变成盈利交易抱有很高的期望而未能控制好我们的亏损。对利润的欲望是致命的。就在上周,我持有多头仓位,不愿意抛出兑现利润,因为我强烈地希望市场会上升。我在与系统对抗。为什么呢?因为我想赚得更多。不是恐惧而是贪婪毁了我。正视这两种情绪,我发现是贪婪导致我不再追随我的系统(做正确的事情)。

当然,从今往后当我"想"赚更多钱时,我将变得警觉起来。我知道我的敌人是谁,我瞪着它,它不是恐惧,而是贪婪。你知道吗?你和我是一样的。

14.26 演出必须继续

1993年10月(第30卷第10期)

那一次,我感到自豪的不是亏损而是我的反应。

就因为我有胆量写几本关于市场的书,出版一份投资通讯,有些订阅者似乎认为我从未遇到过与他们一样的交易问题。

这种看法是错误的,真的错了。我经历过同样的情绪,尽管我能更好地控制它们,但这些情绪仍然对我的心灵造成困扰。每天都如此。

大约一个月前,我亏本了,输得很惨。哦,没惨到出局的地步,不像我很久以前那样。但是,惨到足够引起我的注意,搞得我很愤怒,使我再一次怀疑自己,而这种情绪我曾以为在多年前就已然消除了。

可能成为盈利交易者的第一步就是消除大部分的自我怀疑。当你"知道你知道"时,你已经走在成功的路上了。在那一刻,你已经成了一个专业人士。为什么呢?我想那是因为你不再受市场效应的左右,你已经在为你的交易主动创造市场效应了。

那是一个重要的优势。我的失利刺痛我,就好像一只大林鼠溜进我的办公室啃食我身上的纤维组织一样。随着几次赔本交易,我的自我怀疑逐渐加深,直到遇到那一年最大的失利。

对于我所做的失败交易,我深感耻辱,感觉自己与多年前一样愚蠢,而且想停止交易。"永远停止",我的脑袋里有个声音尖叫着。尽管我对市场或交易了解不多,但我知道在市场上没有失败者,只有半途而废者。专业人士都经历过"低潮期"。但是这种情况可曾使乔·蒙坦纳退却？我记得他曾在经历过一个糟糕的赛季后随即取得巨大成功，使得自己成为橄榄球史上最伟大的四分卫。类似的糟糕表现也没有终止其他伟大人物的职业生涯。

很显然，我不是"伟人"，但我可以向他们学习。当时我下定了决心。

因此，我在失利后的第二天早上5点10分下了一笔订单，买入标准普尔指数。演出还得继续。接近两笔交易都盈利了，虽然盈利不多，却是我在1993年盈利最多的两笔交易。

14.27 流鼻血、开花耳朵与坏交易

1997年10月（第34卷第10期）

就像拳击，交易不仅是有风险的，而且是一个非常困难、危险的行业。

当我写这篇文章时，我很生气。过去几天我未能找到可以让订户盈利的交易机会，而几天前我对自己的交易感到骄傲并认为一切尽在掌控之中，如今却失去了往日的光泽。

我因市场生气，我对自己很生气，我对这个行业也很生气，业内人士竟然登广告宣扬商品期货交易可以轻松挣大钱。因此我回想起我当拳手的短暂时光。虽然我曾被痛扁，但还是喜欢这项运动。为什么呢？这和交易有什么关系呢？为什么我总是喜欢拿运动来和交易做类比呢？

拳击就像市场，不是固定不变的。拳手会在拳击场挨揍。他们会流血、眼睛肿胀，而且这种状况会持续多日，他们脸上的伤口几周后才能结疤。真正的冠军拳手与挑战者的区别在于，冠军会爬起来继续战斗，在失败后会继续钻研拳击技巧（是的，拳击也是一项技巧，并不比交易更残酷）。他们保持良好的状态，重新思考策略，但首先他们会继续战斗。正是愤怒促使他们继续努力。而年轻的时候，我的愤怒由于饮酒而减退，直到我了解到引导得当的愤怒是一种强大的力量，所以现在我将愤怒集中起来，用以鞭策自己进步。

我问拳手他们如何能够继续战斗，他们告诉我说："这是我热爱的运动，这也是我所了解的东西。被人痛揍是这项运动的本质。"那些不能接受流鼻血、菜

花耳的人永远成不了拳击高手。我至今没见过哪一位拳击冠军脸上没有伤痕。即使是拳王阿里，走近了看，脸上也是伤痕累累。

像交易者一样，拳击冠军都被修理过。这是意料之中的事情，你越早接受这一点并在失败后合理引导你的愤怒，你就能越早成为冠军。

14.28 学会如何赔钱

1995年5月（第32卷第5期）

嘿，我想你认为自己不需要帮忙就能学会如何把辛苦挣来的钱投入交易中。我猜你不知道如何赔钱；所以，你赔钱了。

任何人都会赢钱，在商品期货交易中赚钱不需要很特别的技巧，你需要做的不过是在恰当的地方进入、退出市场。盈利是种很快乐的感觉，因此你可以通过自己的方式很好地控制、处理事情。世人都爱赢家，赢家也爱世人。生活多么轻松，到处是绿灯，到处是蓝天。

但是，朋友，一旦赔钱，那就是另外一回事了。当你的资金减少30%～40%时，生活真的糟透了……要是资金减少80%～90%的话，生活就更别提了。我知道这些，因为我有过这样的经历，而且时常如此。在我年轻的时候我也有过如此糟糕的经历，我现在希望再也别遇到类似的情况。然而，这些经历确实给了我一些教训，我愿意跟大家分享一下。

利润会自己照顾自己，而亏损则不能。这意味着你必须处理好亏损。实际上，这不仅是如何根据价格处理持仓的问题，更是如何控制损失的问题。控制好亏损，你就有可能成为赢家。

那么，如何控制亏损呢？正确答案只有一个。你准备好了吗？你真的想听吗？你会坚持使用这个方法吗？（我怀疑对于上面3个问题你是否都是诚心诚意地回答"是"。）

问题是一直使用止损点。一直。

在你阅读下文之前，拿本词典过来。查查"一直"是什么意思。它的意思不是"有时"。相信我，那些你不再使用止损点的"有时"将是亏损不断扩大并最终导致你出局的时候。我年轻的时候做交易不采用止损点，相信自己的资金流不会枯竭，结果出现财务赤字，有几次我不得不向期货经纪公司打借条。那都是惨痛的现实。这可不是好玩的事情，一旦到了这一步你就成了经纪公司的律师追踪的猎物。（啊，20世纪60年代，一段多么"辉煌"的时期。）

那么，剩下的问题就是止损点究竟设在何处。有两个答案：①和你的经纪人商量设定止损点，而不是仅靠"案头研究"得出的止损点。再强调一下，要一直这样做。②既然止损点的目的是损失控制，那么其设定的出发点通常应该是限制风险。我的最佳经验法则是止损金额应为800～1200美元，而在标准普尔指数期货上我的止损金额为1750～2500美元。

有时候我使用关键市场转折点作为止损点，或使用相反信号或收盘作为止损点。收盘（时间止损点）可与止损金额结合使用。但是在任何情况下，绝不要忘记：止损点越近，你被踢出局的频率越高。

只有真正的受虐狂才使用太近的止损点。没有人知道绝对高点、低点及转折点。我们只能够做到大体正确，这正是止损点必须给市场一些（但不要太多）回旋余地的原因。

14.29　希拉里、高期望与心痛

1994年4月（第31卷第4期）

在过去两周内，我应《纽约邮报》的要求仔细审查了我们的第一夫人的所有商品期货交易活动。多么有趣的一个账户呀！既然媒体对希拉里的交易活动的报道多数不太正确，我猜你可能很想了解一下我的发现。

希拉里（顺便说一下，她的账户名采用她的婚前姓氏罗德姆而不是克林顿）的交易开局很不错：开始几笔交易中她盈利10 000美元。但是，似乎不合常规的是这些交易需要交近8000美元的保证金。她仅用了1000美元的支票就获得这么多的利润，要知道直到第一笔盈利交易结算后利润才能打入账户。

如果说这个账户有交易模式的话，那就是盈利合约采用日间交易，亏本合约则继续持有，而且交易风格大胆。举例来说，1980年2月12日她买了10张小麦多头合约，在2月21日退出交易。当时每张合约的保证金约为1000美元，希拉里的账户余额为3911.20美元。尽管报纸上主要报道其活牛交易，而我收到的记录显示她还在铜、小麦、木材、糖及债券上做了很多笔交易。糖类交易中她支付了41美元的佣金，而在其他交易中支付的则是50美元。所以说她支付的佣金有点高，但看看她赚了多少钱！很多时候她所建的仓位要支付的保证金总额超过45 000美元，而她的账户里实际只有不到10 000美元。

如你我一样，她也收到过补充保证金通知。与你我不同的是，她从来不需要满足这些要求。有一次，1979年3月13日，她的仓位价值53 478美元，而账户只有大约26 000美元。有许多笔只有1~2张合约的小单子的确赚钱，但是她绝大部分的利润来自日间交易的大仓位，或者从来没有满足补充保证金通知要求的大仓位。以下的例子说明了希拉里那令人难以理解的交易风格。1979年6月初，她仅用3765美元就买了45张牛类合约。

希拉里另一个鲜明的交易特点是，一旦获利她就迅速从账户中提现。甚至在1978年10月11日她用1000美元定金所做的第一笔交易，次日就获利6300美元，表明在进行其他交易前她就从账户中提出了5000美元。我想这也是我们可以学习的一个经验。总而言之，我认为罗德姆女士的经纪人真是帮了她大忙。

14.30 焦虑不安，如坐针毡：通往天堂之路

1995年2月（第32卷第2期）

如果只要坚持就可以赚钱，那我们最好学会如何坚持。

没有什么事比在商品期货交易中赚钱更容易。这是一件轻松的事，你要做的就是抓住一波行情，继续持有直到价格与投机守护神在云端会合。

你心中肯定在想，"说起来容易做起来难"，对吧？事后诸葛亮，很容易做到的。但是通过事后分析我们确实能获得一些教训，这个月我想和大家谈谈这个问题。

我们目前有相对不错的交易，比如加元多头、铜和棉空头。如果这些交易长期运作，我们的目标将是继续持有直至价格探底/摸顶或达到主要支撑区域。这就是策略，非常简单。

实际上并不是这么简单的。遵循策略是很难的，所以赢家不多也就不足为奇了。很少有人能够稳坐不动，继续持有其仓位直到合适的时间点以实现最大盈利。

在这里我插句话，这句话很重要：永远不要忘记是时间创造了大的收益。一个系统的时限越长，获取巨额利润的潜力就越大。红杉的生长需要时间，巨额利润不是一夜之间产生的。这就是短线交易者注定只能获得蝇头小利的原因。他们缩短一局交易的实际时间，结果利润从来没有足够时间"成熟"或"生长"。

问题实际上是两方面的。有必要形成一种成熟的心态，使你能耐着性子进行修正，直到取得最终的奖励。第二个问题是开发一个指标或系统能够告诉大家何时出场，无论我们的心理状态如何。毕竟，即便是森林里最高的树木也不能到达天堂。

"预先设定"自己

我希望自己当年能早点知道"预先设定"这个术语。我的意思是：假如你针对未来的设想预先设定你的信念系统，你便可以更好地处理未来事务。这是我曾用过的最有效的心理学概念。

在每个交易年度开始时，我会预先设定账户净值的回撤额度，告诉自己在一年中的某段时间我会赔钱，赔很大一笔钱。我会重新设定账户净值的回撤额度，并预计这样的回撤可能维持一个月或更长的时间。为了熬过这段时间，我必须咬牙坚持。

而在持有头寸方面，也采用同样的方法。我们凡人通常会受到永恒诅咒之火的炙烤，随后趋势行情重新开始。

然而，我发现，如果我们"预先设定"，让自己意识到在所有大的趋势行情中将会出现重大的趋势行情，这将能帮助我们减轻等待时的痛苦煎熬。

14.31 系统开发与交易的秘诀

1991 年 3 月（第 28 卷第 3 期）

20 多年前我发现了一个惊人的小秘密，从那以后我一直试图证明这是错误的，而我的订户也一直这样做。

这个"秘密"就是：无保护性止损点的、有效的商品期货交易系统所产生的绩效高于有止损点的，如果这些系统不是趋势反转系统的话。

这听起来很奇怪，却是正确的。如果你有个系统一直运用在市场上而且效果还不错，那么往往采用资金管理更严格的止损点对该系统修修补补并不能提高其绩效。

我再重申一遍。如果你有个不错的系统，别想着采用保护性的风险止损点对其进行"改良"。我重申上述观点的原因是 20 年后我还在试图采用保护性止损点改良各种系统。这些修修补补并没有产生多大作用，甚至还常常降低系统绩效。

许多订户给我们写信、打电话或取消其订阅，认为我们的止损幅度"太大了"。这一点他们没说错。我们的止损点和反转点与市价相距甚远，但是这样做效果更好。

尽管看上去很奇怪，但 20 年来我的确一直在努力通过使用止损点改良一些好的系统，不过我的努力似乎没有多大作用。你在风险保护上有所获益，那么你在胜率及每笔交易平均利润方面肯定有所损失。通常来说，数美元的止损幅度会导致盈利交易百分比下降 10~15 个百分点，每笔交易平均利润下降 1/3。所以，这样做可以说是得不偿失。

以下就是证据：我上周对一个咖啡短线交易系统进行改良的结果（见表 14-1）。注意，当止损点变得更大时，胜率、平均利润和净利润全部提高！！此外，如果将止损金额设为 1000 美元，回撤是 12 553 美元。当将止损金额设为 4500 美元时，回撤达到 14 855 美元，但你多赚了接近 30 000 美元！

表 14-1　不同止损点的咖啡交易系统产生差别很大的结果　（金额单位：美元）

净利润	胜率（%）	平均利润	最大亏损	回撤	止损金额
63 391	71	196	3 987	12 553	1 000
71 250	74	188	3 987	13 875	1 500
69 356	77	228	3 987	12 782	1 500
69 407	80	226	3 987	11 802	1 750
73 761	81	232	3 987	12 755	2 000
82 091	83	252	3 987	14 202	2 250
76 042	85	288	3 987	15 751	2 500
80 417	85	266	4 175	19 651	2 750
78 345	87	287	4 175	14 752	3 000
77 536	88	283	4 700	16 217	3 250
81 785	89	285	6 987	19 362	3 500
81 506	89	208	6 987	21 997	3 750
90 391	90	345	6 987	17 330	4 000
83 721	90	333	6 987	17 858	4 250
91 775	91	352	6 987	14 855	4 500

第二个秘密

这个秘密甚至更疯狂……设定盈利目标改善不了一个好的系统，根本改善不了。

好吧，再读一遍我刚才对你说的话。趋势跟踪系统赚钱的秘诀是它能够抓住非常大的趋势行情。这些大盈利能抵销所有的小损失。

我们都知道"让利润奔跑"这个法则，而当你试图设定目标（削减利润）时这个法则就会得到证实。这同样困扰着交易新手……一旦价格达到某个神奇的数字（如江恩线、某个周期的时间窗口、支撑/阻力位等），他们想兑现利润或离场。

20年来我的研究结果一直给出同样的答案……使用固定的盈利目标会降低系统效率。我确信很少有订户（如果有的话）能够一直从我们推荐的盈利较大的交易中获利。

我们最近在货币上做了一笔漂亮的交易就是很好的例证。

你可能认为我们的热线电话根本打不进来，人们都在讨论他们的盈利。呵呵，不是这样子的。人们经常打电话进来询问"在什么价位可以重新进场交易"。

14.32 赢家与输家的区别

1993 年 2 月（第 30 卷第 2 期）

对 20 位赢家和 30 位输家进行建模的结果。

在生活中，我们几乎每一件事都是通过研究优秀人士的做法而学会做好的。通过观察一个叫鲁斯·鲍威尔的小孩，我学会了打橄榄球。通过观察保罗·哈伯，我学会了打手球。

用高科技行话说，这叫作建模：发现某个优秀人士，仔细观察他们的每一个动作及信念，找出他们在其特定领域中之所以优秀的原因，随后将那种优秀的特质铭记在心并身体力行。

目前，托尼·罗宾斯是这项技术的主要倡导者，据我所知，他也可能是在人类建模上花费最多时间的人。托尼将建模定义为发现促使某人完成某项任务的内部表示及行为之顺序的过程。这种策略的组成部分包括信念、行为和语言。

信念系统是期货赢家与输家之间区别的关键之处。首先，我谈一个真实案例：在最近一次实验中，有一批癌症患者接受了化学疗法，其中超过 60% 的患者出现了这种"疗法"的典型症状，如呕吐、恶心、脱发及精力减退。

然而，上述患者服用的是一种惰性的安慰剂。

患者的信念造成他们的实际问题。我们也是如此。这是我知道的。过去两三年来我一直仔细记录着与期货赢家和输家进行的交谈，从心理层面了解他们的交易风格以及信念。你在有关的书和杂志里读过了一些关于我以其为样本建模的交易者的故事。部分赢家需要保密。多么大的发现呀！赢家与输家在期货交易方式上存在重大区别。

可能最有趣的发现是交易赢家和输家也存在重大的相似性。让我们首先来看看他们的相似之处吧。

14.32.1 他们之间的共通之处

赢家和输家都对交易着迷。这是他们的生活。无论赢家、输家，交易都是他们的最爱，而且他们都是极端主义者。我所知道的最大的输家交易时的专注程度与投入的精力和任何一个赢家都不相上下。因此，将渴望和动机划去，它们不是造成差别的因素。

我发现的另一个共同点是这两类人均很少有关系密切的同性朋友。男性交易者最多有一个强壮的男性朋友，女性交易者同样如此。无论是赢家还是输家，凡是充满激情的商品期货交易者都不是社交达人。

我此前提及的极端主义者特征在两组交易者的生活中随处可见。两组人似乎都具有极端的生活方式和信念。他们对世界的整体看法大多非黑即白，很少存在介于黑白之间的灰色地带。我认为这正是给输家带来如此多麻烦的原因……他们全身心地致力于交易，但是既然他们从一开始就做错了，因此他们的灾难也相当大或者相当"稳定"。

14.32.2 他们的不同之处

首先，让我们谈谈输家，以下就是我发现的他们所具有的共同点。

他们大多数人都抱有这样的想法：将1万美元变为100万美元，越快越好。他们的目标就是尽快发大财。他们所有人从建仓开始到退场后数日内，脑袋里总有声音在与自己"喋喋不休"地讨论其交易。

所有输家都提到是焦虑推动他们进行交易。他们忍不住要做交易……坐在场外而没有建仓位对于这些人来说是无法忍受的。只要能参与交易，无论输赢，他们都感觉要比不参与交易更开心。交易带来的狂喜经血液流经全身，他们似乎对此种感觉欲罢不能。

其他两个共同点是交易决策和资金管理。输家很少关注资金管理。一位受访者居然对我说："这个行业与资金管理无关，只和对错有关。"

我还发现他们当中很少有人愿意留意一下他们的资产净值即账户余额。他们很惊讶居然有人每天都留心这个问题，因为他们看不出这样做与建立盈利仓位有什么关系。

最后，他们全都问我是否有人真的靠这个（即期货交易）为生。他们似乎对此不太确信。他们不太相信可以持续不断获得利润……即使他们看到了很多基金经理提供的证据。

14.32.3 现在谈谈赢家的共同点

我从哪里谈起呢？令我吃惊的是，盈利交易者问我的问题与我问他们的问题一样多！输家很少提问题。没有一个赢家从事期权交易。他们全都有一套资金管理方法，而且都是技术交易者。无论男女，他们均能详细叙述一次亏损巨大的交易，他们似乎已将这个交易铭记在心并且不愿意历史重演……永远不重演。因此，他们使用止损点。如果某些交易预计不会盈利，他们会"推掉"这些交易。因此，他们脑袋里没有"喋喋不休"的声音与自己讨论交易情况。

另一个明显区别是赢家将注意力聚焦在极少数的几个主要的"最爱"市场上。有一个赢家自1956年起一直专做大豆市场的交易。输家似乎总是频繁地更换市场、导师或投资顾问公司。赢家对自己关注的特定市场做了大量研究或购买了相关研究报告，而输家似乎总是在寻找一个高人来解救他们或替他们赚钱。

所有赢家完全相信他们将挣到钱而且竭力规避坏事情。他们四周有保护性的氛围，他们在市场上不做蠢事。他们对很多人不能做好自己的工作感到很惊讶；他们意识到工作中有很多压力，但相信任何有一定智力的人都能够做好自己的工作。

📈 要点重述

本章只有一个目的，即传授智慧。智慧胜过任何系统、数据、图表等，因为这些东西本身都是"哑的"。智慧为我们提供了可以正确使用手头工具的视角。我希望我在本章中的确传授了一些智慧。

| 第 15 章 |

到底是什么让股市上涨

图表不能左右市场,市场让图表变化。

我会回答这个问题。但是首先我要说，无论在任何时候，想要了解市场为什么会这样运行都是不可能的。跟我们生活和职业中的其他方面不同，市场日复一日地用不稳定的数据对付我们。

　　有人说星象学才是价格运动的真正原因。也许吧！上周，除了日元，交易所内所有商品的价格都是下跌的。为什么会这样？从理性上讲，黄金和债券同时下跌是不可能的，谷物和肉类期货也是一样。但它就这么发生了。我一次又一次看到过这种景象。

　　也有人说趋势或者速度阻力线是市场运动的成因。江恩的信徒有他们自己的角度线、原点等；对他们这一套，我本来就不相信。我一次又一次地看到市场就从这些电子绘图工具所预测的应该触底的位置跌下去。

　　当然，还有基本面因素。有时候利多消息会让市场上涨；然而同样地，市场也会在利好出台后下跌，而在利空出台后上涨。

　　一点儿也不奇怪，我在33年的交易生涯里从没见到谁能够一直正确地预测市场的走势。不变的是，最炙手可热的人物最终也会被冷落。如果说我们被市场抓住了，我不接受。这只是跟不稳定的数据打交道的方式。

　　但幸运的是，我们还是能靠交易挣钱的，毕竟一些指标、形态和技术还是可靠的，虽然靠这些并不是总能赚到钱，但会经常赚钱。

　　在这些指标里，准一些的是利率对股价的巨大影响，这不是什么新结论了。我在1969年出版的《选股秘诀》里就讨论过。当时，我创建了动向指标，根据收益率来确定股票未来价格趋势（收益率受利率影响）。

当然，也可以通过更容易的方式来观察这个问题，那就是对照标准普尔500指数来监测国债的价格。这么做不只更简单，而且由于计算机的出现，我们能很方便地看到两个市场之间存在的关系。

15.1 基本逻辑

我在俄勒冈大学碰上一位很棒的逻辑学教授，他叫阿尔伯瑞·卡斯特尔，许多人上逻辑学与伦理学课程用的教材就是他写的。在我大学四年当中除了主修课以外，他讲授的课程是最鼓舞人心的。现在回头去看，仍然觉得那是在我离开校园后对我的生活最有帮助的课程。

你有没有想过我们会教给孩子多少，或者学习多少我们从来也不会用到的"东西"？我们学过的数学知识，90%的人只会用到其中的10%。上次你算圆的面积或者抱着一册名为《贝奥武夫》(*Beowolf*)的史诗睡觉是什么时候？或者忘记了句法，在句尾用了介词是什么时间？我怀疑所有这些填鸭式的教学就是造成我们只会说不会做的原因，而且让我们深受那些严谨而且荒诞的理论所害，很容易被市场大师误导。

15.2 这些话我可以用名誉担保

回到最基本的逻辑上来。逻辑学的基本定理之一就是你不能用 A 来预测 A。然而我们这些市场分析人士日复一日都是用价格来预测价格的。哦，我们也能改头换面，说自己是用震荡指标或者移动平均线、趋势线来预测价格的。但事实是，我们在使用以价格为基础创建出来的工具来预测价格。卡斯特尔教授会让 90% 的技术分析师在这门课上不及格。

这儿有些东西真的不可思议……看看图 15-1 所显示的数据，从标准普尔 500 指数交易中获利达 141 793 美元，而交易中根本就没用标准普尔的价格进行分析！这些买入信号的生成方式是这样的：当数据 A 中的条件 A 发生时，那么只是在数据 B（也就是标准普尔）中买入做多。考虑到平均交易盈亏为 1751 美元，平均盈利/平均亏损为 2.2 倍，回撤金额不超过盈利的 13%⊖，我认为得出"数据 A 对数据 B 有很高的预测性"这样的结论是安全的。

⊖ 原文如此。

```
数据:           标准普尔500指数    IND-9967 03/99
计算时间:       08/09/82～03/01/98
代码    转换系数    点值      佣金      滑点      保证金      格式         驱动器:\路径\文件名
149      2        2.500美元  45美元    0美元     3 000美元   CT/PC        C:\GD\BACK67\F59.DAT
/////////////////////////////////所有交易-测试1\\\\\\\\\\\\\\\\\\\\\\\\\\\\\
```

总净利润	141 792.50美元		
毛利润	236 952.50美元	总亏损	-95 160.00美元
总交易次数	81	胜率	53%
盈利交易次数	43	亏损交易次数	38
最大单笔盈利	24 980.00美元	最大单笔亏损	-14 107.50美元
平均盈利	5 510.52美元	平均亏损	-2 504.21美元
平均盈利/平均亏损	2.20	平均交易盈亏	1 750.52美元
最多连续盈利次数	5	最多连续亏损次数	4
获利交易平均持仓天数	46	亏损交易平均持仓天数	12
最大平仓亏损	-18 722.50美元	最大单日亏损	-19 880.00美元
利润系数	2.49	最大合约持有数	1
账户额度下限	22 880.00美元	账户收益率	619%

亮点-所有交易

描述	日期	时间	金额
最大单笔盈利	02/25/98	—	24 980.00美元
最大单笔亏损	10/22/87	—	-14 107.50美元
最多连续盈利次数	08/15/89	—	5
最多连续亏损次数	06/24/94	—	4
最大平仓亏损	10/26/87	—	-18 722.50美元
最大单日亏损	01/08/88	—	-19 880.00美元

图 15-1 完全基于债券价格的标准普尔 500 指数买入信号

15.3 观察数据 A 和数据 B

当债券市场当日收盘价高于 14 日内的最高价时，在收盘时按市价买入标准普尔 500 指数就取得了上面的回测结果。

交易离场的条件是这样的：或者是触发 17 日内债券最低价的跟踪止损退出，或者是亏损 3000 美元止损退出。

这样，当债券价格突破 14 日通道时买入标准普尔合约。当债券价格 17 日通道被向下突破或是头寸遭遇固定金额损失时就退出交易。还有更重要的一点，根据标准普尔价格通道突破所设计的交易系统是非常糟糕的。然而，债券价格通道突破显然会强烈影响股票价格。

现在我们来看看真正刺激的东西。标准普尔14日价格通道突破本身产生了灾难性的记录。实际上，这个市场几乎没有给交易者把握通道突破的机会。"最好的"突破参数在15～20日。即使是在交易可以获利、浮亏不是太大的条件下，利润还是主要来自一次大的获利交易。

另外，利用债券价格来生成标准普尔的入场点，通道突破的参数用什么，问题倒不是太大。这些参数都可以挣钱，而且大多数还不错呢。

举个例子，在图15-2中，我用债券价格突破14天通道生成入场点，然后

数据：		标准普尔500指数	IND-9967	03/99				
计算时间：		08/09/82～03/01/98						
代码	转换系数	点值	佣金	滑点	保证金	格式	驱动器:\路径\文件名	
149	2	2.500美元	45美元	0美元	3 000美元	CT/PC	C:\GD\BACK67\F59.DAT	
//////////////////////////////////////所有交易-测试8\\\\\\\\\\\\\\\\\\\\\\\\\\\\\\								
总净利润		123 355.00美元						
毛利润		205 865.00美元		总亏损			-82 510.00美元	
总交易次数		106		胜率			45%	
盈利交易次数		48		亏损交易次数			58	
最大单笔盈利		37 892.50美元		最大单笔亏损			-5 857.50美元	
平均盈利		4 288.85美元		平均亏损			-1 422.59美元	
平均盈利/平均亏损		3.01		平均交易盈亏			1 163.73美元	
最多连续盈利次数		5		最多连续亏损次数			5	
获利交易平均持仓天数		35		亏损交易平均持仓天数			9	
最大平仓亏损		-15 017.50美元		最大单日亏损			-17 280.00美元	
利润系数		2.49		最大合约持有数			1	
账户额度下限		20 280.00美元		账户收益率			608%	
亮点-所有交易								
描　　述		日　　期		时　　间			金　　额	
最大单笔盈利		08/08/97		—			37 892.50美元	
最大单笔亏损		11/20/87		—			-5 857.50美元	
最多连续盈利次数		08/31/87		—			5	
最多连续亏损次数		07/06/93		—			5	
最大平仓亏损		10/11/90		—			-15 017.50美元	
最大单日亏损		10/29/90		—			-17 280.00美元	

a）完全基于债券价格的标准普尔500指数买入信号以及卖出信号

图　15-2

```
数据：           标准普尔500指数    IND-9967 03/99
计算时间：        08/09/82～03/01/98

代码    转换系数    点值      佣金     滑点     保证金      格式      驱动器：\路径\文件名
149       2      2.500美元   45美元   0美元   3 000美元   CT/PC    C:\GD\BACK67\F59.DAT
////////////////////////////////////所有交易-测试7\\\\\\\\\\\\\\\\\\\\\\\\\\\\\\\\
总净利润                88 055.00美元
毛利润                 178 002.50美元             总亏损            -89 947.50美元

总交易次数                  480                   胜率                  82%
盈利交易次数                398                   亏损交易次数            82

最大单笔盈利             6 392.50美元             最大单笔亏损        -4 170.00美元
平均盈利                 447.24美元              平均亏损            -1 096.92美元
平均盈利/平均亏损             0.40                平均交易盈亏          183.45美元

最多连续盈利次数              22                   最多连续亏损次数          2
获利交易平均持仓天数            2                    亏损交易平均持仓天数       3

最大平仓亏损           -11 752.50美元             最大单日亏损        -13 580.00美元
利润系数                   1.97                  最大合约持有数            1
账户额度下限            16 580.00美元             账户收益率              531%
////////////////////////////////////亮点-所有交\\\\\\\\\\\\\\\\\\\\\\\\\\\\\\\\

       描    述            日    期         时    间          金    额
    最大单笔盈利            10/21/87            —            6 392.50美元
    最大单笔亏损            07/05/96            —           -4 170.00美元
    最多连续盈利次数          08/25/88            —                22
    最多连续亏损次数          10/30/97            —                 2
    最大平仓亏损            11/22/94            —          -11 752.50美元
    最大单日亏损            12/08/94            —          -13 580.00美元
```

b）基于债券价格买入标准普尔 500 指数并持有一两天

图 15-2（续）

用标准普尔价格最近 12 天的最低价作为离场的点位。我们用债券价格指导我们入场做多，用标准普尔价格保护我们的利润。

最后一点，参加过我的研讨会的人都知道，非常短周期的债券价格通道突破（结合我们熟悉的 1/2 波幅出场）所生成的交易信号都非常棒。去年，我曾经有过 49 笔交易中有 42 笔交易获利的记录，平均单笔盈利 527 美元。图 15-2b 就展示了这种技巧。尽管利润下降到 88 055 美元，但它高达 82% 的胜率一定会吸引你的。

15.4　让我们戒掉坏习惯

以下 3 件事会把商品期货交易者引上死路：糟糕的交易系统、没有资金管理，还有就是坏习惯。

坏习惯——这可不是你家小孩儿喜欢的摇滚乐队的名字（尽管乐队起这个名字肯定能有不错的唱片销量）。我所指的坏习惯到底是什么呢？分析一下可以划为两类。

第一类包括你熟悉的坏习惯。在西海岸，我们有时候会认为无精打采的态度是指每天晚上睡得比较晚，以致第二天早上 5:10 起不来，而在东海岸，把事情都推到上班铃响再做才会被看作无精打采的态度。

更糟的是，我们在商品期货以外的世界里，在这个我们家人、朋友生活的世界里，不能保持健康与平和。但那些坏习惯也是我们在生活里所熟知的、无时无刻不在与之抗争的。

第二类就涉及真正的坏习惯。在交易中，我们会认为这些是正确的（或者好的习惯），然而事实远非如此。

这种根深蒂固的坏习惯成为我们的操作准则，变成了我们成功的基础。但是因为基础是有问题的，所以我们肯定不能获利。艾恩·兰德（Aynn Rand）说得对：永远要检查你的前提假设。

我在交易者中最常见到的坏习惯（无论交易者成功与否），就是无法对市场运动做出正确反应。除了我们强加在市场运动上的说法以外，市场运动本身就是一切……这就是问题所在。如果你的解析覆盖了市场运动，那么你就不是在倾听而是在试图告诉市场该怎么做。

最常见的方式，也是很糟糕的习惯，就是在价格强劲上涨时卖出。或者是在看到强劲上扬的市场时，比如说一个涨停板，你脑子里会有个声音对你说"等着价格回调，别追高，它一定会回调的。"这么想，一样糟。

简而言之，让你在价格创新高时买入，在价格创新低时卖出，会把你吓得魂飞魄散。

15.5 怎么戒掉坏习惯

我只知道两种改掉坏习惯的方法。第一种是靠重复,一次次重复正确的行为,形成对正确行为的条件反射。

另一种就是要理性地认识到坏习惯是错误的,然后用正确的信息,用事实替换原来的"认知"。下面是市场的两条真理。

15.5.1 真理 1

在市场高收时买入,在市场低收时卖出(涨跌停板预示着价格运动方向还会延续)。

当然,我知道无论是在理性上还是在情感上,在涨停板买入、跌停板卖出都是很艰难的。但真相就是,只要这么做了就能挣很多钱,让我做给你看。我在回测系统中输入一个简单的问题:"如果今天的收盘价在全天价格波幅 65% 偏上的范围内,那么我在收盘价买入,持有 5 天、10 天、15 天或 20 天后退出,结果会怎么样?"回测结果可以从表 15-1 中看到。配合止损保护,这个策略非常有效。就像表格所显示的,在任何市场里这个基本的策略都能赚钱。

更让人惊讶的是,一年前我在《期货》杂志上关于 K 线的文章中还曾经写到过,我根据"最强的"阳线组合进场,根据刚刚说过的方法,持有 5~20 天后离场。在回测中,没有哪种形态组合能够在所有市场中都有效。但是在这儿,一种简单的形态就能在所有市场上都产生利润?天呀……在强得难以置信的行情下买入真是个好习惯。

表 15-1 当标准普尔 500 指数收盘价高于当日价格波动区间的 65% 时买入

持仓天数	利润(美元)	胜率(%)	交易次数	平均获利(美元)
15	95 745	53	533	179
10	86 507	53	334	259
15	133 745	56	537	537
20	152 115	54	199	764
25	118 390	51	178	665

这听起来很怪。在我们的脑子里,我们希望在强势上涨的日子里卖出,在

疲软的日子里买入。你说对了，我们都喜欢便宜东西。但是做交易的时候贪便宜会让你破产。

如果说哪个好习惯能把我认识的那些专业投资者和普通投资大众区分开的话，那一定是专业投资者强势买入的愿望。比尔·米汉很多年前开始纠正我在回调时买入的坏习惯。我敢保证，要忘掉这个好习惯肯定用不了这么久。在你的脑子里牢牢记住，强势是一种力量，市场保持趋势需要这样的力量。

要把这一点记得更牢一些，我再补充一点，我所了解的"图表专家"买入信号中最棒的就是当价格穿过你的图表顶部，你不得不增加坐标图纸的时候。那是终极的买入信号。

15.5.2　真理 2

价格创新高时买入，价格创新低时卖出。

如果要我猜的话，那我猜比起其他交易者已知的交易技巧来，"创新高时买入，创新低时卖出"给交易者带来的利润肯定更多些；反过来也一样，在价格创新高时卖出，创新低时买入肯定会亏损更多（过去是这样，未来也是这样）。

通常当我们看到价格创新高时，如果时间不长，我们会决定放过交易等待回调。那是错的，从下面的研究中我们可以看到那真的是错的。这个研究中只是在价格突破 X 日内最高价时买入！投资大众和没有受过严格训练的交易者都做不到。但是它，也就是电脑能够做到。

这条真理是电脑验证过的。下面一组数据（见表 15-2）显示当今日最高价低于最近 X 天的最高价，而且价格次日创下新高时，让我们在新的 X 日高点位置买入做多。

表 15-2　高位突破策略的回测结果

价格突破 X 日价格高点	利润（美元）	胜率（%）	交易次数	平均获利（美元）
1	106 945	58	209	511
5	67 197	51	187	359
10	58 270	50	169	344
15	75 325	56	145	519
20	55 342	53	136	406

这次还是持有一段日子退出头寸，并且设置了 3500 美元的止损金额。我们追随强势买入。创新高买入是个成功的策略。前面的例子还不是交易系统，而更像一个示例让你彻底了解让强势引导我们的重要性。大多数交易者都会被过度的强势所吓倒。所以他们非但不会买入，更糟的是他们还会卖出做空。

就像以前说过的，在比赛或是竞技中，也许并不总是最大的、最快的、最强悍的人会赢。但是朋友，他们才是值得你下注的。

15.6 设置止损的建议：金钱损失和不可预测

这一行里只有两项是已知的：第一，你必须控制损失；第二，价格是高度不可预测的。开发交易系统的目标就是开发出一台终极赚钱机器，能像一口油井那样从中不断地抽出利润。尽管你也许永远也达不到这个目标，但是你还是能从系统开发中了解大量正确交易的方法。

15.6.1 止损的目的是什么

正确设置止损就是我们从系统开发中学会的。我们出于一个原因，而且就只是这一个原因使用止损——当系统失效时保护我们。系统总会失效，如果这种潜在的倾向不存在的话，也就没必要使用止损了。止损是我们防御的盾牌，让我们不受来自系统和市场不可测的影响。

交易这个游戏中包含了太多的不可测运动，所以如果止损点太近的话，它就会伤害你。实际上，你的止损点越近，市场就越会把你这些止损点打穿；你被止损出局的次数越多，就越会变得疑神疑鬼。我认识的交易者里面，没人能分毫不差地预测到市场运动（由于价格的随机运动），因此我们的止损点也就必须放在过去的、随机的价格波动区域以外。它们必须被放在足够远的位置，这样如果它们被触发了也是由于真正的市场运动，而不是被随机运动影响的。这是第一课。

15.6.2 现在回到现实

对于止损，还有一件事情也很重要：因为止损的目的是防止出现大的亏损，所以止损也要建立在资金管理的原则之上。举个例子,还是同样的标准普尔500指数的日交易系统,但是使用了3个不同的止损策略。

图15-3～图15-5分别使用了500美元、1500美元和6000美元的止损金额。我们来看看它们之间存在的巨大差异。记住,这是同一个交易系统,唯一不同的就是我们愿意接受的风险大小,这取决于止损的位置。

数据:	标准普尔500指数 IND-9967 03/98						
计算时间:	01/01/86～01/01/98						
代码	转换系数	点值	佣金	滑点	保证金	格式	驱动器:\路径\文件名
149	2	5.000美元	45美元	0美元	3 000美元	CT/PC	C:\GD\BACK67\F59.DAT

//所有交易-测试1\\\\\\\\\\\\\\\\\\\\\\\\

总净利润	−41 750.00美元		
毛利润	165 665.00美元	总亏损	−207 415.00美元
总交易次数	510	胜率	26%
盈利交易次数	133	亏损交易次数	377
最大单笔盈利	11 955.00美元	最大单笔亏损	−2 045.00美元
平均盈利	1 245.60美元	平均亏损	−550.17美元
平均盈利/平均亏损	2.26	平均交易盈亏	−81.86美元
最多连续盈利次数	4	最多连续亏损次数	14
获利交易平均持仓天数	0	亏损交易平均持仓天数	0
最大平仓亏损	−77 725.00美元	最大单日亏损	−77 725.00美元
利润系数	0.79	最大合约持有数	1
账户额度下限	80 725.00美元	账户收益率	−51%

亮点-所有交易

描述	日期	时间	金额
最大单笔盈利	03/27/97	—	11 955.00美元
最大单笔亏损	03/17/97	—	−2 045.00美元
最多连续盈利次数	12/15/97	—	4
最多连续亏损次数	11/07/94	—	14
最大平仓亏损	04/08/96	—	−77 725.00美元
最大单日亏损	04/08/96	—	−77 725.00美元

图15-3 标准普尔500指数交易系统,500美元止损

使用500美元的止损金额,系统实际上是亏损的,准确地说是亏损41 750美元。510笔交易,胜率只有26%,说明这不是一个好的交易系统。

```
数据：        标准普尔500指数  IND-9967  03/98
计算时间：     01/01/86~01/01/98
代码    转换系数    点值      佣金     滑点    保证金      格式      驱动器\路径\文件名
149      2       5.000美元  45美元   0美元   3 000美元   CT/PC    C:\GD\BACK67\F59.DAT
////////////////////////////////所有交易-测试3\\\\\\\\\\\\\\\\\\\\\\\\\\\\\\\\
总净利润              116 880.00美元
毛利润                393 560.00美元          总亏损              -276 680.00美元

总交易次数                 506                胜率                    56%
盈利交易次数               287                 亏损交易次数            219

最大单笔盈利          14 205.00美元           最大单笔亏损          -2 045.00美元
平均盈利               1 371.29美元           平均亏损              -1 263.38美元
平均盈利/平均亏损          1.08                平均交易盈亏           230.99美元

最多连续盈利次数            11                最多连续亏损次数           7
获利交易平均持仓天数         0                 亏损交易平均持仓天数        0

最大平仓亏损         -20 970.00美元           最大单日亏损         -20 970.00美元
利润系数                  1.42                最大合约持有数             1
账户额度下限          23 970.00美元           账户收益率               487%

                        亮点-所有交易
    描  述              日    期             时    间          金    额
最大单笔盈利             10/13/89               —             14 205.00美元
最大单笔亏损             03/17/97               —             -2 045.00美元
最多连续盈利次数          05/25/93               —                  11
最多连续亏损次数          03/07/86               —                   7
最大平仓亏损             01/08/88               —            -20 970.00美元
最大单日亏损             01/08/88               —            -20 970.00美元
```

图 15-4 标准普尔 500 指数交易系统，1 500 美元止损

这还是它吗？看看图 15-4，还是同一个系统，同样的买卖入市规则，但是使用的是1500美元的止损金额。这带来了多大的不同！胜率飚升到了56%，我们把一个赔钱的系统变成了赚钱的系统，从亏损 41 750 美元到盈利 116 880 美元，增加了将近 160 000 美元。天啊，伙计们，到底有没有止损的方法？

下一个系统回测使用的是 6000 美元的止损金额。这会改进系统表现吗？你看，可以说有，也可以说没有。它能让系统赚更多的钱，净利润达到 269 525 美元，胜率提高到了 70%。但我们也为此付出了代价。注意，图 15-5 中最大单笔亏损从使用 1500 美元止损时的 2045 美元跳升到 5920 美元。更糟的是，平均亏损从使用 1500 美元止损时的 1263 美元上升到 1661 美元。在风险金额增加的

同时，随着止损点的后撤，每笔平均盈利仅仅从 1500 美元止损时的 1371 美元提高到了 1470 美元。

数据：		标准普尔500指数	IND-9967	03/98				
计算时间：		01/01/86～01/01/98						
代码	转换系数	点值	佣金	滑点	保证金	格式	驱动器:\路径\文件名	
149	2	5.000美元	45美元	0美元	3 000美元	CT/PC	C:\GD\BACK67\F59.DAT	
// 所有交易-测试10 \\\\\\\\\\\\\\\\\\\\\\\\								
总净利润		269 525.00美元						
毛利润		508 730.00美元			总亏损		-239 205.00美元	
总交易次数		490			胜率		70%	
盈利交易次数		346			亏损交易次数		144	
最大单笔盈利		14 205.00美元			最大单笔亏损		-5 920.00美元	
平均盈利		1 470.32美元			平均亏损		-1 661.15美元	
平均盈利/平均亏损		0.88			平均交易盈亏		550.05美元	
最多连续盈利次数		16			最多连续亏损次数		4	
获利交易平均持仓天数		1			亏损交易平均持仓天数		0	
最大平仓亏损		-19 825.00美元			最大单日亏损		-19 825.00美元	
利润系数		2.12			最大合约持有数		1	
账户额度下限		22 825.00美元			账户收益率		1 180%	
亮点-所有交易								
描　述		日　期			时　间		金　额	
最大单笔盈利		10/13/89			—		14 205.00美元	
最大单笔亏损		10/10/95			—		-5 920.00美元	
最多连续盈利次数		09/14/88			—		16	
最多连续亏损次数		07/27/95			—		4	
最大平仓亏损		01/15/87			—		-19 825.00美元	
最大单日亏损		01/15/87			—		-19 825.00美元	

图 15-5　标准普尔 500 指数交易系统，6 000 美元止损

问题是当你使用更大的止损金额时，你会出现太大的账面损失，仅一次交易就亏损 6045 美元[一]。这是最致命的问题。如果你的账户有 100 000 美元，每笔交易的亏损不想超过 5% 的话，若使用 6000 美元止损，你的持仓不能够超过一张合约，若使用 1500 美元的止损策略，你可以交易两张合约来有效放大账户中的利润。这听起来可能没什么，但你在使用我的资金管理模式时，效果真的会非常不同。

㊀　原文如此。

我希望你能学到的教训就是，使用固定金额止损远比用旋转舞一样的技术分析要有效得多。

15.7　概述我是如何进行交易的

好了，我已经讲了市场上有关短线交易的很多技巧。所有的这些交易技巧早晚会派上用场，然而，只有把它们用在最恰当的地方，才能发挥出最好的作用。

为此，在这个版本中，我增加了简单的概述，描述在实践中我是如何进行交易的。以下就是我进行交易的具体细节。

现在要向你们介绍股票市场上最强大的指标之一——交易商持仓报告指标。我的很多学生只用这一个指标进行交易。它代表了众多大户投资的数万亿美元的动向。这些大户是市场的推动者，他们知道的比我们多。

以下就是如何跟随他们……

美国政府每周末发布一次从上周三开始到本周二结束的为期一周的交易数据，即交易商持仓报告，它显示了市场上的各类"玩家"在这一周所做的全部买卖。交易商基本上可以分为3组，他们是小投机商、大投机商以及商业交易商。

在20世纪70年代，还没有人意识到这个报告的意义时，我就开始跟随这些交易商进行交易了。我想我可以如实地说，在研究他们的动向这一点上没有人比我有更多的经验。我的一些学生已经基于这些数据开始了他们的职业生涯，他们干得非常好。我一直觉得寻找任何资料时最好都要追根溯源。在这里，我就是"源"，你们已经找到了"源"，这不仅是因为我有40年处理数据的工作经验，还因为我在工作中发明了使用持仓报告的最新方法。

了解3组不同类型的交易商或投资者至关重要。首先，让我们从第一组小投机商开始。这一组中的大部分人是跟你一样的，伺机低买高卖，并期望在实际的市场交易中快速地挣到一些钱。但总体来讲，这一组人是在市场低点卖出，并在市场高点买入，换句话说，他们大部分时间是在做错误的事。

第二组，大投机商。多年来，大投机商已经发生了变化。以前大投机商是指像我这样进行大批量交易的人。而现在，大投机商多指各种商品基金。过去是没有商品基金的，而现在，正是它们构成了这个市场上最大的参与群体，交易额数以亿计。它们是市场趋势的主要追随者。很难利用从这组中得到的信息预测市场走势，这是因为它们的交易方式是逐级买高或逐级卖低。

第三组，商业交易商。他们代表着各行业正在做什么，是商品的生产者或使用者。一个很好的例子是有人种植大豆，这是生产者，同样地，也有人开采金矿。与生产者相对的还有使用者，例如有人把大豆加工成各种产品，或有人购买实物交割的黄金并将它们加工成珠宝或计算机芯片。换句话说，这个群体代表着实业。他们最会理财，不是市场趋势的追随者，也不是市场上的投机者，不会试图抄底或摸顶。

他们利用市场更好地开展他们的业务，当然，他们进行对冲操作……他们是市场上的套期保值者，对此，我的课程中还有更详细的解释。现在，就让我们看看他们过去的记录。

图15-6显示了黄金价格的日线图。从上部的窗格，你会看到每天黄金价格的波动。从底部的窗格，你会看到商业交易商的净多头头寸变化趋势。这条线上升表示商业交易商正在买入，这条线下降表示商业交易商正在卖出。此外，你还能从这条线中看出大投机商，总持仓由黑线来表示。

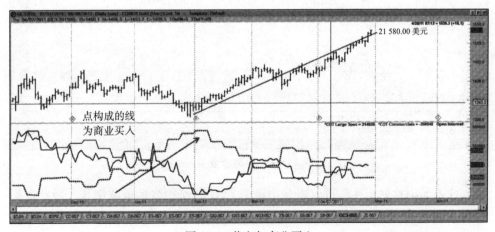

图15-6 黄金与商业买入

非常明显，在2011年2月上旬，商业交易商是黄金市场上的大客户；一周又一周,他们增加了多头头寸。这是潜在反弹的开始,造成了差不多每张合约 22 000 美元的涨幅。正如你所看到的,商业交易商推动着黄金价格上涨,它与图表形态、波动、占星术或市场的某些神秘策略无关。

市场波动是有条件的:当多数人在买入时,价格通常上升;当多数人在卖出时,价格通常下降。就这么简单。

为了让人们更容易地理解商业交易商的操作,我发明了自己的指标,可称之为"威廉斯指标",小投机商、大投机商和商业交易商都可以使用这些指标。它们对我的工作来说是独一无二的,并且没有人能像我一样熟练地使用它们。我给你们看另一个市场的例子,用这个指标来分析与之相对的商业交易商的净头寸。

图 15-7 是大豆的周线图。规则真的很简单。当指标上升,高于 75% 时,如果市场是处于上升趋势,我们希望在市场中寻找买入信号;当指标下降,低于 25% 时,如果市场处于下跌趋势,我们希望在市场中寻找卖出信号。

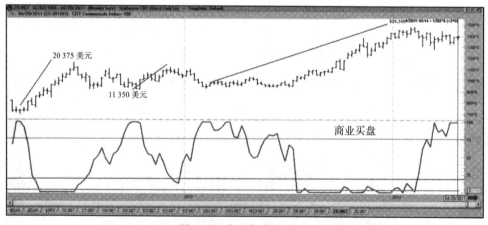

图 15-7 大豆与商业买入

这不太困难吧?你们可以看到由我的 COT 指标引发的反弹震荡。一些带来了可观的获利,虽然其他的只获利 1 万美元左右。但问题的关键是,多亏了这个指标,我们可以看到商业交易商正在做什么……他们在驱动着市场的走势。

现在你们知道我对技术分析师所谈论的各种花招并不热衷的原因了吧,那些图形中的楔、头、肩和所有指标只表示过去的价格走势,它们并不表示价格的未来趋势,因为它们不是影响市场的基本因素。

是时候来个突击测验了!

我将给你们一个没接触过的市场走势图,图中不显示市场价格(见图 15-8),我只告诉你们 COT 指标。我要你们做的是,充当这个市场中的买主,决定何时应该买入或卖出。你们应该寻找的是,该指标高于 75%(或低于 25%)的部分,在这些时候,你们应该找到买入(或卖出)信号,对吗?你们已经学会了,是吧?

好吧,来看一下图 15-8,不管这是个什么市场,假设你是这个市场中的一名买主,你如何做决定?

图 15-8 是一张咖啡周线图。你们看不到价格,没有线索知道市场究竟发生了什么。但是,你们可以通过我的 COT 指标来判定什么时候是咖啡的买入区,即在顶线以上的区域。同样地,当价格下降到底线以下,市场呈下跌趋势时,便发出卖出信号。

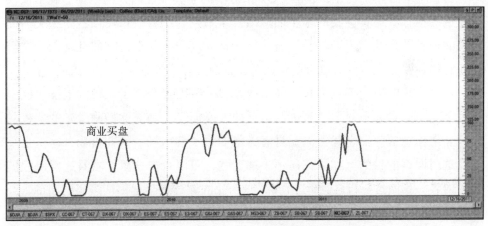

图 15-8 只有商业买入,由你决定买入时机

图 15-9 是完整的图表,因此你们可以同时看到价格和指标。你是怎么做的呢?你能够确定价格上涨或下跌的时间吗?

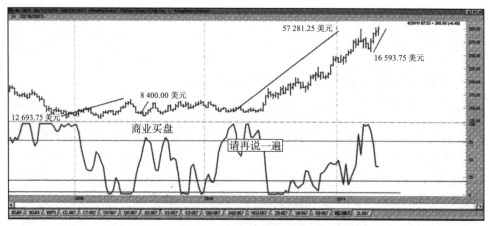

图 15-9　价格与商业买盘

怎么样？在不知道是什么商品也不清楚该商品的有关情况时，你们已经能够正确识别出咖啡市场上有重大意义的上涨点或下跌点了吧。这并不是一个特殊的或人为挑选的例子。一旦你学会了如何使用我的指标，你就会在很多类似的情况下见识到这一指标的巨大力量。

我想总结两点：首先，我的 COT 指标不同于其他任何人的指标。我不仅仅研究这些指标，还告诉我的学生如何结合未平仓合约看待市场中这 3 组交易商之间的相互关系。当人们领会了这 3 组交易商之间实际上是彼此互动的，这会让他们感到豁然开朗，知道市场什么时候将会上涨或下跌是非常有用的。

其次，我希望到现在为止，你明白了"一些因素造成了股市的上涨"这个道理。这些因素并不复杂，是可以学会的，就像几分钟前你们刚学到的课程一样。如果你想成为一名优秀的交易者，你需要了解市场，研究市场，这正是我开设这门课程的目的。如果你还不了解这些，可以点击这里，看看这门课程涵盖的内容。我做这一行已经近 50 年了……我的课程将会把你从多年的期待、疑惑和徘徊中解救出来。

15.8　我的交易策略……它是如何起作用的

如果没有制定书面的交易策略，你总是会追着自己的尾巴重复转圈……

90%的交易商都是如此。你迷路了，因为你没有计划。我的学生不会这样做，因为我们有一个绝对的战略。这便是……

我的课程非常简单，但相当重要。当我遇见那些交易商并询问他们的交易策略时，他们通常一无所知。他们告诉我，他们的策略就是低买高卖。但是他们并没有具体的方法或途径去实现他们的交易策略。他们只是指望，无须在更广泛的基础上理解市场时就可以进行交易了……简而言之，他们盲目地进行交易，然后开始祈祷。

我的交易策略包括3个步骤：①寻找一组市场；②伺机进入那个市场；③伺机退出。其中的退出点可能是：①止损点；②跟踪止损点；③达到目标价格。请考虑把这作为你交易的策略吧，我已经定义了各个参数。

15.8.1 寻找市场

第一步是要找到一组在我们看来可以大幅上涨或下跌的市场。你们已经学了如何使用COT报告寻找这样的机会。COT报告中的指标可能具有很大的价值……它们使我们把注意力集中在少数有很高成功概率的市场上。

15.8.2 进入市场

当然，仅仅找到目标市场是不够的，我们需要知道，什么时候进入市场。在我们的课程中，我使用5种不同的进入技巧，因为市场的顶部和底部并不总是以同样的方式出现。

大多数交易者的问题是，他们是只有一个简单招数的"小马"。他们有且只有一种进入技巧。实际上，市场中冲顶和触底（趋势相反）的方式是多种多样的，因此我要教你们不止一种进入策略。如果市场每次都以同样的方式冲顶和触底，交易将会变得非常简单。每一次冲顶或触底之间确实有一些共性，但它们并不都是相同的，所以我们需要准备几种方法抓住拐点。

15.8.3 退出市场

一旦交易开始，游戏和乐趣也随之开始了。交易的结果无非两种：亏损或获利。这听起来简单，但相信我，事实并非如此。我会告诉你我的一个退出技术。现在，就让我们来思考退出市场的策略和方法吧！

首先，一旦开始交易，我就设置一个止损点来限制损失。比方说，我在买入，那么我的止损就设在低于市场的某个位置，不会太远……我不希望自己产生巨大的损失，但止损点也不能设置得太近，那样市场的随机震荡很可能触及这个止损点，导致你被迫卖出。我觉得应该在一个精确的点上退出，这是在我们的课程中我要教你的另一个技巧。

通过设置保护性的止损点，我限定了我的损失，我只能亏损这么多。当市场开始反弹，复杂性也随之而来，我在想……我应该在哪里退出呢？

我的另一个策略是设置略低于市场的跟踪止损点，让市场向前跑，希望它跑得远一点。正如你已经学到的，我希望通过着眼于小处去捕捉大动向。捕捉大动向最好的办法就是给市场足够的空间进行反复的交易。这里我所需要的是当市场跑得太远时，它能告诉我，这时我最好出局：趋势可能已经结束，我应该获利了结了。

我的最后一个退出技巧是在预先设定的目标价退出。我并不像其他人那样设定目标价，大部分交易商只是按每天的交易价格范围的一定比例或参照斐波纳契数列来设定目标价。这些都是我研究过的东西，但我没有发现它们有太大的价值。我用我的"获利目标"来获利。这是我自 1966 年以来一直使用的一个工具。它保持着很好的纪录，让我能在非常接近市场高点和低点时退出。虽然它并不完美，但它出色地让我在市场逆转之前卖出。获利目标是根据近期的价格波动暗示的价格走势确定的，我在设定的获利目标价退出市场。

图 15-10 是我们根据 2011 年 4 月 Larry TV 的日线图（参见 ireallytrade.com）制作的一个非常清楚的例子。商业交易商的买入使得这个市场开始反弹。虽然进入市场时使用了不同的技术，不过你也可以参照跟踪止损点。跟踪止损点围绕每日价格运动，当它被日线向上穿越时，就发出了买入信号。跟踪止损点设在上涨交易日最低价的下面，然后开始慢慢上移。你在图上看到的这条标为"止损点"的线正是我的跟踪止损点。

同时要注意，获利目标是如果我们在价格还没有跌破跟踪止损点之前退出时可以获取利润的地方。

你应该注意的是，我们有自己的进入点、保护性止损点、跟踪止损点和获利目标。所有这些技术都是机械的……你们可以从图上找到它们。虽然我没有标明各个点的位置，但拉里·威廉斯的任何两个学生都将得到相同的价格点。

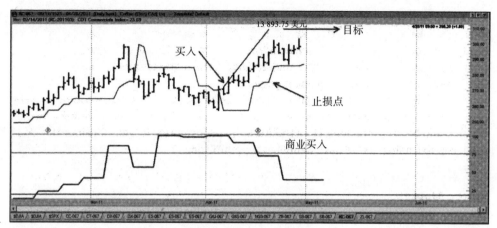

图15-10 实际的交易设置

因此，这里是我的策略：先找到一个合适的市场，然后开始寻找它的变化趋势，确定在哪个点进入市场。设置止损点来保护我的损失，设置位于市场下方的跟踪止损点，同时期望价格达到我设置的获利目标价。我也可以使用本书中讨论的其他进入技巧，比如当天的"哎呀"点，等等。

要点重述

本章的重点是向你介绍我是如何做交易的……我做交易的每个步骤……非常清晰，设置止损点、跟踪止损点、获利目标，我知道什么时候进入市场，什么时候退出市场。虽然我可能是错误的（这种情况确实发生过），但我清楚地知道自己在做什么……我从来不盲目地交易。我的学生都不会盲目地交易。

你也不应该盲目地交易。

第 16 章
结　　语

通过看图表来挣钱的这门生意是不容易的。由于太多的所谓市场交易系统的在线交易商使它看起来更容易，所以近几年这种挣钱的方式变得更复杂。唯一容易的赚钱方法就是销售它们的系统。所有关于短线交易、日内交易等的文章都在误导散户，让他们认为这种交易方式是一种既容易又简单的挣钱方法。

事实并不是这样的。

这门生意要求精神高度集中，但有时候不可能长时间连续不断地保持这样的集中度。它还要求理智地理解这个市场是如何运行的。我希望我已经在本书中向你们展示了一部分关于市场如何运行的知识。这显然是一场智力游戏。

在体育竞赛里，通常是最大个的、最坚韧的、最强壮的人赢得胜利。在股票交易中，获得胜利的往往是那个掌握最多信息的人，很有可能他也是最聪明的。但是，除了拥有智慧外，也要求交易者拥有可以控制情绪的能力，不要过度地对市场影响做出反应。我看过很多非常聪明、非常机智的受过极好教育的人失去了他们做交易的所有钱。机智和教育是远远不够的，成为一个伟大的交易者还需要另一个因素。

这个挑战不仅是智力上的，还涉及情绪，其中之一就是你必须控制你自己。有时即使我们明知道是错的，但我们的情绪仍会导致我们做错事。情绪会让我们超买或超卖，过于频繁地交易或者干脆不进行交易。你需要能够管理你的情绪，不让它来掌控你，否则你交易的成功案例就会是有限的。

正如我所说的，这不是一门容易的生意。我们受制于不断发生的变化，且不仅仅是我们所交易的事物的变化。（猪腩合约被中止交易的那一天，是我生命中伤心的一天。它们是我过去最喜欢交易的东西之一……我的爱好。现在，它们被一扫而过。）

所有的变化都被这门生意和政治所左右。无论什么时候，只要金钱或权力受到威胁，你都会发现那些腐败的人在玩这场游戏。在我们的金融世界中，我们几乎对权力和金钱都时刻保持警惕。你可以去想象会被这门生意吸引的那类人。你需要对在这场游戏里的其他参与者时刻保持警惕。通常来说，他们中的大部分人是诚实和正派的。但是只要其中一个出了问题，你的如意算盘就会落空。

对我来说，最令人沮丧的事情发生在2011～2012年。我们看到的那些看似聪明的腐败政治议题正在全世界运作。谁能不意识到一个强劲、稳定的经济基础是坚挺稳固的货币呢？傻瓜所不能看到的是赤字将导致市场的不稳定以及对富人与穷人征收一样的高税费。对双方来说，哪些是最坏的事呢？

然而，这些想法继续存在着。如果我们只是增加赤字，那为什么还要消减预算呢？让我们提高税额，那我们能想出更多的手段来得到更多人的投票。这在全世界都是一个糟糕的形势。

就是这样的。在不考虑后果的情况下通过更多的手段去购买选票影响了你个人的重选。但愿，他们能够醒悟去纠正他们的错误。但是直到现在，这个市场还在政治动荡的旋涡中起舞，我想就这一切提供一些长远的观点。不管是新闻还是政治事件，这个市场大致上将会按它所应该的方式继续发展下去。

基于我在市场周期方面的研究，举个例子来说，我的观点是2015年将会是个强劲的牛市。我期待在那年进行买卖。不管是否存在这些政治力量，2015年的牛市都将会出现。然而那个时期的政治环境会让牛市加剧或放大。

那些同类型的周期性的研究报告让我相信在2017年中期我们将会在股票市场上看到显著的下跌。下跌的幅度会被那个时期的经济和政治环境所加剧或减弱。

这就是我们为什么不仅要知道我们身边正在发生什么事情，而且还要了解长期的经济活动周期。

自2008年股市崩盘和经济萎靡不振开始，很多投资者和市场预测者认为伟大的美国，甚至这个世界，可能都在成为过去。

这是大错特错的。美国甚至世界的未来仍然在我们的前方。2011 年持续的经济大辩论，是过去几年的经济衰败会改变接下来的几十年的经济蓝图吗？又或者这仅仅是在长期向上走势中的一个短暂的低迷期？

两者都不是。

它其实是在提醒我们市场和经济体一直都存在，也一直都会面临剧烈的上升或剧烈的下降。未来是否还会再发生类似的事件呢？毫无疑问，一定会的。如果说我们能从过去学到些什么，那就是在未来仍会遭遇经济上的大变动。

当然，过去同样的研究分析只能让我们相信经济的增长会发生，财富还是可以去创造的。事情会越来越好，直到经济疯狂地增长后迎来随之而来的崩盘，因为市场需要一个平衡。

我的周期性研究报告认为世界经济和市场到 2014 年时已经消化掉这些问题，我们将会回到一个更稳定的经济环境中去。

只有像卡珊德拉一样的悲观主义者，才可能认为经济不会再增长，我们也不会再有好的未来。其实是有的。

尽管过去几年里的经济并不是阳光普照，但是太阳依旧会升起，它将再次升起。没错，我们在经历一次世界经济的重建以及一个全新的政权结构。那又怎样呢？这个世界会一直如此吗？

我这样说好了，事情不会比 15 年前更糟糕。15 年前的事情好过更早之前的 15 年。经济或是改革……事情只会更好。

过于乐观的预言家会认为我们现在所经历的不过是个转折点。我倒有个更好的观点：这是经济学上的一门课，同时也提醒我们这样的事件还会再次发生，虽然不会在近期，但是肯定会的。我们不要忘了，对于任何一届政府或是任何一家像联邦储备系统一样的银行寡头来说，他们都不可能战胜这种长期存在的周期性波动。我们虽然不知道为什么这些波动远远超出了我们的预期，但能够确定的是周期性波动是任何人都不能够控制的，所以它在未来还会发生。这就如未来还是光明的一样确定。

千万不要做空美国，也不要做空你自己。

我在这本书中已经和你们分享了我人生中的很多东西，还有几乎我所知道的市场。这本书是我进行交易的信条，但它不应该是你们的。你们需要去实行那些对你们有用的。你们要自己去应用它，然后提出更好的看法和新的方法。但是我在这本书里提到的基本原则是合理的、可行的交易原则。这一章包含了如何使用我提供的资料或其他一些东西的说明。

简言之，生意不是非此即彼的。

"但你说……"

"63 页说到……"

"这条线穿过了那条……"

"11 月的交易日，我是不是应该……？"

上述的这些都是我从这本书的读者那里听到的典型问题，这也从一个重要的方面说明了应如何成为一名成功交易者。

16.1　这就像生活一样

不光是生意，生活同样也不是非此即彼的。（我想）我们都知道，作为交易者我们都非常渴望绝对，渴望得绝对忘记了思考。就拿数学来说，数学是绝对的，但当我们把它应用到股票和商品期货的不完美世界里时，这种工具顶多只能使这个不完美的世界多一些清晰和明确。千万别忘了，投机毕竟是一个需要思考的行当。如果你不善于思考，或者不善于找到正确答案的话，我建议你还是找个退身的台阶吧。

这个问题的根本就在于一厢情愿地想找到一些全自动的（系统的）交易方式。而所谓的专家或者像我一样的作者向大众兜售得最多的两类信息，不是极端的、持久的熊市情结，就是相信某处存在着一种绝对完美的系统，能够把握精确的市场韵律、秩序和结构。这是投机中的两大神话。

是的，股市和经济都有不景气的时候，但是有一大群投资通讯作者故意迎合大众对厄运来临的恐慌心理，比如另一次 1929 年的大崩盘……明天就可能发生，而他们却借此大发横财，过着舒适的生活。我认识这些家伙，和他们出席过同一场专题研讨会，目睹他们从 1962 年开始就一直看跌市场。这些"悲观论者"当中的一位私下曾告诉我，那些对未来恐惧的投资者是个巨大的市场，他们真的相信世界末日马上就要降临了，而这位"悲观论者"的商机就是去煽风点火。他补充说:"把通讯卖给这些人是比较容易的,他们是很容易锁定的客户。如果我选股出了错,没关系,业绩表现不重要,重要的是不断强调他们想要听的东西。"

这群人里尽是一些夸夸其谈、过度分析每件事的家伙,他们得出结论:美国以及全世界的未来都不乐观。然而,就算是对历史只有些粗浅研究的人都会了解到一个重要的事实:我们的生活条件还有机会不断地改善。当然,也有低落的时候,但与高涨的时候相比,就显得微不足道了。

这里还有另外一群人,就是所谓的"环球交易者",他们相信每个市场的高点低点都有原因,每个价格的上下跳动也是完全可以解释的。但通常要先付给他们一大笔钱才行!我年轻的时候,对市场的运作一无所知,也不认识同行,因而对这类人的论调很痴迷。毕竟这帮人总能拿出一大串成功交易的纪录,也能把过去市场发生的所有变化都说得头头是道。

通常,这一信仰的基础都是建立在 W. D. 江恩的个人传奇之上,我写过一些关于这位"奇人"的文章,他不过是在一堆出色的作秀中加入了几笔赚钱的交易,他是个爱吹牛而且公关很积极的人物。还有,这不是我的观点,而是老江恩的助手 F. B. 撒切尔(F. B. Thatcher)告诉我的。

我在股市上跟这些人待得越久,见到的赔钱的交易也就越多。尽管他们的过去是辉煌的,但是在他们对未来的预测中,20 次却只有 1 次是对的,这一次自然也就是他们在所有广告中都谈到(吹嘘)的那一笔。真实情况并不像他们所说的那样,但是他们曾犯下致命错误的事实并不能阻止或者抑制他们企图再次预测未来。胜率、盈利跟他们的生活都沾不上边,他们要的就是"证明"他们的烦琐的分析是正确的。我也曾经和这些人同台巡回演讲过,除了其中几位,我对他们大多数都感到不齿。

在成千上万名运用全息逻辑的交易者中,我只见过两位出色的人物——阿切·克劳福特(Arch Crawford)和杰瑞·菲佛斯(Jerry Favors)。此外,阿切和杰瑞不但是绝顶聪明的人,而且都是使用了多种技术、训练有素、经验丰富的交易者。

这种"一切均可知"理论的根本问题就在于它会让你抛却恐惧,把你的信心和金钱都押在这个理论上,而不是关注市场发生的实际变化。如果你关心的焦点就是市场，是现在所发生的状况，而不是认定股票或商品的价格一定出现什么情况的话，你的成功机会一定会飙升：

完美的系统或方法根本不存在。过去不曾有，将来也不会出现。

如果在这个行当里存在过这样一个完美的系统的话，那就意味着：①市场中不含有随机变量；②肯定早就有人发现了这个神奇的答案，早就已经拥有了大半个自由世界。因为我们知道市场总会受到变化无常的新闻事件、天气以及交易者观点的影响，因而就会有高度的随机性，而且就算是最棒的交易者和基金也会被敲出局。我们必须认识到在市场中是不能用百分之百的机械方式进行交易的。世界是变化的。

这句话从一个花了毕生时间开发系统交易方法的人口中说出来，是不是听起来很奇怪？也许是，但是不要断章取义，这并不是说我全部的工作、系统以及相关的努力都是没用的：

生活就是一种主观的判断，但这种判断建立在拥有可以改善生活的信息以及系统的基础之上。交易也一样。我需要一种系统化的方法帮我决定买卖，我需要确定的止损点，而且我肯定我需要精确的进场规则。

但是我首先需要判断应该在什么时候运用这些"东西"。让我们看看生活中的例子。

如果你正开车沿着公路行驶，对向一辆卡车正并入你的车道朝你开过来，你是会继续留在你的车道里呢？还是会转向开到旁边的空车道上去？交通规则很清楚，你不能把车开到别的车道里。系统告诉你，别这么做。但现实是那辆18轮的大卡车正在朝你的车道冲过来。我们是完全地遵守安全驾驶的规定呢，还是根据眼前的情况随机应变呢？能否逃生取决于应变能力。

不管是在马路上，还是在市场里，都是现实说了算。

生命的第一条规则就是生存；第二条规则就是只要让第一条成立，其他规则都可以不理。

投机中也可以沿用生活中的规则，它们是完全一样的。成功的交易是一门艺术，在正确的时机运用知识的艺术。这意味着当你使用系统和规则时，你需要看看是否有 18 轮的大卡车正迎面而来。这才能叫作思考。我们的确需要生活的系统、交易的系统，但没有必要每次都严格地服从这些规则。原因是系统方法不会自动调整以适应现实情况的新变化。这也就是头脑的作用所在，观察、记录、关注变化，然后形成一套最佳的使用系统的方式。

如果你在交易时不知道该怎么做，那么你必须遵守规则，因为它们能让你保住性命。如果你喜欢目前的市场，而且目前的市场也符合你的规则的前提假设，那就大胆去做；如果规则与目前的市场不匹配，那就放弃这次交易。你没必要每天交易。拥有系统和规则的目的是让你在最有利时运用它们，而不是让它们控制你。

16.2 或许你并不适合做这行……

不是每个人都能成为医生、面包师或交易者。你真的适合这行吗？让我们来找出答案……

我的目标是培养制胜的交易者。近年来我可能已经是在这方面做得最多的人。世界上几乎每一个国家都有我们的学生。因此，除非你有很好的机会可以成功地做到这一点，不然我们不希望，真的不希望，任何一个学生，包括你，为了成为学生而成为学生。

这意味着现在该是你和我促膝谈心的时候了。我们需要知道，你是否真的适合这一行……如果你不适合，你应该做的就是尽快逃离这一行，因为它不会让你有好结果。否则，对我不好，对你也不利，对你的家庭也无益。这对我而言，要比你付点钱成为我的学生重要得多。

让我来告诉你吧，我认为成为一个优秀的交易者需要具有某种性格……然后你可以判断自己是否适合做一个交易者。

我觉得我在那些非常成功的交易者身上看到的最重要的东西是，他们能够接受一个观念，那就是"市场是不完美的，且作为交易者，我们不可能永远正确或一直犯错"。我们永远都会觉得获利时的仓位太轻了，亏损时的仓位太重了。这样的事永无止境："我们本可以在更好的点买入"或"我们本可以在更好的点退出"。因此这行不适合"必须追求正确"的人。

如果追求完美对你很重要,那么你需要做的是找到删除按钮并点击它。现在就做。这不是一个完美的行业。我们可以在交易时用数学来帮助我们做出判断,虽然数学是完美的,但你无法用数学使不完美的东西,比如市场,变得完美。这一行中会有许多不合理的事情发生,其中消息的冲击可能是最大的。

这一行需要的主要有两部分。首先是知识……你必须学习和研究在交易中究竟是什么在起作用。其次是情绪,因为我明白做这一行并不像吃奶油饼干那样简单、轻松。当我看到市场动向非我所愿时,我会感到很难过;当我过早或过晚卖出时,我也会很沮丧,甚至经常冲自己发火。因此,要想成功地做这一行,你必须有能力处理或调节自己的情绪。

我的儿子贾森·威廉斯博士是一名曾先后在约翰斯·霍普金斯大学和华盛顿大学接受过正规教育的精神病医生。最近,他开始在约翰斯·霍普金斯大学启动的一项测试中研究那些成功的商品交易者的心理,其中有几点在我看来是非常重要的,将有助于你判断自己是否适合从事这个行业。

这些心理中似乎有两个关键要素。一是保持专注力,做需要做的事。你能从头到尾地完成一项任务吗?你可以心无旁骛地处理所有细节吗?如果你对这些问题都回答"是的",你或许可以在市场上进行日常的交易。

除非……

除非你太情绪化或过于神经质。你的情绪忽冷忽热吗?你心情不好时会随意发泄吗?有没有人告诉你,你经常勃然大怒或情绪跌宕起伏?如果你是这样的人……或者如果你正在服用某些治疗抑郁症或焦虑症的药物……我认为你不应该成为一名交易者。

一名优秀的交易者并不一定是世界上最细致的人,但他需要具有处理细节的能力。此外,一名优秀的交易者还需要有能力控制自己的情绪。如果让你的情绪影响到你的交易,那必定是一个灾难。

最后一点是,我认为你必须彻底享受你要做的事——如果你能充分地享受交易的过程,那么你应该成为一名交易者。你是否幻想着在看完一本书后就可以用1万美元赚100万美元了?如果是,那么你不应该成为一名交易者。交易不是一件简单的事;赚钱的感觉是美好的,但交易也有亏损的时候。

世界上所有赚钱的事都不值得你把自己搞得神经衰弱。

我钟爱这项事业的原因是，我们赚钱的机会是无限的。我的父亲一辈子都在一家炼油厂里工作，即便他知道自己的收入是有上限的。我永远不会知道他是怎样做到这一点的。当我完全明白他的经历之后，对他无比钦佩。但作为一个交易者，你可以创建一项有利可图的事业，全职或者兼职都可以。最好的是，干这行不需要雇员，不需要老板，甚至不需要任何客户！这就是这行吸引我的地方……我希望这也是吸引你的地方。

交易的成功来自接受事实和找准方向……

成功的道路是适合你走下去的那条……

16.3　你正处于困境……

你想学习成为一名成功的交易商，或许还想可以成功到让你过上"小岛生活"，就像我住在美属维尔京群岛上一样，或许你只是想拥有一个额外的收入渠道，但也有一些问题需要解决。

第一个问题就是风险。有些人根本无法处理风险，而有些人则能享受风险。你必须搞清楚自己可以承担多大的风险。你能在风险来临时很好地控制自己的情绪吗？我想与大家分享的是，做交易时你需要克服自己对风险的恐惧。我的方法是，记住风险是永远存在的。这意味着，我需要正视风险……接受它……而不是逃离它。然后，我学会了用止损技术来控制它。

接下来的问题是：你应该采取什么交易方式？在我看来，有数以百计的人想用各种各样的理论教你如何做交易。

你要追随的人，我觉得，应该是他的想法和你的想法一拍即合的人。那个人的想法在你这儿必须讲得通；他的逻辑必须符合你的逻辑。你可以轻松地明白他们不得不说的话，这一点非常关键。我可能不是你要选择的老师，但这对于我而言并不重要，我希望你找到适合你交易个性的"鞋子"。

16.4 但是还有一点……

最后是我所说的"找准方向"。仅仅努力工作或聪明是不够的——你可以竭尽全力地奔跑，但如果方向错了，你永远也到不了想去的地方。要盖房子，你必须先有正确的蓝图，错误的蓝图只会给你带来灾难。你必须知道在交易中什么是正确的行动并采取正确的行动，否则你就会出局。你必须和市场的真理保持一致。这才是交易的真正秘诀。你怎么能知道自己有没有做到呢？这很简单：正确的行动会带来盈利。

不要将你希望的真理和实际的真理混为一谈。

在这个行业中，"好"是指交易盈利，"坏"是指交易亏损。对于一个交易者而言，这就是现实……凡事用这个标准来判断，你就不会有问题了。

这意味着你必须确信，你选择要追随其后的老师要有经得起推敲的成功交易的业绩。我可能不是你最好的老师。只是要弄清楚，你的老师是成功的……他自己做交易，而不是在做营销！要与优胜者为伍。

我会给你看我的交易记录，不论哪一天的，也不论是什么时间的。你可以看到我的账户报表，并亲眼看到我真的是成功地做了很多交易，往往一个月做几千笔。如果一个教你做交易的人不愿意向你展示他的交易记录，无非意味着两种情况：他不交易，或者交易得不成功。如果你是老师，难道你会不给别人看你的交易记录吗？没有实时跟踪的交易记录是一个明显的警告。

我的学生有的在交易锦标赛上获了奖，有的管理数百万美元的账户，有的放弃他们日常的工作成了全职的交易者。他们给我一些钱，让我帮助他们走上正确的交易轨道。我也希望能帮你走上正轨。

在这本书中，我已经告诉了你我的一些指标，讨论了我的策略，展示了我是如何思考市场和如何处理它们的。我希望你已经对我有了一些了解。最重要的是，我希望你已经明白了教学和交易对我意味着什么。大多数人都希望把重点放在表格、数据、图表上，但其实诸如此类的数据所包含的并没有智慧，只有结果。我的课程中有我必须要传授的那一点点智慧（更多内容请参见个人著作）。

成功是不停地教和学的产物，而不是自然本能的产物。

如果你觉得我所说的有道理……那么，我希望能成为你的老师……如果有一天能在我们的冠军交易名人堂里见到你的名字，将是一种荣幸。

结束语

在本书的最后，我想祝福你。祝你好运，交易顺利。最重要的是，我要提醒你谨记下面几个字：

永远使用止损点。

推荐阅读

序号	中文书名	定价
1	股市趋势技术分析（原书第11版）	198
2	沃伦·巴菲特：终极金钱心智	79
3	超越巴菲特的伯克希尔：股神企业帝国的过去与未来	119
4	不为人知的金融怪杰	108
5	比尔·米勒投资之道	80
6	巴菲特的嘉年华：伯克希尔股东大会的故事	79
7	巴菲特之道（原书第3版）（典藏版）	79
8	短线交易秘诀（典藏版）	80
9	巴菲特的伯克希尔崛起：从1亿到10亿美金的历程	79
10	巴菲特的投资组合（典藏版）	59
11	短线狙击手：高胜率短线交易秘诀	79
12	格雷厄姆成长股投资策略	69
13	行为投资原则	69
14	趋势跟踪（原书第5版）	159
15	格雷厄姆精选集：演说、文章及纽约金融学院讲义实录	69
16	与天为敌：一部人类风险探索史（典藏版）	89
17	漫步华尔街（原书第13版）	99
18	大钱细思：优秀投资者如何思考和决断	89
19	投资策略实战分析（原书第4版·典藏版）	159
20	巴菲特的第一桶金	79
21	成长股获利之道	89
22	交易心理分析2.0：从交易训练到流程设计	99
23	金融交易圣经II：交易心智修炼	49
24	经典技术分析（原书第3版）（下）	89
25	经典技术分析（原书第3版）（上）	89
26	大熊市启示录：百年金融史中的超级恐慌与机会（原书第4版）	80
27	敢于梦想：Tiger21创始人写给创业者的40堂必修课	79
28	行为金融与投资心理学（原书第7版）	79
29	蜡烛图方法：从入门到精通（原书第2版）	60
30	期货狙击手：交易赢家的21周操盘手记	80
31	投资交易心理分析（典藏版）	69
32	有效资产管理（典藏版）	59
33	客户的游艇在哪里：华尔街奇谈（典藏版）	39
34	跨市场交易策略（典藏版）	69
35	对冲基金怪杰（典藏版）	80
36	专业投机原理（典藏版）	99
37	价值投资的秘密：小投资者战胜基金经理的长线方法	49
38	投资思想史（典藏版）	99
39	金融交易圣经：发现你的赚钱天才	69
40	证券混沌操作法：股票、期货与外汇交易的低风险获利指南（典藏版）	59
41	通向成功的交易心理学	79